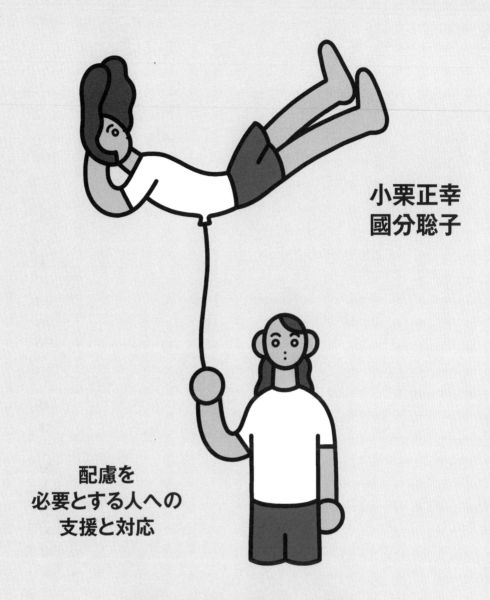

小栗正幸
國分聡子

配慮を
必要とする人への
支援と対応

性の教育
ユニバーサル
デザイン

金剛出版

プロローグ

　新しい本，最初の一行，書き出しの一言，そこへペンを添える。これは物を書く者にとって，何物にも代えがたい一瞬です。そしてそれは，おそらくこの本のテーマにも繋がる。なぜなら，今あなたが手にされたこの一冊，これはまぎれもなく，私たちに甘美な高揚感をもたらす（はずの），性の在り様を，本気で描き出した一書だからです。

　そこで，すぐにでも先を読み進めたくなる，そのお気持はよくわかります。でも少しだけご辛抱を。先へ進む前に，まず本書の正体をお示ししたいと思うからです。

　それというのも，今からあなたの眼前で，従来の性に関する支援書とは一味も二味も違う，おそらく前代未聞の性談義が展開されようとしているのです。あなたの側に，それを受け入れる準備がないと，ときには読み進めることに戸惑いを感じられる場面が出てきかねない。そうした少々危ない彩すら備えている一書，それがこの本なのですから。

　とはいえ，まずはご安心を。最低限の気持ちの整理をして本書をひも解いていただければ状況は一変，おそらくあなたは，ご自分の庭を散策するような気軽さと，ときには懐かしさを伴う既視感に遭遇したかのような，ある種の感慨に浸りながら，本書を読み進めていただける，そう思うからです。

　もちろん，数行前に書いた「危なそうな（に見える）」ところには，各部，各章の中で，十分な解説を施し，目新しい出会いに伴う違和感を，できるだけ軽くするための工夫を施してあります。そして，その役割を担うのがこのプロローグということになるのです。

　このプロローグでお伝えしたいことは次の3点。

　まず第1点目，本書が男女の共同執筆になっていることの意味。

　第2点目，男女二人によって執筆された本書の構成と内容。

　そして第3点目は本書の「配慮を必要とする人」というタイトルにある「配慮」という言葉について，そこで交わされる「障害」や「支援」という言葉に込めた，私たちの理念を示すこと。

　それではまず，この本を男女の共同執筆にした理由からお話を始めましょう。

男女共同執筆

　この本は，小栗（男）と國分（女）の共著本です。なぜ共著本にしたのでしょう。おかしな書き方になって恐縮ですが，それは私たちが男と女だからです。そこでもう一度，なぜ男と女の共著本なのか，それは私たち二人が，男と女の共同作業でなければ，本当の意味での性の話は語れない，と思っているからです。

　もっとはっきり書いてしまいましょう。私たち二人は，そもそも性に関して「男と女は別の生物だ」と思っているのです。「えっ？」と思われましたか。でも，本当のことですから仕方ありません。他のことならともかく，性の世界へ一歩足を踏み入れれば，男と女は別の生物だということがありありと見えてきます。これは，性の対象が異性愛であろうと，同性愛であろうと，全

（両）性愛であろうと，はたまた無性愛であろうと，基本的には同じこと。男と女は，感覚的にも，実態的にも違うということ，それを私たちは，この本を通してお伝えしたいと思っています。

　それでは次に，第2点目，そこで紡がれた本書の内容について述べましょう。

本書の構成

　本書は全Ⅳ部構成から成り立っています。まず第Ⅰ部「いっぱいあってな」，次に第Ⅱ部「教育」，続いて第Ⅲ部「介入」，そして第Ⅳ部の「LGBT」です。それでは，各部のあらましを紹介しましょう。

第Ⅰ部　「いっぱいあってな」

　第Ⅰ部，変なタイトルだと思いませんか。でもこのタイトルは大真面目なものです。そしてこの第Ⅰ部のタイトルは読んで字のごとし，人の性体験には大きな自由度と多様性がある，ということです。

　ただしご注意を。この多様性とは，第Ⅱ部や第Ⅲ部に出てくるような，性行動のエラーとか，加害的な側面とか，あるいは周囲に迷惑や心配をかけてしまうようなものではなく，誰でも経験する（あるいは経験した）ような，性行為の体験を綿々と綴ったものだからです。

　そしてそのすべては，冒頭の解説（第1章）と第2章「百花繚乱事変」の中にあります。それにしても，この百花繚乱事変いかがでしょう。これも既製の支援書では，まずお目にかかれないタイトルですが，これにこそ，私たち共同執筆者の思いが込められています。

　つまり，人の性体験は百花繚乱のごとく多様，しかも事変のごとく突然に訪れる。それをできるだけ具体的に描き出したい。その過程を踏まえないと，第Ⅱ部の教育にせよ，第Ⅲ部の介入にせよ，そこに書かれる事項は絵空事となり，現実味を失う。既製の支援書には，ここのところが決定的に不足している。これが私たち二人の共通認識であり，それが本書の出発点になったのです。

　その詳しい解説は第Ⅰ部第1章に譲りましょう。ともかく，十分お覚悟の上，「百花繚乱事変」をお読みください。でも，少し読み進めると，知らず知らずのうちに，懐かしい想い出と遊んでいるご自分が見えてくるはず。それが，だれにでもある（あった）性の世界へ繋がる扉なのですから。

　＊本書の章名にある「いっぱいあってな」は，斉藤洋先生の名作童話『ルドルフとイッパイアッテナ』（講談社）のイッパイアッテナ（童話に登場するネコの名前）とは意味も用法も異なります。

第Ⅱ部　「教育」

　人の性体験の多様性，これを取り上げる第Ⅰ部に続き，第Ⅱ部のテーマは「教育」です。

　ここでも「？」と思われる方が多いかもしれません。なぜなら，この展開において通常表記される言葉があるとすれば，「性教育」だからです。それをあえて「教育」と表記した。これも，共著者である小栗と國分の共通認識から出たものなので，少し説明しておいた方がよいでしょう。

　それは，性教育の中で性を直接取り扱うところは「実は少ない」ことに依拠するものですが，余計に「？？」でしょうか。つまり，こういうことです。

　本気で性教育を行うなら，性そのものを教育対象にするのは，せいぜい全体の2〜3割，残りの7〜8割は性それ自体を冠にしない，通常のコミュニケーション教育とマナー教育が大きな役割を担うことになるからです。

　考えてもみてください。性は人間存在の中から突出した飛び地でも，離れ小島でもなく，それぞれ個々人の中に湧き出す，人間性の泉に他ならないのですから。

　何だか，「そんなことはわかっている」「それは性教育における暗黙の前提だろう」という読者の声が聞こえて来そうな気がします。でも，はっきり言いますよ。「対人交流（コミュニケーション）や対人マナーの中に人の性は存在する」と当たり前のように語られながら，この性そのものへの教育2〜3割，対人関係への教育7〜8割，この関係を明確に指摘する声には意外なほど出会わないのです。

　その一方で，本書は紛れもない「性の本」です。したがって性教育の前提にあるコミュニケーション教育やマナー教育には最低限の紙幅しか割くことができません。しかし，そのことは承知の上で，「性教育」を「性」にだけ限定すべきではない。だから第Ⅱ部は「性教育」というより「教育」としたい。ぜひ私たち執筆者の意（こだわり）を汲み取っていただきたく思います。

　そこで予告しておきましょう。本書は紛れもない「性の本」でありながら，読み進めていただければ「性はコミュニケーションとマナーである」という命題が，通奏低音のごとく読者の心に響いてくるはずです。ただ，いかに「性はコミュニケーションだ！　マナーだ！」と強調しても，性を「社会性の鏡」にだけ映すことは野暮（無粋）になる。そのことも，私たちは本書の中で述べていきます。要するに「性」だからこそ「粋な鏡」に映して語りたい。その鏡映描写も本書には溢れています。それこそが性におけるコミュニケーションとマナーだということで，ぜひとも第Ⅱ部をお読みください。

第Ⅲ部　「介入」

　ここでは性的逸脱行動のある人への対処法（介入法）について述べていきます。ただし，ここで述べることは，病院（医療施設）や少年院（矯正施設）のような，特別な設備やスタッフを備えた場所での介入法ではなく，学校や児童養護施設のような，いわば自然な場所，あるいは施設ではあっても，寄宿舎的というか，自然な場所に近い機能を担っている施設での対応に軸足を置いています。

　つまり，本書で取り扱う介入法は，○○分析とか○○療法と呼ばれるようなサービスではなく，後に詳述するように①誰にでも公平に使用でき，②使用の自由度が高く，③使い方が簡単ですぐわかり，④必要な情報がすぐにわかり，⑤操作ミスや危険に繋がらず，⑥無理のない姿勢で楽に使え，⑦使いやすい空間が確保されることを重視する，ユニバーサルデザインの理念に則った方法論から構成されているからです（これは第Ⅱ部で述べる「教育」にも共通しており，本書に流れるもう一つの通奏低音だと言っても差し支えありません）。

　その理由は明確。すなわち，私たち共同執筆者は，医療の領域でも矯正の領域でもなく，教育や福祉の領域で，学校や施設からの依頼（コンサルテーション）に対応する活動をしているからです。

　ここで誤解されないように一言。われわれは決して他領域の方法論を否定しているわけではあ

りません。ただ，特別な設備や機構を備えておらず，自然に近い場所であるからこそ，たとえば学校や児童養護施設に勤務する職員は，そこでの支援対象者が引き起こす性的逸脱行動と向き合わねばならない。換言すれば当該性行動への対応を余儀なくされる。そこで「それ」に対応できる，安全性の高い対処法の一つとしてユニバーサルデザインがある。そして，それが本書における介入の方法論になっている，ということなのです。

　そこで大切になる事項がここ。つまり，本書は特別な施設環境で生活している人を前提にしていないので，この方法は医療施設や矯正施設のような場所でも，逆に効果的な活用が可能になると思います。またそれとは全く別の立場，すなわち，子どもの性的行動に心を痛め，心配を募らせておられる保護者の方々や，一般の方々にも知っておいていただきたい知恵が盛り込まれています。ぜひとも，困られたときの相談本としても活用していただければありがたく存じます。

　繰り返しになりますが，私たちは，専門施設といわれる場所と，私たちの場所を，別物としては捉えていません。要するに，この本で私たちが展開しようとしていることは，特殊な論理ではなく，いわば当たり前のことをお伝えしたい。しかもそういう支援を，私たちの支援対象者は待っている。それを述べることが，本書の本書たるところなのです。その目線から見た男性の性的逸脱行動，女性の性的逸脱行動，それへの介入法ということで第Ⅲ部をお読みください。

第Ⅳ部　LGBT

　本書のフィナーレを飾るのがLGBTです。ここまできて言い出すのもおかしな話ですが，本書は性を扱う支援書ですから，この本にLGBTが出てくること自体は，いわば自然の成り行きだと思います。にもかかわらず，本書のどこでLGBTを取り上げるか，これに私たちはずいぶん悩まされました。なぜなら，LGBTへの対応においては，今までの支援における組み立て方が通用しなくなるからです。

　つまり，ざっくりとした言い方をすれば，従来の支援法の根底にあるものは，支援対象者には社会適応に必要な何かが「不足」している。したがってその何かを育てるか，それがむずかしい場合には，代替機能の育成を考えよう。あるいは誤って学習してしまった事項があるとすれば，その誤りを「修正」することで，支援対象者の自己実現を支えよう，という考え方が主流をなしてきました。

　ここのところが，LGBTへの対応では全く異なったものになります。つまりLGBTの人の課題は，何かが不足しているわけでも，歪んでいるわけでもない，言うなれば，人として当然なニーズを相手にする支援の実践，これが本道になるからです。

　換言すれば，LGBTへの支援において，私たち支援者が相手にするものは，支援対象者の社会適応を阻害するものではない。ましてやトラウマのようなネガティブなものでもない。それはLGBTの人が求めているにもかかわらず，そこでの自己実現がままならない何物か，あるいは求めることに抵抗を感じ，ときに拒絶的になりながら，それでも当事者の心の中に湧き上がってくる何物かなのです。

　これは，おそらく今までの支援論の中ではあまり触れられなかったところであり，私たちはLGBT対応に，万人の支援の光となるべき新たな力を見出しています。そのことを第Ⅳ部では，じっくりお伝えしようと思います。

　それとこの章は，人権教育的な意味での問題提起が多い場所でもあります。たとえば，LGBTとは切っても切れないヘテロセクシャリティという言葉，この「異なる」という意味を持つギリシャ語の接頭辞への問題提起，LGBTを短絡的に性愛と結び付けて考えやすい世間知への問題提起，LGBTの状態像理解に対する問題提起，LGBT対応に向いている支援者と向いていない支援者の課題など，この第Ⅳ部は，おそらく本書中で最も先鋭的な記述の目立つところになると思います。

　ただ，先鋭さを競うのが本書の主眼ではありません。実際に第Ⅳ部では，LGBTの人との面接で留意すべき事項を中心に，極めて質素で地道な対処法の道筋を提示していきます。ここは，実際場面で役に立つことが多いところだと思いますので，使えるところを使っていただければありがたく存じます。

本書の支援デザイン

　さて，プロローグを閉じる前に，どうしても触れておきたい事項があります。

　それは，「配慮を必要とする人への支援と対応」という本書の副題，その行頭にある「配慮」という言葉，それへの本書の立ち位置を示すことです。

　そこで質問です。読者の皆さんは，配慮を必要とする人，この言葉を聞いて何をイメージされますか。おそらく「知的な障害」とか「発達的な障害」のある人というイメージではないかと思います。

　昭和の時代ならいざ知らず，平成を経過し，令和の現在，それも支援という文脈の中でこの言葉に出会えば，そう読むのが一つの答えだと思います。

　でも，もしかすると，もう少しイメージを広げるべきだ，とおっしゃる方もいそうな気がします。たとえば，この世に生を受けた後，養育環境の中で不当な刺激に晒され，感受性，感情，行動，価値観などに，不幸な歪みを抱えざるを得なかった人，そういう人にも配慮が必要ではないのか，と考える方もおられるはず。実は私たちもそう考えているのです。

　ところが，そこまで守備範囲を広げると，私たちは少々むずかしい状況に直面せざるを得なくなります。それは，不遇な生育歴の中で，感受性や行動に歪みを被ってしまった人の示す状態像が，認知の偏り，衝動性，不注意，多動など，知的障害や発達障害（特に後者）に起こりがちな状態像と，まぎらわしいほどに類似している，ということです。

　そうすると，それは支援にどのような不都合をもたらすのでしょう。それは，「いま目の前で展開している支援困難な事態は，支援対象者に内在していた「障害」によるものなのか，それとも出生後の養育環境に起因する感情や行動の「歪み」によるものなのか，その見極めが困難になるということです。

　そこでさらに一歩突っ込んで，それの何が問題なのでしょう。それに答えるためには，もう少し説明が必要です。

　以前に比べれば，障害に対する捉え方は成熟してきたといわれる昨今，たしかに20年くらい前に比べてみると，「障害という先入観で子どもを見たくない」と豪語し，障害という事実そのものを否定する，あたかも梁山泊に集う豪傑のような支援者や，「障害はわれわれの守備範囲ではない」とおっしゃって，支援の場から子どもたちを追い出してしまうような支援者は減りました（と思いたい）。

　このような時代の推移の中で，「障害観」が成熟し，障害というカテゴリーが市民権を得るようになったのは望ましいことなのですが，逆に支援者の目が支援対象者の障害にばかり注がれ，支援対象者そのものに向けられる素朴な目線の弱さを感じさせるような事例にときどき遭遇します。そうしたとき，かつて出会ってきた梁山泊の豪傑たちのことを，懐かしく思い出すのは私だけでしょうか。

　そこへもってきて，知的障害や発達障害に類似した，まぎらわしい状態像の混入です。これが支援場面を混乱させないはずがありません。そうした状況で，「障害がアルのかナイのか」「障害のせいなのか，虐待のせいなのか」「障害が先か，虐待が先か」という論議が出てくるのは，ある意味致し方ないのかもしれません。それでは，支援に繋がる論理の組み立てはどうあるべきでしょうか。

　ここでは，あの有名な「ニワトリが先かタマゴが先か」の論議を通して，支援論的な視点の在り方を少しでも明確にしてみたいと思います。

　読者の皆さんもよくご存知のとおり，ニワトリとタマゴの論理は，ニワトリがいなければタマゴはなく，タマゴがなければニワトリもいないわけですから，双方相立たず，要は不毛な論議の組み立てを説明する際に，よく例示されるものです。それに比べると，「障害アリやナシや」の方が多少「文脈は取っている」かもしれません。ニワトリとタマゴで堂々巡りをするより，アリやナシやの対概念を提示して論議する方が，弁証法の約束を満たすという意味で多少なりとも「正当」だからです。

　と，この数行は話が少々脱線していますが，それを承知の上で，もう一度「ニワトリとタマゴ」の論理に登壇していただきます。ただし，先程は脱線の論理を，今度は脱線しない論理を示すためにです。

　つまり，議論の末に見えてくるものが，先程のニワトリが先かタマゴが先かの関係ではなく，私たちの支援場面には，ニワトリもタマゴもいる。さらに障害の有無ではなく，生育歴上の不幸な経験によって，人格に歪みを来した「ヒヨコ」という，別の支援対象者も同居している，と見た場合にはどうなるのでしょう。

　ここで，ニワトリかタマゴかヒヨコか，それぞれを弁別する（見分ける）作業は必要だと思いますが，仮にニワトリ，タマゴ，ヒヨコの弁別（アリやナシや）ができたとしても，それだけでは，支援には全く近付いていないのです。

　よろしいでしょうか，ここで大切なことは，ニワトリとタマゴとヒヨコの関係ではなく，そこにニワトリもタマゴもヒヨコもいるという「現実」から出発する，それが支援だと思うのです。

　さて，この混沌とした状況にあった私たち支援者の前に，1980年代に入ったころから提唱されるようになったのが，アメリカの建築家，ロナルド・メイスによる，ユニバーサルデザインの理念でした（これの7つの理念は既にお伝えした通りです）。

　その最も大切なところは，障害のある人に限定していないということ，実現不可能な幻想を取り上げてはいけないと釘を刺していること，家屋や施設，道路や街作りといったハード面から，情報やサービス，思いやりや慈しみなどのソフト面を包括する理念であること，そうした方法論を表す言葉として，「できるだけ多くの人が活用できるようにデザインする」という意味を込め，「ユニバーサルデザイン」の呼称が用いられている，ということに尽きると思います。

　それ以来，ユニバーサルデザインの理念は世界各国から承認されており，障害者の権利に関する国際条約第2条の中に，「ユニバーサルデザインは，調整又は特別な設計を要することなく，最大限可能な範囲ですべての人が使用することのできる製品，環境，計画およびサービスの設計をいう」と明示されているのです。そして私たちも，あらゆる支援の場面で，この理念を尊重したいと思っています。したがって，本書における「配慮を必要とする人の性」についても，より詳細なタイトルを与えるとしたら，「配慮を必要とする人の性に対する，ユニバーサルデザインによる理解と対応」ということになると思います。もう少し簡潔に名付ければ，「配慮を必要とする人の性／理解と介入のユニバーサルデザイン」でしょうか。ただ，ここで述べてきた私たち共同執筆者の思いを反映させ，「性の教育ユニバーサルデザイン〜配慮を必要とする人への支援と対応〜」というタイトルに落ち着いた，それが本書なのです。

　さぁ，本書のプロローグは満たされました。さっそく第Ⅰ部の扉をノックしてください。

　　　　2021年1月1日
　　　　マルと　カンと　マリリンへ
　　　　　　　　　　　　　　　　　　　　　　　　　　　　　　　　小栗正幸

目　　次

第Ⅰ部

いっぱいあってな

第1章

性体験の多様性

賽（さい）は投げられた

賽は投げられた！

もちろんこの本を「書く」という賽のことで，もう「書かない」という選択肢はありません。後は目前にあるこの川を渡るだけ。カエサル気分の書き出しをしてしまいましたが，実はこの企画，私たち共同執筆者の間では，かなり以前（10年近く前）から，「いずれ書きたい」という暗黙の了解がありました。それが3年くらい前から，「必ず書こう」という企てとなり，1年前から，「書くなら今だ」という確信になったのです。

なぜこういうことになったのか。それは世の中に出ている多くの性の本に，私たちが「じれったさ」を感じていたからです。決して既存の書物を批判しているわけではありません。人の性行動に対する成り行き研究は公表されていますし，特定の性行動の出現率や，その年齢的な推移に関する研究，異なるグループを対比させる統計学的研究（たとえば自然や文化，あるいは社会構造的な生活環境の異なるグループを，推計学の手法で比較し，そこに生じる差異の意味を確かめる数量的な研究方法），性行動を文化人類学的に考察する数量分析的あるいは事例記述的な研究など，あまたの専門書や啓発書が書店やネットワークサービスを通して簡単に入手できるのです。にもかかわらず，私たちは何を「じれったく」感じたのでしょう。それはこういうことです。

たとえば既存の研究における数量的なデータは，特定の性行動の実態を示す実証的なエビデンス（根拠）として尊重しますが，そもそも数量化とは高度な抽象化であり，実際の性行動と同列ではありません。ここのところが，私たちには「じれったかった」のです。

さらに申しあげましょう。私たちが最も憂慮した専門書や啓発書の「じれったさ」とは，性行動の実情が，専門用語を含めた学術的表現（あるいは道徳的・倫理的な配慮）によって，無難な抽象化を施されたことにより，「実態としての性」が今一つ伝わってこなくなってしまう，という「じれったさ」だったのです。

まあ，ここまでは「私たちの単なる感想」と思っていただければよいでしょう。しかし私たちは，そこで諦めの「匙（さじ）を投げた」のではなく，実行の「賽（さい）を投げた」のです。

その途端，これは当たり前というか，思った通りというか，「それではどうするのか」という，「性」を表現することの難しさが，まさに大きな障壁として，私たちの前に立ちはだかってきました。

考えてもみてください。ここで安易にあからさまな性行動を書き連ねたとすれば，「この本は猥談大全集か」と言われかねない。その危うさが本書には付きまとう。それをどう防止するか，これが私たちの大きな宿題になりました。

そこで考えたことがこれ。つまり，性表現はできるだけ具体的なもの，ときには「あからさま」なものにしたい。しかし，野暮な書き方は溝へ捨て，江戸の戯曲者を見習い，ともかく「粋」な

表現に徹するよう，鋭意努力しよう，というものでした。そしてその努力の最たる傾注場所がここ，第 I 部「いっぱいあってな」なのです。

　ついに大見得を切ってしまいました。言いたいことはこの一言。この第 I 部は，最も本書の本書たるところ。果たしてわれわれの目論見は実を結んだかどうか，ぜひとも読者からの忌憚のないご意見を頂戴したく思っています。

性経験の多様性

　ご覧ください。この第 1 章の表題，これこそが「じれったい」性表現の典型例中の典型です。それをあえて第 1 章の表題に用いた，ここに「私たちの決意」の程を汲み取ってください。なぜなら，学術的表現を用いて書くなら多様性，しかしながら，この表現では絶対に伝わらないもの，それが性なのですから。

　第 I 部の表題と比べてみてください。そう，「多様性」ではなく，「いっぱいあってな」なのです。この「じれったさ」を「おもわせぶり」で軽々と粉飾してしまう図々しさ，それが性の本質を見せながら「野暮」にならない「粋」な持ち味になる。これが私たちの指針になりました。

百花繚乱事変

　やっと本書らしさに辿り着きました。もう多様性などという野暮な表現はおしまい，「いっぱいあってな」と粋にまいりましょう。そこで第 2 章の「百花繚乱事変」を説明すれば，第 1 章のお役目は「おしまい」です。

　まさに人の性体験は「いっぱいあってな」です。しかし，それこそ言うのも野暮ですが，自分の性体験は，そうそう他人に向けて語るものではありません。

　もちろん，男子会や女子会（世の中，女子会という言葉は溢れていても男子会とはまず言わない。この謎も本書を通して了解いただけるはずです）の機会には，下ネタ話に花が咲くことはありましょう。その中で，「今まで何人とした」とか，盛り上がることもあるでしょう。しかし，ご自分の胸に手を当てて考えて（思い出して）いただきたい。そこで語られることは，必ずしも真実ではありません。特に自分の性体験になると，巧妙に隠し，脚色し，その上で語られることが多いのです。あなたは違いますか？

　まあ，悪いことではないので，それはそれでよしとしましょう。ただ，やはり本当のことは知りたいものです。その点私たち共同執筆者の二人は，広く浅く，ときには狭く深い，いろいろな人間関係に恵まれています。そこで，この種の男子会や女子会で耳にしたいろいろなお話を出し合ってみました。そうしたところ，普通ではなかなか聞けない自慢話を含め，さまざまな「性談義」がパッケージに入った情報を二人が持っていました。つまり，あなたにも，私にも，だれにでもありそうな，なさそうな，性経験のお話大全集なのです。

　もちろん，とりとめのない性談義のご披露ではありますが，個人の特定に繋がるような情報は慎重に排除してあります。必要な脚色も加えました。そのほとんどは，私たちの頭の中にしかないような彩になっています。しかし，真実のエッセンスは間違いなく散りばめました。ですから，ここに散りばめたお話は，あなたにも，あなたにも，だれにでもありそうな，なさそうな，「いっぱいあってな」のものばかりです。

百花繚乱事変の留意点

　さて，第 2 章「百花繚乱事変」にはいろいろな留意点があります。

（年齢区分）

　百花繚乱事変にはざっくりとした年齢区分があります。それは，ここで扱う「いっぱいあってな」が年齢的な条件の中で構成されるものばかりだからだからです。

　したがって，児童期（便宜上幼児期から 12 歳くまいまで），思春期（便宜上 12 歳から 18 歳くらいまで），青年期（便宜上 18 歳から 30 歳くらいまで），成人期（便宜上 30 歳以上の人）という区分化を行いました。

　そして，ここに登場する人は，4 歳児から 83 歳に及んでいます。ただ，これは少なくとも青年，多くは成人年齢に達した人が，たとえば自分の幼児期の出来事を回想して語っていることになりますので，すべてのお話には談話者の年齢が付記してあります。

（表題の意味）

　第 2 章の表題は「百花繚乱事変」です。これはまさに「いっぱいあってな」ということ，花が咲き誇るがごとき，性体験の乱舞なのです。しかし，ほとんどのエピソードは筋書きどおりに起こったものではありません。お読みいただければわかりますが，その多くは主役であるご本人の「思いもかけない」ところへ，突然の訪問者としてやってくるのです。中には，「これは性虐待の被害ではないのか」と思わせるものまで。それらの出来事は，単なる百花繚乱ではなく「事変」と呼ぶのがふさわしい。したがって「百花繚乱事変」と呼ぶことにしました。

（LGBT について）

　第 2 章を書き進めるにあたり，LGBT の人のお話をどこにまとめたらよいのか，これに最後まで迷いました。というのは，LGBT の人の性体験もまさに「いっぱいあってな」であり，LGBT を冠にしない人の性体験と重なることが多いからです。

　ただ，性体験の受け止め方のところで，ときには微妙な，ときには大きな違いが出てきます。ここの書きわけが結構複雑になることから，LGBT の人の性体験は思い切って第Ⅳ部でまとめることにしました。ただ，第 2 章に登場する人には，よほど特別な性行動のエピソードでない限り LGBT の人も含まれています。

　お待たせしました，それではさっそく第 2 章「百花繚乱事変」へお進みください。

　最後に一言。

　今までの専門書，支援書，そして啓発本に決定的に不足しているのがここ，すなわち多くの健康な人が，何気なく，ときには意味ありげに出会い，経験してきた具体的な性体験，その実態，これをしっかり踏まえた上でないと，後の記述はすべて地面に根を張ったものにはならない。つまり「じれったさ」という砂の上に建てられた楼閣になりかねないのです。

　さあ，第Ⅰ部「いっぱいあってな」を通して，あなたも，私も，経験した，あるいは経験する

可能性のあった，いろいろな人の性体験を共有していただき，次へ進んでください。

　そして，配慮を必要とする人への性に関する教育とは何か（第Ⅱ部：教育），性的逸脱行動が起こっている人への支援とは何か（第Ⅲ部：介入），さらに新しい支援の在り方とは何か（第Ⅳ部：LGBT）。ぜひとも本書をあなたの身近なものにしていただき，それをあなたの子育てや，支援活動に役立てていただければ，それは私たち共同執筆者の最たる光栄と思うところであります。

（小栗正幸）

第2章

百花繚乱事変

児童期

●エピソード１：気持ちよくて気持ち悪かった話（26歳女性）

「ほうら，高い高ーい」そのおじさんの高い高いは，幼心にも違和感を覚えました。なぜかというと，それは今までどんな大人にもされたことのない「たかい，たかい」だったからです。

おじさんの手は，大きくて温かくて少し湿った感じがしました。その手は，私の両脇には入りません。片方の手は私の背中に，そしてもう片方の手は，私の股を包み込むのです。そうして股を包み込んだ手に力を入れてぐいっと，私を体ごと上に押し上げるのです。おじさんが自分の腕を目いっぱい伸ばして天井近くまで私を持ち上げると今度は性器を覆っていたその指が動きだしました。少しびっくりしたけど，もぞもぞする感じがくすぐったくて楽しくなった私は，下ろされてからも，何度もせがみました。初めに感じた少しの違和感も吹き飛び，「もっと，もっと」してほしいと。おじさんは，（私を抱き上げ何度も何度も上に押し上げてくれました。おじさんは，わかっていたのです。私が感じたことを）。

時は流れ，大人になったときにおじさんのあの高い，高いは「そういう意味だったのか」と思ったとき鳥肌が立ちました。なんだ，性的虐待と同じじゃないか。でも，私は感じていた。私にとって，あれが初めての性的快感だった。胸に広がるすっきりしない気持ち。今でも，もやがかかっているおじさんの顔，そのものです。どうしてもおじさんの顔を思い出すことができないのです。黒い服を着た大人たちがたくさんいたことだけは，脳裏をかすめます。葬式か？　法事か？　何かだったのか。近所の人なのか。おじさんの顔に，もやがかかって思い出せないのです。でも，いい。一生晴れなくていいのです。

●エピソード２：禁じられたあそび（座談会　29歳・31歳・33歳・35歳女性）

小学校５年生のころ。誰もいない公園で大発見をしました。それは，鉄棒の練習をしていたときに突然に。腕で自分の体を支え，両足を振り子のごとくブンブンと振っていたときでした。「あそこ（性器）が，ビクンビクンする！」そのビクンは，実に規則正しく，まるで脈を打っているような感覚でした。初めて感じる「あそこ」の異変ととんでもない気持ちよさに驚いて地面に着地。すると，ビクンビクンという感覚はなくなり代わりに「ジーイイイン」とつま先から太ももを通り，「あそこ」に向かって血液が逆流していく感覚になりました。体の力が抜けていく感覚に浸りながら自分の身体じゃないような不思議な感覚に「なんか，おもしろい」そう思いました。私はそれから，時々一人で公園に行き，鉄棒へまっしぐら。その行為に没頭していきました。地面に着地するときのジーンよりも，ストレートに感じる「あそこ」への気持ちよさを好み，地面の着地は程ほどに，あそこがビクンビクンする感覚を長く楽しむようになりました。ほとんど逆上がりをせず，腕支持の姿勢で足だけ振るものですから，腕の力がついたことは言うまでも

ありません。密やかな密やかなこの行為に専念したのは，初潮を迎える手前くらいだったような気がします。

　先日女子会でこの話になりました。友達の小学生の娘が「ママ，鉄棒しているとあそこが気持ちよくなってきちゃう」という，つぶやきに驚いた，自分と同じじゃないかと。という話がきっかけでした。そこから話は一気に盛り上がり，多くのカミングアウトが出てきました。自分を遥かにしのぐ上手がいたことに驚きました。鉄棒での「あの」感覚はほぼほぼ皆経験済みであり，その他にも，掃除機のノズルを性器にあて「弱，中，強，スーパー」の4段階の感覚を味わい耽ること，シャワーのヘッドを性器に当てて水圧の快感に溺れるなんて，結構みんなやってる。

　ミルクやシロップをペットにあげようとしたときに，誤って床に落とし飛び散った液体が足の指の間に入り，舐められてから感じるようになったとか。何気ない日常生活の中に快感を見出した女子たちがほとんどでした。

　誰にも見つからないように，密やかにやるからこそ快感が倍増したことを，幼少期から私たちは知っていたのかもしれません。

●エピソード3：痛みの代償（34歳女性）

　退院を1週間後に控えた私は，小児病棟の一室で天井を眺めていました。急性腎炎で入院して3カ月余り。腎臓病の症状がはっきり実感できないベッドの上での日々は9歳の私にとって退屈極まりないものでした。

　テレビも漫画も本にも飽き，ついには天井の模様を数えることが睡眠前の儀式になっていました。その夜も，天井を見ながら儀式が始まる予定でした。しかし，両方の胸から突き刺すような痛みが起こりました。この痛みは，自主的に自らの力で殻を突き破っていく痛みでした。まるでジャックと豆の木の種から出た芽が，一夜にしてグングンと成長していくように。原因不明，前代未聞の激しい痛みを起こす両方の胸に手を当ててみると，これまた仰天。種がある（しこりができている）ではありませんか。もしかして，少しずつ大きくなっていたのかもしれませんが，最近の私と言えば退院の日を指折り数えている日々だったので，そんなことにも無頓着すぎたのかもしれません。「なんなん？　これ」。胸の種（しこり）を触りながら私は茫然としました。胸を突き破るような痛みと同様，これまで症状がわからなかった腎臓病とは全く異なるありあまる症状。この状況が病気でなくて，なんなのでしょう。「ああ，ついに病気が胸にまでできたか」幼く無知な私は勝手にそう解釈をしました。「ばれたら退院が伸びてしまう。自分さえ黙っていればわからない」。意を決して私が行ったのは，この種（しこり）を退治することでした。親指と人差し指でつまむと直径3センチくらい。コリコリ指で動かすと，ああ痛い。だんだんと指に力を加えいくと，指からしこりがはみ出てしまいます。種（しこり）もつぶされまいと必死のようです。睡眠不足になりながらも，種（しこり）と格闘する夜が続きました。

　退院目前。種（しこり）を指でつぶすことをあきらめました。しかしもう，一刻の猶予も許されません。そう追い詰められた私は，拳で胸を叩くことにしたのです。痛みのあまり涙で天井の模様がゆがんで見えました。どのくらい繰り返したのかわかりませんが，その瞬間はやってきました。「ぐしゃ」。音がしたらそんなふうに聞こえただろうと思います。胸に手を当てるとコリコリした形状の種（しこり）はありません。「終わった……」痛みを感じながらも，種（しこり）

をつぶした達成感とこの数日戦ってきた種（しこり）にようやく勝った！　という喜び，そして（勝手に決めつけていたけど）病を克服した安堵感で満たされたのでした。

　中学生になり，保健の授業で二次性徴を学んだときに，初めて9歳のころの胸の種が意味のある「しこり」であることを知りました。ああ，病気じゃなかったのね。知らなくて損した，痛い思いしなくて済んだのに。

　時が流れ，若い女性のユニットがそろいのキーワードを言いながら胸を寄せるポーズが流行り「巨乳」「爆乳」「貧乳」。おっぱいは，それぞれ個性を持ち始めました。「おっぱいパブ（おっぱぶ）」「授乳パブ」なる店まで現れる始末。老いも若きも世の男性はおっぱいが大好きな輩が多いらしい（時々そうでない人もいて，そうでない人は自ら公言しますが）。

　私の胸はというと，二次性徴のおしるしである所以のしこりと知らずに，潰したものだから見事な貧乳。つぶした安堵感と達成感とは裏腹にすくすく大きくなる種を摘んでしまったも同然なのですから。

　おっぱいとは，奇妙なものよ。山であると同時に谷である。（出所不明）

●エピソード4：学校の怪談（36歳男性）

　だいたいにおいて，学校には怪談や七不思議とやらが付きものです。私の出身校にもありました。そう，あれはたしか，私が小学校5年生ころのことでした。

　学校に不思議な噂が広がりました。

　体育館の裏に，噛み切られた人間の舌が落ちているというのです。さて，まずその体育館について少し説明しましょう。

　私の通っていた小学校は，地域の基幹小学校で，校舎はけっこう大きかったのですが，何しろ太平洋戦争前の建築で，私たちが小学生のころには，既に古色蒼然とした小学校でした。その小学校の裏手には，うっそうとした森があり，そこに，これまた古めかしい神社が建っていました。そして，その薄暗い森と神社に面したところに，古い体育館が建っている。しかも夜になると，真っ暗な森の方から，神社の神主さんが叩く，ご祈祷の太鼓の音が，ドンドン，ドンドン，と，重々しく響いてくる。もうこれだけで，怪談の舞台としては十分でしょう。

　そこに！　噛み切られた人間の舌が落ちているというのです。それも，学校の先生が，取り除いても，取り除いても，知らない間に，また落ちているというのです。

　小学校はこの噂で持ち切りでした。先生に「本当ですが？」と聞いても，先生は「知らない」とおっしゃるか，ニヤリとされるだけで，否定も肯定もされない。でも中には，「あれには先生も迷惑しているよ」とおっしゃる先生も！

　自然の成り行きとして，生徒間で捜索隊が組織され，私もその一員になりました。さすがに，夜の体育館裏を捜索しようという話にはなりませんでしたが，放課後の時間に探してみることになったのです。

　一日目の捜索では何も見つかりませんでした。二日目も，三日目も何もありません。捜索隊は一人減り，二人減り，やがて途絶えてしまいました。それからしばらくして，私と友だちで，もう一度行ってみようという話になり，行ってみたのです。そうしたら「それ」があったのです。

　ただ，たしかに見たところは少し人間の舌にも似ていましたが，明らかに舌ではなく，薄桃色

をした半透明の柔らかいゴム製品で，それの一方は丸い突起部があって袋状になっており，もう一方は口が開いていて，口のところには輪ゴム状の付属物が付いています。よく似たものにたとえれば，超特大で超薄型の指サックというところでしょうか。

　そして，よく見ると中に液体状のものが入っています。直接手で触れるのは気味が悪かったので，落ちていた枯れ木の小枝でゴム製品を持ち上げると，それはとろりとした粘液状で，生臭くて白っぽく濁った液体でした。それが何であるのか，見たことのない代物でしたが，何となく直観的に，「これは他人に見せるものではない」と思いました。何か悪い物を見付けてしまったような罪悪感を覚え，友達と「これは内緒にしておこう」と話し合いました。

　その後も，この噂はときどきささやかれていました。そのたびに「あぁ，あれか」と思ったものです。そのゴム製品が何であったのか，中に入っていた粘液状の液体は何であったのか，正確なことを知ったのは小学校6年生になってからでしたが，これは私にとって，本当に生々しく，決して忘れることのできない，最初の青い性体験になりました。

　さて，読者のみなさん，これが何物であったのか，おわかりになりますか？

　わからない方は，出版社にお問い合わせください。丁寧に教えていただけると思います。遠慮は無用ですよ。

2　思春期

●エピソード1：生理ワンダーランド（その1）──生理パワー（23歳女性）

　高校時代の話です。私の高校には女子の柔道部がありました。クラスメイトで席が隣のA子が所属していて，割とよく話をしました。A子は，稽古でつかまれたと言っては，顔や首筋に引っかき傷，技を掛けられたと言っては足には痣が絶えず，絆創膏や湿布をよく貼ってあげたものでした。「本当はレスリングをしたかったのだけど，ないから」という理由で柔道部に入り，アイドル並みの可愛らしい顔なのに腕についた筋肉や割れた腹筋は見事なもので，よく触らせてもらっていました。

　「昨日，彼氏に部屋で大外刈りかけられてさ，そのまま寝技に持ち込まれてやっちゃったよ」なんてあっけらかんと話す彼女の横で，絶句していた私。

　そのA子も，試合前になると減量が始まりました。ボクサーさながらにサウナスーツを着込んでランニングをし大量の汗をかく，ジーっと座り込んで体を蒸す，昼食は1個のリンゴとプロテイン。私もダイエットに，と思って少しだけ付き合いましたがすぐにギブアップしてしまいました。

　そんな過酷なことをしているものだから，A子の月のものはこういった時期にピタリと来なくなってしまいました。すると彼女は，「あー，また生理止まった。これじゃあ，負けちゃう。早く体重一気に落として元の食事に戻さないと」と言うのです。生理がくるたびに下腹部の激痛に苦しみ，冷や汗を流し痛み止めを飲んでいた私は，彼女の言っている意味が理解できませんでした。「え，どういうこと？　生理がきたほうがいいの？　生理痛はないの？」と尋ねると，「ない」と即答。

　さすがのA子！　それから彼女のびっくり仰天発言が続きました。「生理の時の方が，めちゃくちゃ調子よくって自分でもすごくよくわかる。やる気満々，自分でも考えられないようなパ

ワーが湧いてくるから不思議。だから，試合のときにはなるべく生理になっていた方がいいの」
個人差があるとは聞いていましたが，これほどまでとは。

　Ａ子の武勇伝は続く。「中学のときに結構な人数でみんなで海に行ったんだよ。もちろん男子
もいたよ。そしたらさ，急に生理が始まっちゃってね，血が流れてきちゃったんで，『ヤバイ，
ヤバイ』って。友達に後ろから砂かけまくらせて，自分でもバンバン砂かけまくって隠したんだ
よ。でも，ありゃ，ばれてたね。男子の方が顔，青くなってたよ」それを聞いた私の方が青く
なった。Ａ子の生理に対しての感覚も感じ方も自分とは異なりすぎていて，話を聞けば聞くほど，
私は置いてけぼりを喰らったものでした。

　しかし，一つだけ，Ａ子と私の生理への考え方が合致したことがありました。

　名付けて生理パワー。「生理のときに人並外れた力が漲るんだったら，絶対的に味方に付けた
らいい。てか，あんたが羨ましい」そう言って柔道の階級をひとつ上げることを提案したのです。

　それから彼女は，無理なダイエットをせずに生理の恩恵を受け，生理パワーをいかんなく発揮
し，階級を制覇。県ナンバーワンになり全国大会へと進んだのでした。

　それから，私はいつも元気な人を見るたびに思うのです。「この人も持っている？　生理パ
ワー」と。

●エピソード２：勃起ワンダーランド（32歳男性）

　記憶にある最初の勃起は，思春期に入る以前のものでした。それはおそらく小学校３年生ころ
の体験です。しかも，今にして思い起こしてみると，それは直接的な性刺激によるものではあり
ませんでした。

　何しろ「おしっこ」がしたくなったときのことでしたから。それも「おしっこ」がしたくなる
といつも勃起したわけではありません。たまたまそうなったように思います。

　次の勃起の記憶には性的なニュアンスが出てくるのですが，それは小学校５年生ころの出来事
です。それは，少年雑誌に載っていた漫画で，主人公が悪人につかまり，縛られている場面で起
こりました。主人公は男の子の場合もあれば，女の子の場合もありました。どちらかというと，
女の子が縛られている場面で勃起することが多かったと思います。

　最初は何のことかわからず，不思議な感覚に驚きましたが，性器が固くなってピーンと突っ
張っている感じは，決して不快なものではありませんでした。中学生になって，縄で縛られ，あ
るいは木の柱などに磔刑のような形で無理矢理縛り付けられている姿に興奮するのは，加虐的な
いしは被虐的な性的興奮だと知り，自分にはそういう普通ではない性癖があるのかと心配になっ
たものです。

　でも，友だちと話していると，同じような経験をした人もいることを知り，少し安心しまし
た。そうした半面で，漫画やテレビに出てくる主人公が縛り付けられる場面を空想するだけで勃
起し，後にはその場面をイメージして自慰をすることもあり，やはり自分には加虐的なのか被虐
的なのかははっきりしませんが，そうした行為に性的興奮を覚えるところがあると思うようにな
りました。でも，その後の性経験の中で，恋仲になった女性にそうした行為を要求したことはあ
りませんし，それを欲したこともありません。これはだれにでもあるものだろうか，とか，女性
にも同じような好奇心があるのか，とか，一度聞いてみたいと思うことはあります。実際に聞い

たことはありませんが……。

　いずれにしても，男の子にとって勃起の体験は，必ずしも性的刺激や性欲と不可分なものではなく，たとえば排尿と関係する生理的な刺激で起こることもあるのです。

　また，勃起を何かの病気ではないかと悩む人もいるようですが，少なくとも私の周囲には，勃起を不思議な体験として受け止めた人はいても，それに悩んだ人の話は聞いたことがありません。やはり勃起そのものにも快感が伴いますから，心配や不安より，好奇心の方が勝るのだと思います。

　ただ，強いて困ることがあるとしたら，勃起してしまったときに，あのズボンの膨らみを，いかにして周囲に隠すかということでしょうか。前にもお話ししたように，特に性的な刺激を受けなくても勃起することがあります。学校ではそんなときに限って，教科書を朗読する順番が回ってくることがあり，とても焦ったことがありました。また，体育の時間などに勃起が起こると，あのズボンの膨らみを女子の目からどう隠すか，けっこう困った経験があります。いずれにしても，今にしてみれば懐かしい思い出なのですが，女性にはそうした男性の小さな悩みを知っておいてほしいものです。

　なお，勃起とは直接関係ありませんが，男性の性器は，ズボンの中での納まり方が，右寄りになる場合と左寄りになる場合があって，これは座り癖のようなものです。したがって，ズボンの右足側と左足側への収まりが，何かの事情で普段と逆になると，何とも収まり感が悪いものです。そこで男子というより男性は，左右の収まりをいつもの向きに戻そうとして，モジモジすることがあります。女性の方々，これは男性の門外不出の秘め事ですぞ。

　そうしたこととの関連で，高校生くらいになると，女の子には「あの男子は左寄り」「あの男子は右寄り」と，男性器の向きを当てる遊びが流行ることがあるようです。まあ，男女を問わず，男性器のことは興味津々の七不思議なのでしょうね。

●エピソード３：精通ワンダーランド（28歳男性）

　狭い意味での「精通」とは，最初の射精体験のことを言うらしいですね。そして，そのことをお尋ねなのですが，僕にとってこれはなかなか難しい質問です。なぜなら，最初の射精がいつどこで起こったのか，はっきり覚えていないのですから。というより，友だちに聞いてみても，最初の射精をはっきり覚えている男性は，意外なほど少ないのです。

　それはなぜか。おそらく，「なぜそれが起こるのか」ほとんど無認識のうちに経験するからだと思います。たとえば，最初の射精体験として語られることのある自慰についても，そもそも自分が最初に行った自慰のことを覚えている男性は少ないのです。ここのところ，特に女性の方にはよくわかっていただきたいですね。

　はっきり申しあげますが，そもそも性教育の教科書に問題ありだと思います。なぜなら，思春期の性として，女子の初経と男子の精通が，同列併記されることが多いからです。たしかに，思春期には初経や精通が起こる，それは事実ですし，それは思春期を語る上で大切な事項でもあるわけですが，これは形式的な記述に過ぎず，その実態を記述すると，女子の初経と男子の精通，その重みは，当事者にとっても，周囲にとっても，男子と女子とで雲泥の差があるのです。

　う～ん。どう説明したらわかってもらえるのでしょう。思い切って僕の印象をお話ししますよ。

女子の初経は公的認証を受ける思春期のしるし，男子の精通は個人的な思春期のしるし，これくらいに違う。これでおわかりいただけますか？　何しろ女子の初経は，赤飯を炊いてお祝いをするくらいの出来事。男子の精通は，息子さんの下着に射精の痕跡を発見したお母さんがドギマギする程度のものですから。それよりも，なによりも，女子の場合は，これから長く続く，大切なお付き合いの始まり。男子の場合は，せいぜい性的なお楽しみの始まり程度のものですから。そもそもこれを比較すること自体が野暮だと思います。

　ここですよ。この本の共同執筆者，小栗さんと國分さんも第Ⅰ部，「いっぱいあってな」の第1章に書いている。今までの性の本は「じれったい」というところ。たとえば従来の本であれば，「思春期には，女子の初経，男子の精通など，大きな身体的性徴が起こり，それは思春期の心にも大きな影響を与える」くらいで済むところを，「本気で性の本を書くから一肌脱いでくれ」と，お二人から頼まれたから，その意気に感じ入り，ついに話す気になって，こうしてお話ししているのですから。

　さて，筋道の組み立てが脱線したので，精通のお話に戻ります（少々小休止）。

　そこで，冒頭で少し触れた自慰と同じように，最初の射精体験と誤解されやすいものに夢精があります。これについて，精通とは最初に夢精ありきかというと，それも自慰と同じように怪しくなる。つまり「最初の精通が夢精だった」とはっきり断言できる男性自体が，実は少ないのです。

　僕はここで何をごちゃごちゃ語っているのでしょうか。それは，精通体験を「最初の射精」に限定することの難しさ（無意味さ？）です。したがってここでは「精通」という言葉をもう少し広く捉え，精液が体外へ放出されること，つまり初期の射精を男の子はどう受け止めるのかについて語る，その方が実態に即しているし，それをするのが僕の役割だと考えました。ここまでを長広舌だと言わないでください。「精通とは何か」これをここまで本気で語った性の本に僕は出会ったことがないのですから。

　さて，前代未聞だと大見得を切ってしまいました。そこまで言い切ったのですから，今まで「ごちゃごちゃと」語ってきたことを整理しないといけません。つまり，精通と，夢精，自慰，そして射精との関係です。これは「精通専科」とでも呼ぶべき，それこそ前代未聞のお話になると思います。

　繰り返しになりますが，夢精や自慰の体験を，最初の射精と結び付けて考えることは，意外に難しいものです。しかし，既にお話ししたように，夢精や自慰を最初の射精，つまり精通と関連付け，しかも未整理のまま語られることがあり，特に精通や射精を実体験できない女性を混乱させている（のではないか），と僕には思えます。したがって，ここで老婆心ながら少々言葉の整理をしておきましょう。まずは，夢精についてです。

　夢精とは，性的な夢を見て，その中で射精してしまう男性特有の生理現象です。夢からの覚め方にはいろいろあって，射精と同時に目覚めてしまう人もいれば，全く朝まで気付かない人もいます。また一度は目覚めるのですが，二度寝してしまい，そのうち最初は体温を保っていた精液が冷えてきて，「冷たい」と目覚める人と，朝まで気付かずに眠ってしまう人がいます。後者の場合には，その間に睡眠中放出された精液は冷め，さらに乾いてしまい，起床してから下着の一部がパリパリしているのに気付く人など，かなりな幅があります。

　また，男性を夢精へ導く性夢の内容もいろいろで，雑誌等にあるヌード写真が見えていた人，キスとかペッティングの場面であった人，それこそセックスで射精する夢だった人，これもいろいろで，中には性的な夢ではなく，フワフワとどこかを漂っているような夢の場合もあるようです。

　ただ，最初の精通が夢精によって起こるとは限りません。冒頭の方でお話ししたように，最初の射精が夢精であったと断言できる人がそもそも少ないのですから。どう考えても，男性の最初の精通は，女性の初めての生理に比べると，それに随伴する体験の重みは少ないのだと思います。

　ところで，本当の話かどうかは別にして，男性の中には，夢精を経験したことがないという人もいるようです。そういう人は「マスタベーションのしすぎだ」とからかわれることがあります。自慰に関しては本書の中に別枠があると聞きましたが，話のついでに自慰と精通の関係にも触れておきます。何度も繰り返しますが，こんなに詳しく精通の実態を語っている本に僕は出会ったことがないので，参考までにということで。

　すでにお話ししたように，僕自身が最初の精通について確たる記憶がありません。気付いたら自慰を覚えていた，というのが精通に関する本当の告白になりますからね。でも，多分高校生のころですが，友だち同士何人か，自慰の話で盛り上がったことがありました。そうしたとき，夢精の経験がないという友だちがいて，彼が言うには中学１年生のころ，友だちに自慰の話を聞いてやってみた，それが最初の射精だった，というのです。それが先程の「夢精がないのは，マスタベーションのし過ぎだ」という話に繋がっているのですが，この友だち同士の話には落ちがあります。この夢精の経験がないという友だちへの，仲間からのメッセージが面白い。それは「自慰のし過ぎかどうかは別にして，気持ちのいいこと早く経験できてよかったじゃない」でした。

　女性のみなさん，男同士の下ネタ話なんて，だいたいこんなものです。もちろん，こんなノー天気な話ではなく，射精について悩む人もいるということです。でも僕の経験ではそういう人と出会ったことはありません（本当に悩んでいる人は話さないのでしょうが）。でも一度こんな話が出たことがありました。やはりそれは，仲間同士の性情報ですが，「あれはおしっこができる前のものが出てきているのかと思って少し心配だった」という友だちがいて，「お前なぁ」で落ち着いた。というところで，僕の精通談義はこれでおしまいです。

●エピソード４：自慰ワンダーランド（座談会　19歳・26歳・38歳・51歳・70歳男性）
　性の雑談（わい談）は男の子を酔わせます。男の子は，わい談を通して，たわいのない嘘と，仲間意識，そして一時の詩的高揚，それらのとりこになるのです。
　その中で，男の子が最初に出会うわい談，それがこれ。
　「お前やっているのか？」
　「やっているだろう？」
　「どれくらいする？」
　これは，ほぼお決まり，そしてお約束のパターンのようなもの。そこで出てくる自慰のお話，それがここでのテーマです。

　と切り出したまではよかったのですが，う〜ん。自慰のことは少々話にくい。だって，だれでもしていることだけど，他人のしているところは見たことがない。そして自分の話をするのは恥

ずかしい。

　そのくせ，だれでもしていることを，みんなが知っている。だから，どんなことをしているのか，よけいに興味津々となる。これは，だれが考えても，下ネタ話として，絶好の素材になるわけです。

　しかも，わい談として出てくる自慰の話を聞いていると，「あっ，オレもそうだ」と思うことがやたらに多い。みんなのしていることは，ほぼ推察可能というか，了解ができる。なかには，「そんなの，ありか！」という方法で自慰をする人もいるようだけど，そんなときは，たいていの話し手が，「これはある人から聞いた話だけれどな」という前置きを入れるから，それなりに「うわさ話」としての対応ができる。つまり疑惑の耳を片隅に持つことも忘れないから，要するにスリリングなのです。そう，男の子のわい談は，ある意味冒険談なのです。ここを女性には十分知ってもらいたい。

　よろしいですか。換言すれば，そうした「うわさ話」は，話し手による全くの創作か，元の話にとんでもない「背びれ」と「尾ひれ」が付いたほら話か，あるいは自分のしている本当のことを「他人事」として語っているか，そのどれかに決まっているのだから，これは面白いお話以外にはなり得ないわけです。

　さて，ここで少し言葉の整理をしておきましょう。もちろん，「自慰」という言葉の整理です。この件に関しては，本書の執筆者の一人である小栗さんから，自慰について，どんな話をしてもらっても大歓迎だけど，この一言だけは念を押してほしい，と頼まれていますから，みなさんじっくりお聞きください。

　その一言とは，そもそも自慰というものは「自分一人でするものだ」ということです。たとえば，自慰の話をしてもらうと，最初の自慰について，誰かに「やり方」を教えてもらった，という話が定石のごとく出てきます。そのこと自体は問題ないのですが，その人にしてもらったとか，自慰の仕方を見せてもらったとか，しているところを見てもらったとか，見せ合いをしたという話は自慰ではない，と一言限定した上で，あなたの自慰体験を語ってもらいたい，というものでした。

　それらはいずれも，相手のある性行為であって，自慰ではありません。もしそうした話をご所望の方は，相手がいる「自慰もどき」の性行為の話を聞きたいということになり，それは思春期の一過性のエピソードとして通り過ぎてもよいものなのか，LGBTのエピソードなのかを見分ける必要が出てきます。

　これをどうすべきか，小栗さんにうかがったところ，答えは明瞭でした。パートナー同士の自慰鑑賞（一方的に見てもらう・あるいは一方的に見せる）や相互自慰（お互いが相手の自慰行為に参加する）という性行為のバリエーションは，異性愛でも同性愛でも行われることなので，相手の同意さえあれば「人類みな平和」の世界，まったく問題にはならない。それは他人が決めることではなく，そのような話をご所望される，あなたの感性で決めていただければ結構，とのことでした。

　さて，それでは自慰のお話，本題に入りましょう。おそらく，そのポイントは①自慰の呼び方，②どこでするのか，③どうするのかの3点だと思います。

呼び方

　これは意外に大切なところ。なぜなら，そもそも「自慰」という呼び方，これ自体が本書の立ち位置からすると，まことに無粋で「じれったい」のです。

　ただ，遠慮なく「そのものずばり」が伝わるように，とは言っても，最近ではスマートでない呼び名は嫌われやすい。たとえば「センズリ」という名称，これは男性の自慰を対象にして，少なくとも江戸時代から使われてきたものですが，その呼び方は現代感覚からすると，まさにださい。それに加え，それなら女性の自慰はどう呼ぶのか，と言われると適当な代替案がない。そこで出てきたのが「マンズリ」という呼び名ですが。これも現在においては，まさに「超ださい」ので，女性にも嫌われる。

　いっとき，マスタベーションの頭を取って，「マス」と呼ばれましたが，これも私の見方では廃れ気味。おそらく，男性の「それ」をイメージさせるからでしょう。

　かといって，オナニーとか自慰では，いずれも標準語的でじれったい。どうですか世の中のみなさん，同じことを感じませんか？　そもそも性の領域での標準語は「敵対言語」だと。この点に関してみなさんの感覚は実に健全だと私は確信していますよ。

　そこで最近出てきたのが「独りエッチ」という呼び名です。一人エッチでもいいですが，何となく独りエッチの方が私は好き（どちらでもいいです）。細かいことを言い出せば，このエッチという言葉，今から半世紀くらい前に大阪の女子高校生が言い出した言葉らしく，本来の意味は「変態」の頭文字のようです。これに抵抗を感じる向きもあるようですが，エッチという表現は日々進化し，今ではそもそも性行為全般を指して用いられるようになっています。だから，「独りエッチ」でいいじゃないですか，というのが私の到達点です。

　それでは，この「独りエッチ」という呼び方，いったいだれが思い付いたのか，私の感想では，多分女性です。繰り返しになりますが，「センズリ」や「マンズリ」ではあまりに無粋。かといって，マスタベーション，オナニー，自慰では標準語的で雰囲気を欠く。そこで「独りエッチ」はいかが，というわけです。私はこの呼び方に，「自慰」という表現を男性以上に使いにくい，女性の感性を覚えますが，みなさんいかがでしょう。

どこでするのか

　圧倒的に多いのは，自分の寝室や勉強部屋。でも，いろいろな理由で単独の居住スペースが確保できない人はどうしているのか。たとえば，布団を被ってひっそり隠れてするのか。そんなややこしいところでする人はむしろ少数派，最も多いのが家族のいない間に，いないところで，なのです（これは居住スペースの確保が可能な人でも結構しています）。

　次にお風呂で入浴中にというもの（これは案外みなさん経験しておられそう〜このお風呂談義は女性の話にも出てくるようです）。ただお風呂との関連で申し上げますが，男の子のわい談では「浴槽の中（お湯の中）で射精したらどうなるか」という話が出てくることがあります。もちろん，絵の具が水に溶けるようにはならず，煙のような形状でしばらく浮遊しているので，手ですくって流すことはできますが，これはマナーとしていかがなものか。家族のみなさん「ごめんなさい」です。

　さて，もう少し細かく聞いていくと，家族がいないときのリビングや台所で，見つからないよ

うにするのがスリリングでいいというマニアックな人もいるようです。そして一定不変の数で出てくるのがトイレでというお話。その理由は意外に単純で，事後処理の手間がかからないというもの。まあしかし，正直に言わせてもらえば，「もう少し考えない？」でしょうか。なお，トイレ談義ではウオッシュレットが使えるというのもありますが，「それって，している最中にお湯が冷たくならない？　水道代もすごくかかりそう」「それより，どこに当てるの？」と，さらに突っ込んで聞きたくなりますね。

　さて，お家以外にもいろいろ出てきますが，最も了解しやすいのは，レンタルビデオ店の試聴用と称する個室。これは店側もそれを提供するのが目的で，ティッシュペーパーやら，おしぼりやら，「それに使う」備品がそろっています。

　それ以外の場所になると，いずれもプライバシーの確保が困難になるのですが，単に「家の中でする場所がない」という理由ではなく，「そこですること」に性的興奮を感じるという，「隠された動機」を感じさせるものが出てきます。

　これは，本当に家庭内でする場所がないという方には「ごめんなさい」なのですが，この隠れた動機とは，通常は「見せたい」とか「見られたい」というものになります。もちろん，それに気付いている人も，気付いていない人もいるでしょうが，ともかく，その場所を聞けば，秘めたる動機はおのずと明らかだと思います。なにしろ，そこで選ばれる場所とは，大型店舗や公園などのトイレとか，いずれも公共の場で，それはやめてほしいというところばかりです。中には学校のトイレ，新幹線のトイレ，飛行機のトイレという，とんでもない人もいて，これは厳禁物！せいぜい許されるのは，ポルノ映画館のトイレくらいでしょうか。

　ただ，ここで一言だけ。家庭外での「お楽しみの場所」は，おおよそとんでもないところばかりですが，かといって，ここで大上段に構えて「露出症」などを持ち出し，大騒ぎするのは少し待っていただきたい。

　よろしいですか。人にはいろいろな願望があるものです。大切なことは，願望を持つこと自体は，それがいくら道徳や倫理に反するものであったとしても，それすら禁じる理由はなく，内心の自由は尊重されるべきだと思うからです。ただ，その意思を表沙汰にすることは，決して褒められることではありません。また，その場所を汚さないとか，他の利用者に不快感を与えないとか，この点にいくら配慮したとしても，やはり施設の設置目的に照らせば，「それはまずかろう」以外の結論はないと思うのです。

　そこで，言いたいことはただ一つ。性の世界とは，内心の自由という原理と，社会常識（良識）という原理がせめぎあう場所。そういう世界だからこそ，高度な人間性の所在が試されるのだと思うのです。それを十分理解した上で，なおかつ人間性の真髄を学びたい。またそれのできるのが性の世界であり，それをおわかりいただける方々が本書の読者であると，私は確信しているのです。

どうするのか

　これは言わずと知れた「やり方」のお話です。

　まず，どんなときにするのか。これはいろいろです。ざっくりした言い方をすれば，やることがなく，時間を持て余して暇なとき，ついその気になって，は結構あります。何となく見ていた

雑誌にエッチな写真や記事があってとか，ビデオショップでエッチなDVDを借りてきて，というのは，明らかにその気になっているときですね。一般的に結婚するとその手のDVDは借りにくくなりますが，奥さんに内緒で，という愛好者もいます。ときには奥さんも好きなので借りてきてやるという猛者もいますが，正直「本当かなぁ」と思ってしまいます。でも，それが本当なら，それは独りエッチを逸脱しています。

　話が脱線しましたが，しばらくしていなくて，モヤモヤしたときに，というのは結構あります。この「しばらく」には個人差があって，一般的には1週間くらいとか，人によっては2週間くらいとか，もし1カ月もしていないと友だちに明かせば，禁欲主義とか，夢精願望があるのかと言われそう。

　それと，前日彼女としたときは，スッキリするどころか，逆に性欲は高まりやすいです。ついでに言いますと，スポーツとかで発散するというのは全くのウソか都市伝説で，疲れるとかえってやりたくなる人もいるものです。

　さて，肝心のやり方ですが，最もスタンダードなのが，手で刺激する方法。刺激の仕方がいろいろあって，性器を手のひらと指全体で握る。親指と人差し指と中指でつまむ。握らず手の平全体で軽く触れ，リズミカルに早く動かす。右利きの場合，普段は右手を使うが，たまに左手に持ち変える（サウスポーの人はその逆）。持ち変える理由は，利き手の刺激と少し違った刺激が楽しめるというもの。そして少数派ですが，指先で軽く触れるか触れないか，ゆっくり軟らかく，じれったく触るというもの。また，触れるところも，性器だけではなく，睾丸もいいという人，肛門と睾丸の間の柔らかいところも触れるという人，乳首も触れるという人，まさに「いっぱいあってな」です。

　また，実行頻度はぐんと低下しますが，指で刺激するのではなく，布団とかに押し付ける。両腿で性器を挟んで腰を動かす。いやいや，いろいろ工夫されているものだと感心してしまいます。若いころに，こんにゃくをお湯で温めてすると気持ちがいいと聞いたことがありますが，実際やってみたという人には出会ったことがありません。そこまでしなくても，お道具が沢山ありますからね。

　そのお道具ですが，一番手軽なのは，マッサージ用バイブレーターの援用。少し手間をかければ，男性用のオナニー器具がネットで簡単に入手でき，まさに千差万別，バイブレーターの振動部を直に当てるものから，挿入するタイプまで，形状もさまざま。一見マッサージ用品風のものから，リアルな女性器の形状をしたものまで，山のように出てきます。

　もちろん，使用時の滑りを良くするローションなら，薬局で簡単に入手可能。買いに行くのが恥ずかしい方は通販でどうぞ，といった具合です。

　なお，お道具として意外に高頻度で使われるものに，通常のコンドームがあります。その理由は，事後の処理がしやすいから，という人もいますが，少し考えてみれば，ゴム製品だから処理はかえって面倒になりそうな気がします。事後処理の仕方については最後にもう一度触れますが，おそらくそうした実用的な理由ではなく，性的刺激として用いられているのが実情でしょう。

　さて，お道具としては，若干レトロな響きのあるダッチワイフも健在のよう（というよりかなり進化しているもよう）。いずれにしても，好奇心にかられてネットで検索すると，ここで紹介

してきた男性用と女性用の器具，いずれも競い合うように出てきます。実際の使用頻度はあまり高いとは思えないものの，好奇心から一度くらい買ってみたという人も含めれば，男女とも一定不変の数でみなさんご利用のようにお見受けいたします。

　さて，いろいろ紹介してきましたが，何を性的刺激にするのかは意外に単純で，性的な空想に耽るか，性的描写のある本などを読みながらとか，性的な写真や動画を見ながらとか，というのが一般的で，いわば面白くも可笑しくもないものになります。ただ，一歩踏み込んで，どんな空想をするのか，どんな内容の読み物なのか，どんな映像か，というところまで踏み込むと一挙に千変万化と化しますが，そうした嗜好性については本書の他項（第Ⅱ部から第Ⅳ）を参照願います。

　さあ，最後に事後処理の仕方についてお話しして，「どうするのか」のお話を締めくくりましょう。ここで最も一般的な事後処理法は，ティッシュペーパーで精液を受けるというやり方です。もう少し細かく言えば，ティッシュペーパーの上に射精する人，性器をティッシュペーパーで包んで射精する人がいます。また，ときどき新聞紙などの上で射精し，どこまで飛ぶか観察するマニアックな人も（スポーツか？）。そしてこんな処理をする人もいます。それは，射精しないように射精する（？）というやり方。これを「ドライオーガズム」と呼ぶ人もいるようですが，そのやり方は以下のとおりです。

　通常どおりの独りエッチを行い，射精直前になったら，会陰部（肛門と睾丸の間）を指などで強く抑えます。そうすると性器は脈動しますが，射精が起こりません。実は，ちゃんと射精しているのですが，体外への経路が圧迫されているので，逆に体内（膀胱）へ向けて射精が起こっています。ただ，この射精は通常の射精に伴う達成感が得られにくいのと，そもそも不自然な射精になるので，あまりお勧めできるものではありません。

３　青年期

●エピソード１：生理ワンダーランド（その２）──生理の時のエッチ（座談会　24歳・25歳・26歳・30歳女性）

　大学生のときに付き合っていた彼が，「生理のときにセックスすると女はすごい感じるらしい，おまけに絶対妊娠しない！」なんていう話を友達から聞きつけたらしく，「したい」と言い出しました。

　「誰が，そんな都市伝説信じるか！　生理中だって妊娠する可能性ゼロじゃないし細菌感染だってしやすいんだぞ」今ならそんなふうに言えたけど，その時は無知で彼のことしか見えていなくて，しかも付き合いだしてセックスが楽しくなり始めたときだったから，OKしてしまいました。生理中のセックスを経験していた子もいたし，生理痛も苦になるほどではなかったから興味がありました。

　生理中のセックスは，準備がすべて。ベッドの上にシーツを敷いてその上からバスタオルを2枚重ねて真ん中より下に敷き，ベッドが汚れるのを防ぐ。確かに膣は経血でぬるぬるだけど，特に敏感っていう感じはしない。そればかりか，彼のペニスが子宮にこんこん当たっている感じがして痛い。いつもより敏感になったのはそんなところくらい。

　大体，膣って男性が思うほど敏感な場所ではない気がする。だって，タンポン入れて浜辺を闊歩できるし，出産のときなんて赤ちゃんの頭も出てくる。いちいち感じてたら身が持たないん

じゃないか？　セックスの間，そんなことを考えていると「中で出してもいいよね？　妊娠しないんだから」彼が（自分だけ）達する前に耳元でささやきました。絶句。「これか，これがしたかったんだな」。

　後日，友達との会話で生理中のセックスの話になりました。生理中は，乳首や膣のひだなど体の先端がたまらなく感じる，という子もいたけど，でも妊娠するかもしれないからお風呂場でして，その場でシャワーで流すとか，終わった直後にジャンプするとか，逆立ちまでするという涙ぐましい努力をしている子から，「生理中は，膣の中自体が大きくなっている感じがして，海の中にアレがズボッと入っているみたいで，全然感じないんだよね」と，いろいろだ。

　完全拒否派は，生理痛がひどい子。「だいたい，生理痛ひどいってわかっているのに誘ってくる時点でアウト。付き合えないね」。

　「それより，セックスしてる最中に彼氏が血を見てびっくりしてるの。生理の血がどこから出てくるのかも知らなかったらしくて，途中で悲鳴上げたの。ダメだこりゃって思いましたね」しかも，「生臭くてやっぱ無理だっていうやつもいた。失礼しちゃう」。

　そんな男はセックスする資格はないってこと。女の体をしっかり勉強してから。おとといおいで。そう結論づけたのでした。

●エピソード２：外国人との××（ちょめちょめ）（座談会　38歳・37歳・ほか３名すべて女性）
　女子高時代の同級生との飲み会は，ほぼほぼ，「ソッチ系」。

　テーブルの脇を若者が通れば「年下オトコ」の話，年配男性が通ると「不倫」や「セクハラ」の話，と話題は尽きません。その日も一通り日本人男性の話で盛り上がりましたが，店内に外国人男性がいたことで話題は外国人へ移行。

　A子は，高校時代に付き合った自営業の男が，いわゆるDV男で，キレるとすぐに「てめえ，俺と別れるかこの場で灯油かぶるか，どっちだ！」と，訳のわからないことを曰う輩だったので，それがかなりこたえたみたい。そのあと，短大に入ってから一度違う人と付き合ったんだけど「自宅で食事したときに，何にも手伝ってくれないんだよ。私さ，高校の夏休みに留学してたでしょ，あっちの男の人だったら絶対手伝ってくれるよなあ〜って思いながら食事の支度してたよ。全然，手伝わないんでやんの！」そこからA子の路線は完全に変わった。ヨーロッパの某国の男の人を皮切りに，外国人男性とばかり付き合うようになり「ガイセン」という異名をもつように。当時，一緒に遊んでいたB子は懐かしそうに「確か，赤坂見附にあったよね。外国人がいっぱいいたクラブ（当時はディスコ）を行ったり来たり。部屋に丸いウォーターベッドがある人もいたね……」。

　「付き合うと，支配的になる日本の男とは，まるきり違うわけよ」が口癖で，最終的には欧米人と国際結婚しちゃった。「日本の男みたく，目の前の料理の取り分けを待ってなんかいないわけよ」。

　これには，納得組と，うっかりやってしまっている組に分かれた。「料理の取り分けを女子力って一体何だ？　って感じ。そんなの幼稚園児でもできるわ！」「あたしはだめだなあ，もうしみついちゃってんのよね。それに，飲み会行くともう，そういう雰囲気が出来上がっててさ。やらないと，『気が利かない女』烙印押されちゃう」「いいじゃない，そう思われたって」。

「それにね」とＡ子がたたみかける。「海外のオトコね，独特な体臭はあるけど，そんなものは三日といたら慣れるし，好きになってしまえば愛おしいくらい。優しい外国人男性は，セックスにもでるんだよ。アダルトビデオを手本にしているような日本のオトコとは全く違う。いちもつに関しては，そりゃ大きいけれど，日本のわいせつ雑誌に出てくるようなヤカンを持ち上げるようなパフォーマンスなんてしない。あれは，ペニスへのコンプレックスを持っている日本のオトコの憧れなのではないかって思う」。

　英語も堪能なＡ子のことだから，各国の男と愛を囁き合ったことだろう。羨ましい，なんて思っていたら，Ｃ子が自虐ネタを話し始めた。それが，とんでもなく面白かった。

　「聞いてくれる？　あの国に行ったときの話。もう，何年前？　20代の頃だったんだけど」。Ｃ子は，歴女だ。「そういえば，ずいぶん前だったよね，確か。一人で行ったんだよね？」

　「本当は，友達と３人で行く予定だったのだけれど，前日になって，一緒に行くはずの二人が食中毒になっちゃって，キャンセルで一人旅になちゃったのよ」。

　Ｃ子の話は，泊まったホテルでのベルボーイとの話だった。ことばの方は，一緒に行くはずだった友達に任せていたし，英語なんて英検３級レベルで話せる自信はまるでなし！　それでも，部屋の担当になったベルボーイが有り余るイケメンだったため，コミュニケートせずにはいられなかったらしい。「今まで，生きてきた中で後にも先にもあんなイケメンは見たことなかったわ。まじ，やられた～って感じ。だからさ，筆談よ筆談作戦したのよ。あと，片言の英語でね。仲良くなりたかったからね。タバコあげたり，持っていった梅干しあげたりしてさ。けっこう，２日目くらいですっかり仲良くなったんだよ。それでさ，話の中で私なりに頑張って伝えたのよ。『本当は，３人で来るはずだったけど，一人旅になった。この部屋は，私には広すぎる』って。そう伝えたつもりが違う解釈になってしまってさ」。

　Ｃ子が，夜にシャワーを済ませて寝に入ろうとしたときにチャイムが鳴って，廊下を見るとなんと，勤務を終えたベルボーイが私服で立っていた，というのだ。思わず部屋に入れてしまったＣ子だったが，制服姿と私服姿の大きなギャップに唸ってしまったそう。「悪いけど，ダサいんだよ，ダサかったのよね。どんだけ，制服姿に助けられてんだよってくらい。私服はさ，昭和30年代の日本の親父の休日っていうか…。あ～，でも顔はイケメンなんだよ。悲しいかなギャップ萌えせず，だったんだよ」。

　それでどうなったの？

　「どうしたの？」って聞いたら「いや，君が『寂しい』って言ったから来たんだよ」って。え？なんでそうなるの？　私，寂しいって言ったっけ？　言ってないよねって思ったんだけど，しっかり私の隣に座って髪の毛撫で始めちゃってるから！　焦ったよ。その時ふと，友達が『あの国のコンドームって紙みたいよ』って言ってたことを思い出して（まあ，なんの根拠もない話だったんだけど，その時は信じちゃったんだよね）エッチは，無理，かっこいいんだけど，そんな気がないから，こんな時はとりあえず具合悪そうにするか。咳しとけ，みたいな」。

　「咳？」「そう，咳を連発して具合悪そうにしたの。なんか，調子が悪いみたい，感染ると悪いから離れたほうがいいよ，早く帰ったほうがいいよって」。

　「向こうは，する気できたのかしらね？　普通，お客の部屋に来る？　向こうも，気にいったんじゃないの？　それだけじゃないでしょ？」

「ないはずないよね。その後ほかに，なんかしたんじゃないの？」

「最終日にさ，最後だからと思って夕飯時に1杯，2杯引っ掛けたのよ，超強い火がつくお酒‼そしたら，けっこう酔っ払っちゃったんだよね。で，ホテルの部屋に帰ってきて，仕事で入ってきたそのボーイに『4日間ありがとう』みたいなことを伝えたと思うんだけど，そのときに『最後だから，ま，いいか』と思ってハグしたんだよね，その時『キスミープリーズ』とかって言ったような言わなかったような，記憶が定かでないんだけど。まあ，それはどちらでもいいか。そしたら，めちゃくちゃすごいキスをされたのよね。熱烈なディープキスよ。酔っ払ってたけど，それはしっかり覚えてる。ヒエエ〜，この人すごいキスがうまい，っていうか情熱的すぎてびっくりしてノックアウト！　確か，名残惜しそうにドアを出て行こうとしてから，また戻ってきてキスされたんだよね」。

帰国してから，しばらくボーッとしちゃってさ。彼氏と会っても心ここにあらず。「旅行から帰ってきて変だよね」なんて言われてさ。そしたら，2週間もたたないうちにあのベルボーイから手紙が来たのよ。あ，そうか住所のやりとりなんかしちゃってたんだな，これが。綺麗な英字で丁寧に書かれていて，性格が伝わってきたね。でも，返事は出さなかった，そしたら次の手紙から日本語文になっていて，びっくり‼「今度二人があったときに，スムーズにやりとりができるように僕は日本語を勉強している。君も，ぼくの国のことばを勉強してほしい」って。

年賀状までくるし。なんか，重い。今さら何が楽しくて他国のことばなんか勉強しなくちゃならないんだよ。もう，会いたいなんて思ってないんだよ！　あの時は，そういう気持ちだっただけなのに，わかってよ，って。で，ほっといたら，途絶えた。

数年経ってから，あの国に留学経験がある人が職場の上司になったの。女性で話やすい気さくな方だったので，この話をしたの。そしたらさ，「ああ，日本人の女の子はあの国行くと，すごくモテるのよね，この私でさえだもの。日本人の女の子をゲットして日本に来たい人ばかりなのよ」。

黄金の島ジパング？　いつの話だ？　なんだ，私目当てではなかったんだな。ああよかった，その気にならなくて……。

●エピソード3：AV三昧の男性の性交（座談会　28歳・29歳・35歳・38歳女性）

20代半ば。その当時付き合っていた彼は，ミュージシャン志望。見た目は，派手で背が高くてなかなかのイケメンだったので，声を掛けてくる女の子は沢山いました。2つ上のかなりのモテ男。夜は，バーの店長をしていて友達に誘われて遊びに行き，ノリの良さに好感を持たれてそのまま付き合うことになりましたが，この彼とにかく三度の飯よりAVが好きということが判明。いつも部屋で流れているのは，AVだったし，ホテルに行ってもずーっとAV鑑賞。セックスの最中もずっと流れていて集中力ゼロ。まぐわっているアソコの部分がクローズアップして映してある場面を凝視。なにがいいんだか？　いまだに謎です。

女子の目線からはアダルトビデオの表紙はどれも同じに見えてしまいます。太ももむっちり，おっぱいぷりん，ロングヘアに濡れ濡れの半開きの口をした表情。男って，こういうわかりやすいエロが好きなのね，一緒にAV鑑賞して途中で彼の方が盛り上がってセックスすることが日課になったのだけど，なぜだか白けて全然感じない。こんなものより，学生時代に彼氏と洋画（あれ？　なんだっけ？）を観て真似してセックスしてた方が断然よかった。

やれ途中でオナニーして見せてとか，立ったまま後ろ向いてとかいちいち注文は多いし「いったか？　まだか？」うるさいし「自分，男優と勘違いしているんじゃないの？」って。

彼とのセックスは，面白いくらいAVのセックスそのものだった（こちらも，一緒にいたからかなりAVを見過ぎて学習してしまった）。試そうと思ったのか，それともセックスはこういうものかと思っていたのか。

ある女性誌が，定期的にセックスの特集をしている。女性監督の演出で女性目線のAVを作った時，女子で鑑賞会をした。これまでAVを見過ぎていた私は，この差に愕然。生々しさが全くなく，ムード重視の徹底的の女子目線。しかも，女子への愛撫の長さとバリエーションの豊富さに女子はウットリしたのだ。まあ，確かに誰もがときめくイケメン俳優が裸でしているとなれば，ウットリしないはずはないが。やっぱりこれは，女性監督じゃないと作れない，と思った。後日，鑑賞会のメンバーが「旦那にこれ見せたけど，つまらなすぎるって途中でやめてしまった」と言い出した。

「旦那（オトコ）」がこのAVをいいと思わなかったという発言を聞いて，あちこちから声が飛び交った。「ホント？」「じゃあ，私も見せるわ，なんて言うかな？」「私も！」。後日，報告会を兼ねてまた集まったときには，想像通りだった。「うちの旦那さ，これの何がいいのかわかんないって」「つまんねーって」「刺激が全くないんだって」「こんなのAVじゃない！　と言われたよ」などなど。

結論は，「男の好きなAVと女の好きなAVとは違うよね。男は，インサートとフェラ，女はストーリー性とクンニ」に行き着いた。

きついんだよね，イク時が男も女も一緒だと思っているからさ。AVのようにいかないと，不機嫌になるものだから，そこで覚えてしまったイッタふり。幸か不幸かAV効果で，ある程度の演技を覚えてしまったよ。その彼とお別れしてからも判明したのが，世の男性はビデオのように女性が男性と一緒にイケると思っている輩がなんと多いことか，ということ。一緒にイッてあげると喜ぶから，多くの女性は「あわせてあげている」んだと思う。だって，一緒にイク（絶頂に達するって）女性の体の構造上ありえないもの。男より，オーガズムの波は後から来るんだよ。世の男性方，そういうことにそろそろ気が付いた方がいいと思うよ。

まあ，中にはわかっている男性もいるんだけどね。「いったふり」。

●エピソード４：スポーツエクササイズ化したセックスの話（座談会　28歳・29歳・31歳・33歳・38歳女性）

若い頃セックス覚えたての頃って，彼の性欲の方がすごくって，会えば「やるか」みたいな感じじゃないですか。拒む理由もないと，どっちかの下宿で，まず会って１回，ご飯食べて１回，風呂入って１回，寝る前に１回，起きて１回，ってパンツはく暇もないっていうか。でもその時って，セックスの快感ていうより，彼氏とそういうことしているっていう満足感や一体感がほしくて応じていたっていう感じですね。もちろん，相手のこと好きじゃなきゃできませんけど。

個人差あると思うのだけど，セックスし始めの頃って割とアソコが痛かった。歩くときはしばらく股になんか挟まっている感じがして。でも，セックスに慣れてくるとそういう感じはなくなってきました。だけど，なんていうか若い頃って肉弾戦。気持ちいいとか，っていうことより

も今日は〇回やっちゃいました！　とか，（友達で週末にしか会えない子なんて1日で8回したっていう子がいましたね。なんか最後の方は精液っていうより水みたいになったって笑って教えてくれましたね）そういう子はすぐにあだ名がついちゃうの（8回女とか，エイトとか，ハッチーとか。悪口じゃない，だって，本人に「はい，命名しました！」って教えてあげるから。もう，みんなでげらげら笑っちゃう）。

　また，どこで，「したか」っていう場所も話題になりましたね。青空姦淫したっていっても夜だから青姦じゃなくね？　とかバカみたいなこと言ってましたね。車でする人の気が知れない，わざわざあんな狭いところで？　って言っていた友達が，彼氏が車を買って真っ先にカーセックスを経験したら，密着度が半端ない，ってそれから病みつきになっていました。ホテル代もいらないしって。

　飲み会の途中で抜け出して居酒屋の非常階段でしちゃった子もいて，何食わぬ顔してまた座敷に戻ったら妙に過敏な子がいて「なんか生臭い」って言われてドキッとしたとか。

　「1回のセックスって400mダッシュ3本連続したくらい体力使うんだぞ」ってその当時の彼氏や男友達が話してたけど（それってどの男も言うんだよね）。

　若いとリカバリーが早くて，お互いにへとへとになるくらいしていましたね。だからその後，熟睡ならぬ爆睡。「セックスは眠り薬」誰かが言ったんですよね。本当にそう思いました。

　後日談で。

　さっき話した8回女（エイト）ね，久しぶりに会ったらエッチな話にも乗ってこなくなったから，どーしたの？　ってことになった。そしたら「もう，そんな気ない」っていうから理由を聞いたら「もう，ポイポイ脱げなくなった」というわけ。彼女，けっこうストイックに体づくりをしていた人だったから，更年期になって体型崩れに歯止めが効かなくなったらすべてを諦めた。こんな体じゃ裸になれない。そしたら，性欲も失せた，とこういうわけです。

●エピソード5：誰とでもやる女の話（座談会　24歳男性・26歳男性・23歳女性・22歳女性）

　思春期の頃のクラス写真とか，卒アルとか見て盛り上がる話がある。誰が可愛いかとか，自分の好みとか，もう，なんか自分のこと棚に上げまくりで言いたい放題。それは，もう，女子も男子も同じ。実はもう一つ盛り上がりのテーマってのがあって，それが「こいつ，このときもうやってたんだよ」とか「誰とでもすぐやるんだよ（ヤリマン）」って話。大人しそうな顔して，実はすごいんだぜ～」とか男子は女子の意外性がお好きらしい。女子は，男子が「やりちん」だってことはあんまり聞きたくないもんだが，もしかしての毒牙にかからないように，一応耳を傾けておく。

　そういえば，高2の時の担任が，ぶっ飛んだ女の先生で，ある時「先生，どういう子がモテるんですか？」って面白半分で聞いたら「そら，あんた『黙ってパンツを脱いでくれる子に決まってんじゃん』今のやりたい盛りの男の子たちなんてそれしか考えていないのだから，それらにモテたければ天使のように寝てくれる女の子になればよろし」。

　「先生なのに，そんなこといっていいの？」と言ったら，さらりとこう言った。

　「聞かれたことに素直に答えたのみ。そら，あんたの近くの男に聞いて見るがよいさ」と強烈な回答が返ってきたんだけど，妙に納得したし，実際に当たっていた。高校時代，私たちの周り

は，エロの花が咲き誇っていた。こういう話のときには，決まってあの子が話題に上がる。

　受動態って言葉，中学校の英語の授業で習ったんだけど，人間として，「お前，受動態だろ」
H美に出会ったときにそう思った。とにかく男に求められるとすぐにヤっちゃう」。

　「そう，そう，青姦なんて御手の物で放課後学校近くの公園で立ったままやっちゃってたらしい」

　「青姦なんて，頭の中に最初，青色の缶詰めの絵しか浮かばなかったけど，あの子のおかげで，
大人の絵が描けるようになった」

　「実は，それは男がホテル代をケチっていたらしいぜ」

　「最初は，制服，自転車でラブホ入ってたんだよね。私も私の友達も見たもん」

　もちろん制服だから，近所の人から学校に通報されていた。停学になっても，H美の凄さっていうのは変わらなくて，「3回目は退学だぞ」って言われた2回目の停学事案は，「保健室でヤッた」のがばれてしまったんだから。

　「そう，そう，フェラ（フェラチオ；口内性交）してるから，あの子のリコーダー吹いているところ見れないとか，なんとかいってきゃあきゃあ騒いでいたやつでしょ？」

　「でも男子からはよくモテてた，だって，やりまんだもの。別れると速攻で次の彼ができていた。あっぱれだね」

　「でもさ，今考えると彼氏が切れてないっていうより，男が切れてなかったわけで，その男たちってのが，『ふでおろし』にH美を利用していたように思えるんだけど」

　実際，そんなふうに周囲は思っていたわけで，未経験女子たちからは，H美は，嫌われていたし，彼氏がいて経験している女子たちからもよく思われていなかった。「気持ち悪いこと，している人。病気持ってんじゃないの？　なんて噂まで立てられていたし。実際，ふくらはぎのあたりに蕁麻疹が出たときに，性病なんじゃないかって噂している子たちもいたよね。結局ただの寒冷蕁麻疹だったのが笑えたんだけどね」。

　「そういえば，ヤリマンとヤリチンはくっつかないっていう法則あるのかなあ？　ほら，同じスキもの同士だから案外くっつかないっていうか」

　「ちがう，ちがう，全然違うじゃん。だって，ヤリチンは能動体で，ヤリマンはいわゆる受動体なんだからさ，スキものどうしのカテゴリーには入るけど，種類は違うよ」

　「そーそーだから，一番最初にくっついていてすぐに別れているんだよ」

　「結局，H美ってどうなったのかなあ？　なんか，あんまりいい人生送ってないんじゃないかなあ」

　「え～，知らないの？　あの子つい最近G先生と結婚したんだよ」

　「ええーGって，担任だったよね？　生徒指導の責任取ったのかなあ」

　「どう，考えてもウブなGが，H美の毒牙にかかったとしか思えない」

　「あれ？　ヤリマンって受動体って言ってたよね？　さっきまで」

　「わからない。進化したかもよ」

　まるでポケモンだ。この先のH美の進化は，G先生に託された。

4 成人期

●エピソード1：自慰ワンダーランド（座談会 36歳・37歳・41歳女性）

　オナニーの話ができるようになったのは，うんと大人になってからでした。それまで，オナニーをしていても，まるで自分は無関係のような顔していました。オナニーは男の子のもの，女の子はそんな話をしたら恥ずかしいし，変に思われるから。だからいわゆる親友にも，とてもじゃないけど，こんな話はできませんでした。学生時代付き合った彼氏に「オナニーしたことある？」って突然聞かれて，「え，ない」と答えていたのも，性欲がある女の子って思われるのが恥ずかしかったから。それが，大人になってからできるようになったのは，恥じらいがなくなったせいでしょうか？

　「オナニー」って言葉自体がいやらしすぎて無理，友達との会話はもっぱら「独りエッチ」。

　皆ムラムラしたときに独りエッチをしたくなるのだけど，そのムラムラも生理前によるものから，前の晩の彼とのセックスが激しかったときにそれを思い出すものから，雑誌にエッチな記事が載っていて，といろいろ。彼氏がいなかった20代後半の時期なんて「なんで全然眠れないんだろう」って，いわゆる「溜まってた」んだってことがわからなくって，飲み屋のおやじに指摘されて「ああ，そうなのか」って妙に納得しながらも，寂しい奴だって思われた？　シャクだなって。

　共通していて面白かったのが，両足をピンと伸ばさないとイケない子が多かったこと。だから，トイレでは絶頂に達するのはまず無理。ある程度のスペースがないとイケナイ。だから，大変。トイレじゃ横になることできないしね。なんか，すっきりしないで終わるのが嫌な時は，裏の納戸に行ってやってきちゃうの，と話したのはお店を経営している彼女。いいよね，自営は，なんて声も聞こえる。

　「この間はね，その後お客さんがすぐに来ちゃって『顔色いいですね』って褒められて笑ってごまかしちゃった」（そう，独りエッチは血液の流れが良くなるので体が火照ってくるのです）。オナニー，マスターベーションの語源は，マーノスベータ，手を汚すという意味だというけれど，そのようなことはない，自分の体の探索であり，自分の体を癒す行為なのだから「セルフプレジャー」という呼び名がふさわしい。「若い頃は，朝も晩もやってたよ。あ，飛行機の中でもよくしてたな。ほとんどの女の子やってるよ」。結婚して20年ニューヨークに在住していた彼女が言うもんだから妙に納得。

　最近では，専用のローションやローターまで売っているのだから，試さない手はない，とばかりネットで購入して，友達と持ち寄って「あーだ，こーだ」見せ合っています。探索は，大人になると探求心に変わる模様。

●エピソード2：痴漢編「真冬の短パンにはご用心」（38歳女性）

　電車に乗って5歳の息子と隣街へ買い物に行く途中でした。乗り込んできた40代後半くらいの男性のいでたちは白い短パンにジャンパー。一瞬感じた違和感を強く実感するはめになったのは，電車が動き出してから数分してからでした。その男性は，私の斜め迎えに座り新聞を広げ始めました。すると，新聞だけでなく足も大きく広げ始めたのです。よく見かける男性の座り方な

のですが，これにはおまけがついてきました。太ももとズボンの隙間からコロンとした一物が見えるではありませんか。いやはや，露出魔といったら変態トレンチコートで，バサっと見せるんじゃないの？　この手の露出魔は初めてだ，と驚いていた。

　5歳の息子には見せたくない。見たらきっと「見たまま」を声に出してしまうかもしれない。その時自分はどうやってその場をやり過ごしたらよいのだろう。わずかな時間で保身を考えました。幸い？　息子はタブレットに夢中で気が付いていませんでした。それにしても，私の隣の人たちは向かいの男性のポロリに気が付いていないのか？　こんな寒さの中短パンでいることに「おかしい」と思わないのか？　そう思って見渡すと，私以外周りは皆男性だったことにそのときになって気がつきました。そして，そのうちの数名は，私を見て「ニヤリ」としたのです。「わかっている」それでいて，私の反応を楽しんでいる。ああ，嫌だ，共犯じゃないか皆。奴らが一番見たいもの，それは，私のリアクション。そう思ったときに見せてなるものかと上半身を車窓に捻ったのだけど，どうも納得がいかない。敗北感に満たされたこの気持ちのまま電車を降りるのもどうかと思ったし，していることが法律上許される行為ではない。若い女の子がこんな思いをしたらどうだろう，無力感に苛まれていると，なんとタブレットに夢中だったはずの息子が大きな声をあげたのです。「ママ，あのおじさんチンチン見えてるよ。パパより小さいからポコチン罪だよ」と！「？」初めて聞いた「ポコチン罪」息子の言わんとする意味をつかめないでいると，「ママ，パパより小さいとポコチン罪，パパとおんなじだとチンポコ罪，パパよりでかいとデカチン罪なんだよ。パパ言ってたもん」と丁寧な解説をしてくれたのでした。息子よナイス！

　夫よ，なんて低レベルな話を息子に吹き込んでくれているんだ，私の知らないところで……と思いながらも，この状況下においては，「夫もナイス！」と心の中でガッツポーズ。

　「うん，うん」と大きく頷きながら息子と大笑いしてやりました。それが一番，奴にとってダメージを与えることができる！　と思ったのです。息子によって言い渡された罪人は，ええ，ええ！　速攻で席を立ち，別の車両に逃げて行きましたよ。

●エピソード3：浮気や不倫という煩悩の話──**不倫**（45歳女性）

　20代後半に差し掛かった周りが結婚ラッシュの時，なぜだか既婚者から言い寄られることが増えてきました。「俺と付き合って」既婚者のくせにどの口で言うか？　でしょ。

　「人生で一番いいときを食っちゃおうってことわかってるの？」

　大抵の人はこの一言でたじろいであきらめるのですが，「わかってるよ」と返してきた8歳年上の男性がいました。

　見てくれも悪くはなかったし，新しい会社で働き始めたばかりだったから「もしかして使えるかも」なんてよこしまな考えもあり。でも，一番の理由は，「私は絶対に（不倫）にハマらない」自信があったから。

　「いろんな人と付き合ったけど，唯一したことなかったから。（不倫）」そう彼に言うと苦笑いしていました。既婚者がどんなふうに独身女と付き合んだろう？　かなり興味がありました。私は，数多の不倫ソングの歌詞のようなせつない気持ちを味わうようになるんだろうか？　と。

　付き合う前は気にも留めなかった彼の仕事ぶりを見てみると，「仕事ができる人」。上司や同僚からも一目置かれていたし，後輩からも慕われる存在でした。家庭持っている人だから，自由に

なる時間なんてそんなにないんだろうな，と思っていたのだけれど，さすが，こういうことする人って時間の使い方がうまい。だいたいオンオフの切り替えができる人でないと，不倫なんかできないのよね，きっと。

　彼は，アウトドアが趣味でインドアだった私には，すべてが新鮮でした。私の知らない道，知らない場所，お忍びの旅行。初めての経験の連続に，いつの間にか私はすっかり楽しい不倫を満喫していたのでした。車の運転の上手い男性に惹かれる女子の気持ちって，いろんなところで見聞きするけど，当時の私がまさにドンピシャでした。

　きっと，「不倫は文化だ」って言い切って，干されちゃったような芸能人の時代よりうーんと昔から，こういう男女の営みには歴史があったんだろうけど，この付き合いは，時代によって付き合い方も全然違うんだろうな。

　携帯電話のない時代だったあの頃，会ったときに次の約束をしないと「いつ会えるのかわからない」強い不安と焦燥感に襲われていた私。いつでも連絡が取れるようにしておきたい。そんなふうに思った私は自宅を出て一人暮らしも始めてしまいました。これによって彼からの連絡がスムーズに取れるようになり，時々彼も泊まりに来て誰にも邪魔されず，ホテルの料金も時間も気にせず過ごすことができるようになりました。

　私の様子が違う，と親友が心配して私に言いました。「あれ，いつの間にか立場逆転やん。で，いつまで続けるつもりなん？」畳みかけるように，「寝物語で言う男の言葉を本気にしたらだめやし。大体，男に金使わせんでどうすんの。自宅で会うなんて絶対やったらあかんこと。あんた，完璧ハマってるで。そいつ，そんなイイ男なん？」

　不倫している者にとったら，この客観視ほど怖いものはありません。現実に向き合う瞬間でもあるのですから。親友は，なおも続けました。「その男の，子どもって男の子？」「そう，男の子二人って聞いてる」そう私が答えると「あー，その男あんたと別れたあとでも，また不倫つづけるで。娘がおったら多少違ったかもしれへんけど」と。

　「いつまで，続くんだろう」そんなことを考えるようになってから，ぼーっとすることが多くなりました。そんな私の様子に彼は感づいたようで，ある日，助手席の私に彼がおもむろに向き直って「この付き合いが10年，続くかって言ったら，そんなことはないよね。そりゃ今すぐ，どうこうってわけじゃあないけど，俺がずーっと縛っておけないしさ。かごから出さなきゃいけない日が来るのかなとは思ってる」話が終わると私の頭をポンポンとした彼。

　なんだ結局終わりが来るんだ，かっこつけた言い方しやがって。ああ，でもそれはそうだ，でも苦しい。

　それ以来，仕事を理由に彼からの電話も部屋に来る回数も減っていき，ぱったりと連絡は途絶えました。生理が遅れたことが同時期に起こり，私は錯乱しました。一人で妊娠検査薬をして陰性で安心して涙が出たこと，もしかして連絡が来るかもしれないと思って休みの日も自宅にいたこと，彼と同じ車を見かけるとすぐにナンバープレートを確認する癖がついてしまったこと。ああ，こんなはずじゃなかったのに。

　しばらくして，彼に3人目の息子が生まれたことを知りました。サイテーだな。私，フラれていたんだ。

　白黒つけるにはふさわしい時期が来たと思いました。結局私は勤めていた会社を辞め転職しました。

不倫は自分で決着をつけるものなのだと悟りました。一番いい時期食われちゃう覚悟をもっていなかったのは私の方だったかもしれません。

●エピソード４：浮気や不倫という煩悩の話――浮気（48歳女性）

3人の子どものシングルマザーになった友達。少し落ち着いたから会う？　と連絡が入り，彼女の自宅へ行くことになりました。車のハンドルを握りながら彼女との「これまで」を自然に思い出していました。

学校は違えど小学生の時からの友達で，よいときも，そうでないときも共にしてきた，いわゆる親友。学生時代，大きい声では話せないようなちょっとした悪さもしてきた仲。ただ，彼女は当時からかなり突拍子もないことをして私や周囲を驚かせるし，親友の私でも掴みどころがないところがありました。

中学校時代から男と半同棲，高校に辛うじて滑り込んだもののわずか半年で中退。飲みに行った先でナンパされると一緒に来ていたこちらが撒かれて，男と何処かへ行ってしまう。翌日，悪びれもせず「ごめーん，でもあんまり覚えてないんだ」とこちらから話をふらなければ，昨日のことはどこ吹く風でした。

20代前半で結婚してすぐに子どもが生まれ，共稼ぎで二人の子どもの子育てに奔走していたように見えました。私も子育てで忙しかったので，ほとんど会うことはありませんでした。しかし偶然にも会社の社員旅行で行った先の県外で，知らない男性と仲睦まじく歩いている様子を目撃してしまいました。

さすがの彼女でした。短いメールを送ると「あ，いたんだ」他人事のようにあっさりと短い返信するものだから，なんだか彼女がすごく粋な女に思えてこちらも，それ以上話すと無粋な気がして触れるのはやめました。若いころ同様彼女のペースでやっていくのだろうと思って。

けれど彼女に呼ばれて会いに行ったとき，3人目の子どもの顔を見た瞬間に感じた違和感を口にせずにはいられなく「ねえ，3番目は上二人と種が違くない？」彼女は，顔色も変えずにこう言いました。「そう？　あたしの子だからいいでしょ」。これ以上は，何も聞かないで，私も答えないから。そんな彼女からの暗黙のメッセージを受けた気がしました。これ以上はもう，言うまい。

●エピソード５：老若男女セクハラ大国ニッポン（49歳女性）

今でこそセクハラだのモラハラだのパワハラだの騒がれる世の中になったけど，少し前までは，かなり言われ放題，やられ放題だったのよね。また，私はそういうこと受けやすいのかどうかわかりませんが，少しふり返ってみただけでも，でるわでるわ。

接骨院でマッサージを受ければバックさながらにポジションを取られて後ろから羽交い絞め，そこまでする必要あるんかいな？　と思うポーズまで取らされる，脱ぐ必要のないところでブラジャー一丁に。「こんな乳バンドしていたのか」なんて言われてバチンと引っ張られましたよ。こんなふうにマッサージ系は，絶対に嫌な思いしましたね「あ，おまえもか，ここもか」って。やはりマンツーマンでカーテンの仕切りでも密室になるってところがやばい。

痛くてヒイヒイ。騒いでいたら「痛がって声を出す奴は，夜のベッドの上でもうるさい女の証拠だ」なんて根拠のないこと言われて。「みたことあるんかいな？」って言ってやったらさすが

に黙りましたけどね。

　どこでもあるかもしれないけど，仕事がらみは厄介ですね。嫌悪感がずっとずっとあとをひきますから。本当にこんなあとひきテクはいらない。

　職場での上司に性行為を強要されたことだってありました。日常の紳士ぶりとスマートな仕事ぶりに尊敬すらしていたし，奥さんのことも知っていて家族ぐるみの付き合いをしていたから，絶対にそんなことはないだろうと思っていたけど，お酒が入った席でしつこく迫られたときにはドン引きでした。「○○ホテルをとってあるんだって。」ね……。

　お酒の力は，人間性を変えるというのか，本来のその人間の性が顔を出してしまうのか？

　飲み会の帰り，タクシーの数がなく，同じ方向の同僚と相乗り。いつ来るかわからないタクシーを待つよりもタクシーに乗れたことにホッとしていた。しかも，同僚は，自分よりも遠い私を先に降車してから自宅へ向かうみたいで，若いのに紳士的だなと思っていたら，私と一緒に降りてくるもんだから「この辺りに知り合いでもいるの？」って尋ねたら「いや，今夜は君と」なんてニヤニヤしながら後頭部をぽりぽり掻いている。「え？　なんで。そんな気ないんだけど，全く。この辺り泊まるところないからこのタクシー逃したら野宿だよ」と言ったら「一緒のタクシー乗ったじゃないか！」と逆ギレされた。タクシーに相乗りしたくらいで女がOKだと思うなんて，なんちゅう身勝手さ。加えて（なんちゅう）乏しい想像力。一瞬でも「いい人」なんて思った自分に腹が立って仕方ない。ずんずん歩き出す私の背後から声がした「そりゃ，ねえだろー」。この嫌悪感，ただ乗りしても有り余る。おまえ，私にタダ乗りしようとしたんだからな。

●エピソード６：いつまでやるのかという話（54歳女性，56歳男性，71歳男性，83歳男性）

はじめに

　ここでは，「いつまでやるのか」という設問に対して，男性の実態を包み隠さずお話しします。これは，おそらく今まで誰も書かなかったくらいに希少，そして誰かが書かねばならないこと。ですから，本書の中でもここは，突出した位置を占めている。男性の方はもちろん，女性の方もじっくりお読みください。

　なお，ともかく重要なところなので，文章の組み立ても他の「いっぱいあってな」の文体と異なり，小論文風にしました。

泌尿器科の挿話

　男性の性，特に熟年と呼ばれる人たちのそれを知りたければ，まず病院の泌尿器科関係者に語ってもらうべきだと思います。

　というのは，泌尿器科を訪れる熟年男性には，決して数が多いというわけではありませんが，一定不変の数で性の悩みを抱えた人がいらっしゃるからです。

　もちろん，初診時に患者さんから語られる主訴は，性とは無関係な場合がほとんどです。たとえば頻尿であるとか，残尿感が気になるとか，もっと無難（？）な症状を訴えられる方が多いのですから。ところが，診察が少し進んだころから訴えが徐々に変わってきて，「精液の量が減った」とか，「射精時に精液が飛ばなくなった」とか，「勃起力が弱まった」とか，「勃起の持続時

間が短くなった」とか，「射精時の快感が弱まった」とか，まさに千変万化，性の相談が花開き，2回目以降の受診では，自撮りした自分の精液の写真を持参する人まで出てくるのです。

勃起という課題

さて，男性とはつくづく哀れな生き物です。なぜなら，加齢に伴う性的機能の生物学的な衰退と，性欲の減退の均衡が必ずしも取れていないからです。それが男性の性にまつわる悲喜劇を生む。それこそが，ここでの論点そのものなのです。

そこでまず，勃起に関連して，男性の性とは切っても切り離せない臓器である「前立腺」について，泌尿器科系の小講義を行います。この基礎知識は，男性の性「いつまでやるの」を理解する上で，必要不可欠なものになりますから，絶対に聞き漏らさないでください。

前立腺は，膀胱のすぐ下にあり，尿道を取り囲んでいる男性特有の臓器で，くるみの実のような大きさと形をしています。そこで作られる前立腺液は精液の95パーセントを占め，精液の栄養源となります。

たとえば，泌尿器科系の病気（特に癌）が前立腺内に限局している場合，前立腺全摘出〜前立腺と一緒に精嚢という精子を一時的に貯める部分を取り除き，精管という精子を運ぶ管も切ってしまう手術を行い，前立腺を摘出した後に，膀胱と尿道を縫って繋ぎます。

そうした症例の場合，前立腺の周囲は，神経と血管が束になった神経管束という部位が包んでいて，この神経管束には，勃起神経も通っているので，この神経が前立腺と一緒に切除されると，勃起は起きなくなり，精嚢と精管も摘出するので，射精もなくなります。

この症例で，勃起神経を温存する神経温存前立腺全摘出術を行う場合は，勃起神経を残すために，神経と前立腺被膜をはがし，前立腺だけを摘出する手術となり，通常の摘出手術より難度が増します。

そこで大切なことは，神経温存手術を行っても，一定の割合の患者さんには勃起機能が回復しない場合があることです。それは，神経が網目状であるため，大きなところを残しても網目が微妙に傷つくこともあるからです。

患者さんの反応

さて，大切なのはここからです。病院で本人と家族に手術説明（IC：インフォームドコンセント）をするとき，一通り術式の説明をした後，勃起神経の温存を希望されるか，本人とたとえば奥様に最終確認をするのですが，奥様はほぼ「もういらないので，全部取ってください」とおっしゃることが多いものです。これに対して男性の患者さんは，左右に2本ある神経について，「どちらか一方だけでも残してほしい」と懇願されることが多いのです。

ということで，勃起神経を残す神経温存術も行われていますが，それを行っても前述したように，やむを得ない理由で神経の一部が傷付いたり，電気メスの熱による変性が起きたり，少なからず勃起障害を起こす人がいるのが現実です。神経の損傷から起こる勃起障害には，バイアグラなども効果がありません。

もう必要ないと即答される女性と，最後まで悩んで哀しそうにうつむかれる男性の姿は対照的

で，男女の性交に対する感覚の違いを実感します。男性にとっては「男性としての尊厳」を左右する大きな問題なのかもしれません。特に前立腺癌手術前の IC は人間として究極の選択場面でもあるのでしょう。

　したがって，男性の「いつまでやるの」への答えには，女性とは意味の異なる課題があることを，この本の読者には知っておいてほしいと思います。

　＊以上の記述は国立がんセンターから出ている前立腺癌のパンフレットを中心に，神経温存手術のネット情報からも引用してまとめたものですが，特に最後に出てくる IC 以降の記述は，泌尿器科系の治療に携わっている人の，実体験を通したお話（主観）であることをお断りしておきます。

再考「いつまでやるの」

　さあ，いよいよ「いつまでやるの」の正念場へ入って行きます。まずはどうして，「いつまでやるの」ということが，男性にとって女性とは異なる重要な意味を持つのかについて再考しましょう。

　それを理解するためには，前述した泌尿器科系の基礎知識と同時に，男性の性交を成就させるための「条件」について理解する必要があります。それには，理解を深めるためのいくつかの段階がありますので，いまからそのお話をします。

　その答えを先に言ってしまえば，男性における性交成就の条件は，それほど単純なものではない，ということです。

勃起と性欲

　まず，男性の性交を成就させるための条件として，男性器の勃起を取り上げることにします。実は，男性にとっても，女性にとっても，あるいは男性同士の性交においても，性交終了時までの勃起の持続は，必ずしも性交成就を満たす（より適切には男性とそのパートナーの性欲を満たす）ための，絶対不可欠な条件ではないことを最後にお伝えしますが，まずは男性における「いつまでやるの」の第一段階（入門編）として，勃起と男性の性欲の関係を取り上げましょう。

　さあ，さっそく問題の核心です。仮に男性が，男女を問わず特定の性対象者に性欲を覚え，性行為を望み，相手もそれを望む状況があったとします。その段階で男性の側に勃起が起こらず，たとえ勃起が起こったとしても不完全であるとか，目的達成前に男性器が萎えてしまう状態に陥るとしたら，何が起こるでしょう。そう，ご推察のとおり，男性の男性としての不全感に伴う自信欠如，それ以外の何者でもありません。

　これはつらい状況です。既述のような泌尿器科へ「性の相談」を密かに持ち込む男性には，この不全感の実体験や不安が，当事者の背中を押していると思われるからです。

　実は，これと類似した不安は女性にも起こります。みなさんも耳にされた機会があると思いますが，性交時の性的興奮に伴う膣内分泌液の分泌が少なくなるのではないか（そのため男性器の挿入困難とか，挿入時の性交痛が起こるのではないか）という不安がそれです。しかし，この不安にはマッサージ用（と書いてある）ローションがどこの薬局でも簡単に購入でき，それを使えば目的達成はさして難しくはありません。

　これに対して男性の勃起不全はそんなに簡単に片付くものではない。そこで登場するのがバイ

アグラ，あるいは精力絶倫効果をうたい文句にする怪しげな薬（のようなもの），その延長線上に，泌尿器科の門を叩く人もいる，ということが起こるわけです。

　野暮な言い方で申し訳ありませんが，「やりたいけどできない」というのは，「やりたくないからしない」というのとは大違いなのです。熟年男性の性を考えるときには，特に女性の方，ここのところを，しっかり理解してほしいと思います。

　ということになると，少なくとも男性の性を語るときには，「いつまでやるのか」という課題は，「いつまでやれるのか」という課題と裏表の関係にあると言えそうです。ただこれだけでは，成人（特に熟年と呼ばれる男性）の性については，まだ一面的な捉え方しかできていないように思えます。そこでさらに次の段階へとお話を進めましょう。

性欲要件の複雑さ

　要は成人男性の勃起を語っているわけです。そうすると，そこでは前述したように，男性の性欲という機能が重要な意味を持ってきますが，男性の性欲機能は意外に複雑系であることを今から述べたいと思います。

　というのは，まず男性の性欲機能を生理的要件から組み立てるとしたら，「男性の性欲推移には加齢による衰退度に個人差がある（女性も？）」というのが，「いつまでやるのか」に答える性欲の最も一般的な捉え方だと思います。しかし，もう少し別の視点を加味すると，「そもそも性欲の強弱には個人差がある（女性も？）」という考え方が出てきます。それに人間性という視点を加味すると，性欲は生理的要件を超えるものになってきます。そこでまとめてみると，

　「性欲には，加齢による生理的な衰退度に個人差がある。それに加え，もともと性欲の強弱には個人差があることを考慮する必要がある。さらに，こうした生理的な要件のみではなく，より人間的な嗜好性の問題，すなわち性行為そのものへの固執度（こだわりの強弱）という個人差も考慮しなければならない」

ということになるかと思いますが，いかがでしょうか。

　そして，本書における「いつまでやるの」に則する視点は，前段の**ゴシック体**で示した複雑系の考え方が相応しい。

　なぜなら，そう考えないと「若いころと同じようにできなくなった」と真剣に悩み，泌尿器科へ駆け込む人と，「まあ，それは男性にとっては大きな課題の一つだけれど」というレベルで納得（妥協？）し，泌尿器科へ足を運ぶまでの行動（こだわり～執着）を示さない人との違いを説明できないからです。

　ただし，そこを押さえた上で補足が必要です。というのは，性行為への固執性が強い人というのは，元来性欲も強い人なのでしょうが，それでは元来性欲が強い人と，性行為への固執性が強い人は同じ人かというと，そうでもないという点です（これはかなり高度な性談義です）。

　要するに，元来性欲の強い人は，性行為への固執性も強い人なのかというとそうでもない。つまり，性行為への固執性の強い人というのは，性欲の強さはもちろんあるとしても，性への「こだわり」という別要件が出てくる人だということです。そしてこの「こだわり」の中には，「性行為への依存性（性依存）」という，あまりにも人間的な要件を考慮すべき人が含まれているのです。

　要するに，「いつまでやるのか」の段階で私が言いたいことは，性欲談義は生理的課題を超えた人間性の課題でもある，ということです。これは興味深い論点であることは否定しません。しかし，ここでこの議論を延々と続けても，それは必ずしも「いつまでやるのか」という課題に答えることにはならず，むしろ闇雲に論点を複雑化してしまう恐れがあるように思います。したがってここでは，男性の勃起と性欲の関係に，「いつまでやるの」という切り口を与え，それに答えようとすることは，それほど単純な課題ではないという指摘に留め，「いつまでやるのか」の新たな展開へと移りたいと思います（ここで少しだけ触れた「性依存のメカニズムと人間性」については性的逸脱行動を取り扱う第Ⅲ部で思い切りお話ししますからご安心を）。

性欲を刺激する環境要件

　人の性欲について考えるときには，個人の生理機能や人間性など，いわば個人差が絡む内的要件だけではなく，人の性欲を直接刺激する外的（環境的）要件があることを考慮しなくてはなりません。

　ここでまた複雑系の登場です。この環境刺激には，性欲を刺激する個別的な環境刺激と，老弱男女を問わず，性行為を実行してもよいという環境刺激，下種な表現で申し訳ありませんが，「やってもいいですよ」という関所の通行証のような環境刺激の二層から構成されています。

　ここは極めて重要なところで，性的な環境刺激（たとえば自分の性的嗜好性を満たす人と遭遇した）によって，外的に性欲を刺激されたとしても，この二層構造を無視して性行為に走れば，性行為には相手がいるわけですから，下手をすれば性犯罪の発現を招きます（この辺りのメカニズムは性的逸脱行動を取り扱う第Ⅲ部で詳述しますので，そちらを参照してください）。

　それでは，性欲を刺激する個別的な環境刺激と，関所の通行証にあたるような環境刺激を整理してお伝えします。冒頭で複雑系の登場と少々勿体ぶった書き方をしましたが，一読願えれば男性の方なら（多分女性の方にも）なるほどと納得いただけるものばかりだと思います。

性欲を誘う個別的な環境刺激

　たとえば，すでに触れたような自分の性的嗜好性を満たす「人」や「物」と遭遇したときとか，何となく暇なときとか，反対に多忙な環境刺激の中で疲れた（ぐったり疲れたというより，かったるくなる程度に軽く疲れた）ときとか，それぞれの人に作用する特有な環境刺激があると思いますが，そうしたときに男性は性欲を刺激されることがあります。ただ，この話を女性にすると，「女だってそうだ」とおっしゃる場合があるので，もしかするとこの状況は男女共通なのかもしれません。

　しかし，この段階では「いい人だな」と思う程度から，「してみたい人だな」と思う程度までかなり幅がありますし，通常は接触の機会が増える中で，「いい人だな」が恋愛感情へと発展することなのでしょうが，ここは「いつまでやるのか」についてお話ししているところなので，一足飛びに性欲と捉えてしまう失礼をお許しください。この出会いから恋愛感情，そして性行為までの移行の段階については第Ⅱ部「教育」の中で詳述されていますので，そちらをご参照ください。

　それでは，個別的な環境刺激はこのあたりにして，性行為への移行を円満にする，関所的な環境刺激についてお話ししましょう。

性行為を円満にする環境刺激

　この環境刺激も前項同様，「そう言われればそうだ」と納得していただけるものばかりだと思います。

　①性のパートナー双方にリラックスできる人間関係が維持されている。②そのパートナー双方が性欲の成就を求め，その過程で起こる性行為のバリエーションを受容できる。③性的刺激と性行為に，ある程度以上の新鮮さが維持されている（不謹慎な言い方を許していただければ，相手が変わるということが，新鮮さの最強刺激であることは，みなさんご了解いただけるでしょう。ただしこの要件には，最強度の危険性も付随することをご承知おきください）。④プライベートの維持に必要な（安心と安全が保証される）環境が準備されている。

　おそらく，この4つの要件に異議を唱える方は少ないと思いますので，話を徐々に男性の勃起を巡る叙述のまとめへと移行させましょう。

勃起からの解放

　ここで今までの議論に水を差すようなことをお話ししなければなりません。

　勃起とは性のパートナー同士の性欲を満たす絶対的な条件なのでしょうか。「男性の勃起を語っているのに，ここまで来て何を身も蓋もないことを言い始めるのだ」と叱られそうな気がします。でも，まあお聞きください，この課題を私はこう考えてきました。

　セックスを，前戯，勃起，挿入，射精，後戯，と図式的に捉えることは退屈だと思います。そのことをわかっていただくためには，少々壮大なお話をしなくてはなりません。

　そもそも人間には，生殖を目的としないセックスを，快楽に溺れる行為として，宗教的に，あるいは倫理的に，卑下し，それどころかタブー視し，挙句の果てには，差別と虐待の対象にしてきた歴史があります。そのことはLGBTのところでも触れますが，知れば知るほど，人間の性差別の実態は恐ろしい。早い話が自慰行為ですら，つい最近まで犯罪視されてきたのです。そこでもう一度セックスについて考え直してみましょう。

　「いつまでやるのか」の主役になるような男性，というより，そろそろ生殖を目的とするセックスの役割が薄まってきた成人の方々，いつまでも勃起だ，射精だ，という図式に囚われているのはつまらないと思いませんか。なぜなら，この図式は生殖の役割が濃厚であったころのセックス，その一断面にすぎないからです。したがって，この図式に囚われていると，やがて「若いころは良かった」という帰着点しか得られなくなってしまいます。その典型的な場面が，冒頭で述べた泌尿器科での出来事（悲喜劇）ということになるのではありませんか。

　そもそも生殖の役割が薄まったセックスとは何でしょう。要は現実の世界や社会性から少し子ども返りした「秘め事遊び」ということになるのではないでしょうか。

　もちろん，それを満たすためには，「性行為への移行を円満化する関所」のところで述べた4つの要件を満たす必要があります。つまり相手の同意と安心・安全な環境条件を満たす刺激が不可欠になるわけです。もしこれが満たされていない場合には，パートナーとじっくりお話合いを。仮にそれを気恥ずかしく思われるのなら，じっと我慢の子ですね。

　でもご安心を，またまた超下種な言い方になってしまいますが，それこそ「若いころ」とは違って，射精への欲求（溜まったものを排泄する欲求）はさして強くはなくなっていますから。

　パートナーとの交流は百人百様，皆が一緒にはなりません。そうこうしている間に，勃起だ，射精だ，という煩悩からは次第に解放されていく，それが理想形なのだと思います。ただ，私の知っている人には，80代になってもまだ煩悩から解放されていない人がいて，「この人，誰とするのだろう」と思ったことがあります（ある意味羨ましい限りでもありますが）。

　以上が包み隠しのない男性の「いつまでやるのか」というお話です。この設問には明確な答えは出せません。しかし，「やりたい」という思いには「いつまでやるのか」という設問を無効にするエネルギーがあります。煩悩としてではなく，この思いを楽しめる人生の終末を迎えることができれば幸せなことではないでしょうか。実はそうした抽象的な話ではなく，「いつまでやるのか」に具体的な答えを出しているLGBTの人を知っています。第Ⅳ部を楽しみにしてください。

　最後に一言。話を勃起や射精へと逆行させるようですが，「無理にする必要はないし，やり方はいろいろあると思うけれど，射精の機会はときどき作った方が，男性の健康（特に前立腺のためには）良い」，とおっしゃる専門医もおられます。心して聞きたい言葉ですね。

●エピソード7：いつまでやるの（座談会　39歳・40歳・42歳・47歳・51歳女性）

　「二人目を出産してからなくなったからね，うちは。だからもう9年も旦那としていないよ。あ，もちろん旦那以外ともだけど」

　「生活に疲れて，互いにやる気なし」そんな話を聞いたらわが身も考えざるを得ず。うちももう3年くらいしてないな，って。だって「ちゃんとメイクして，エッチな下着をつけてくれないとやる気になれない。男って奴は，視覚で感じるんだから，そんなノーメイクとパジャマじゃその気にならないんだよ」なんて，「はあ？」って感じだよね。仕事で疲れ切って家事やって子どもの世話してじいさん，ばあさんの面倒まで見て，お風呂だってゆっくり入らせてくれ！　って思う毎日に，またメイクなんてできる女の人なんているのだろうか？　自分だって，もう，加齢臭漂わせてるっていうのに。

　「手ェ出さないでいてくれるんだったらまだマシだよ。うちなんか前戯もなしにいきなり入れようとしてきたから，全力で阻止してやったわ。冗談じゃないよって」

　もはやセックスなんて，そんなしちめんどくさいことやろうなどとは思えないのである。

　夫の友達は，奥さんに拒まれて離婚まで考えているという。「少し前からららしいんだけど女房からもう，そういうことはしたくないから，そういうことも言わないでって言われてたらしい」。

　なんか，わかる気がした。だって，もう毎日すること多すぎて疲れてる。動悸や寝汗をかいたり，眠りが浅くて辛い日だってある。それに加えて朝の「もやっ」としただるさ。起きるのが精いっぱいな日だってある。奥さんにしてみたら，「おっぱいほしい！」って大きい子どもが駄々こねているようにしか見えない。キモ！　だよ。まあ，夫にはそんなことは言えないから「ふーん，そうなんだあ。いろいろ大変なんだね」って終わっておいた。

　独身を謳歌しているバツイチの彼女は，独特というかやっぱり生活にくたびれている私たち主婦とは違うって思う。

　「私さ，一人の人と付き合うと長いんだよ，しかも浮気はしないわ。なんて言うかなあ，1回竿が決まるとその竿を持ち続ける。何本も持たないのよ。でも，お気に入りの竿をきめるまでチョロチョロするわよ，割と私，操は硬い方だと思う。開放的な感じに見えて，意外とね。だか

ら相手にもそれを求めるのよ。浮気がわかったところで、すーっと荷物まとめて出ていっちゃうの。やだもん。まあ、肌が合わなくてお互いにそれがわかって途中でやめたっていうことがあったけど、無理やりされたことはなかったし、怖い思いはなかったし、エッチについては嫌な思いは全くないのよね。あ、3pした時は嫌だったね。『どうしても一度はしたい』って彼からせがまれて一度だけしたんだけど、アレは一生の不覚だったね。

　ここんとこ、すっかりご無沙汰だから、あそこがカツオのたたきみたくなってきちゃった。早くエッチしたいわ。このままで、終わるなんて絶対嫌！　とやる気満々。彼女の話を聞きながら思い出した。大岡忠相（おおおかただすけ）が、「女の性欲はいつまであるのか？」と尋ねたら母が黙って火箸の灰をかき混ぜた。女は、灰になるまでだよ、って有名な話。

　っていうか、おかーさんとそんな性の話できるっていうことにびっくり。大岡忠相やるなあ、大岡母、ファンキーだなあ。でも、私も含めて主婦やっている友達には、そんな元気は残ってないのさ。

　そんなふうに思っていたら、すごい人が現れた。同級生のお母さんだから、御年68歳。もう、おばあちゃんだよね？

　母が奥さんたちの井戸端会議でしいれてきた話によると近所の居酒屋で飲んでいたお客が、外から聞こえてきたガタガタという物音に気が付いて外に出てみると、キスに夢中になって壁ドン状態さながら居酒屋の外壁を突き倒さんばかりに絡み合っている一組のカップルが醸しだした音だった。しかし、もっと驚いたのがその男女二人が、さっきまで同じ店で飲んでいたじいさんとばあさんじゃないかということ。しかも、じいさんの方が駅前の薬屋の親父だったっていうんだから。そんな隣近所でお盛んなことだ。お酒の勢いかどうかわからないけど、ギャラリーがいても気がつかず熱中していたらしい。高齢者の性を目の当たりにした田舎者たちは、すごすごと店の中に引き返した。

　確か、この68歳女性（おばあちゃんと呼べないよね）は、実は若い時から未亡人で、浮いた話は、これまでにもあったよう。近所の男衆、片っ端からだったみたい。きっと、寂しかったんじゃないかな。人肌恋しいっていうか。そういう時あるじゃない。

　「老いてますます盛んってこと？　すごくない？　まだ現役ってことでしょ？　私たちなんか、とっくに枯れているのに。」

　「え、私歳とっても、品良く恋がしたいわ」

　「え、うちなんて、この間年末に帰省して一緒に呑んだとき、母から「いつまで一人でいる気だい？　って心配されちゃったよ。30させごろ　40しごろ　50ござむしり　60ろくに濡れずとも…っていうんだよ」って。

　「えーお母さんとそんな話できるの？　うちの母は「そういう話（セックス）娘のあんたとはしたくない」って言って絶対にしなかったし、私もしなかったよ。若いときに、男と同棲したのがバレて父に『この、淫乱が！』って怒鳴られたときブチぎれて、「ああ、そうだよ。あんたの娘は男とやりまくってんだよ！」って言い返してやったら、そばにいたお母さんぶっ倒れて救急車、呼んだもの。死ぬかと思った。

（いっぱいあってな制作委員会）

第Ⅱ部

教育

第1章

性教育の本気度

〈学校　大人の現状〉

　令和を迎えた現代においても今なお，障害のある子どもへの性の学習については，「寝た子を起こすな」論が蔓延っていると感じています。

　「教えたことで興味を持ってしまったら困る」「教えたことで，大人が容認すると思われないか」。正直なところでは，「自分も，教えてもらっていないからどうやって教えていいかわからない」「教えたほうがいいのだろうけど，何となく流してきてしまった」とおっしゃる先生方。

　自身の指導方法を顧みず，随分と子どもの認知だけにフォーカスした言いようをされたり，研究と修養を積み重ねる本来の教師の仕事，使命を忘れたりされる方もいて，残念に思うことがあります。加えて，思春期になれば多くの若者が「エッチなこと」に目覚め，関心を持つことは，ご自身の思春期をふり返ってみても，深く共感されるのではありませんか。しかしなぜ，着手しないか，その根底には，教育者の「不安」があるから。指導法の不安，指導の結果の不安。違いますか？

　少々耳の痛い話かもしれませんが，私がこれまで関わってきた，主に学校から寄せられた性の学習に関する「声」を総括すると，前述した内容だけでなく，性の学習の年次計画もない現状で，「清潔なからだ」「身だしなみ」をメインに，歯磨きや手洗いの指導だけで1年間を終えてしまう。または命の学習と称して赤ちゃん人形を抱っこ，出産シーンのビデオ鑑賞，幼少期からこれまでの成長過程がわかる写真を並べて見る，外部講師を年度末に呼んで一斉講話を行うなど，イベント的に学期末だけに行われ，「やった気になって」終わっている。

　熱心に取り組んでいる指導者がいると，一時的に学習は，充実をしたかのように見えるけれど，人事異動でその先生がいなくなると途端に廃れ，性を伝え続ける教員としない教員，学部や学年によって教育の格差が生じてしまう。

　この学びは，強烈なリーダーシップを取る教員の下，具体的な年次計画および指導のマニュアルがあるなど，組織的な取り組みをしていかなければ積み上がっていかないというのが各校の現状なのではないでしょうか。

〈子どもの現場〉

　では，子どもたちはどうなのでしょう？

　これまで特別支援学校の思春期の子どもたちに関わってきた私の視点から，以下に子どもたちの傾向をまとめてみました。

・性の情報は，ネットやビデオ，アニメや友達から得ていて，情報を鵜呑みにしている。
・パブリックゾーン（人との距離）を知らないので，人との距離が異様に近かったり遠かったり距離感がつかめていない。

・プライベートゾーンの意味も，約束があることも知らない。

・性器の名称，拭き方，洗い方を知らない女子が多い。特に尿道，膣口の区別がつかなく，尿と月経血の出口は同じだと思っている。

・「前回の月経はいつだった？」と質問しても答えられない，自分の月経周期を知らないから毎回，下着を汚す。

・月経ナプキンの手当ての仕方が間違えている，さらに専用のショーツをつけていない。

・月経痛はとにかく我慢するものだと思っている，だから毎月痛みに負けて，無気力状態。

・体のサイズや服のサイズは親任せで自分では知らない

・勃起現象や精通を病気と勘違いし，不安を抱える男子。母親やペットのナプキンを股間に当てるなどして対応する奇行に及ぶ。

・人との付き合い方には段階があるとことを知らないから，付き合ったら性交してもいいものだと思っている。

・セックスをした後に起こりうる可能性を知らない。妊娠するかもしれないと思っていても性感染症になるかもしれないということを知らない。

・コンドームをすれば，絶対に妊娠をしないと思っている男女。避妊はコンドームしか知らない。いつも彼任せ。月経が遅れてパニック状態。

・発散方法，リラクセーションなど感情コントロールの方略がないから湧き上がる怒りに任せて，人や物を傷つける。でも結局一番傷ついているのは当の本人。

・怒りの感情は，悪い感情だと思っていてコントロールできないことで落ち込む。

・NO が言えない，断れない，心配かけたくない，怒られると思って被害に遭っても一人で抱えてしまう。

・そもそも被害に遭っていることすら自覚がない

　ここまで，読んでいただき，支援者の皆さんの中には「いる，いる，こういう子」と，頷かれる方も多いかと思いますが，いかがでしょう。実際，性の知識を知らないことで行動が大胆になっていることは否定できません。

　自身に起こる体や心の変化，幼少期までとは異なる人との関わり方は，自然に覚えられるものではありません。ましてや，知的や発達に特徴のあるお子さんたちでしたらなおさらです。性に関する情報もインターネットの誤った情報や，友達からの誇張がほとんどです。正しい情報の取捨選択する力は，学びを通してでしか得られません。

（國分聡子）

女の子白書　彼女たちの苦悩

1　インクルーシブ

告白

「あたし，付き合うならフツーのオトコがいい」。この学校に入学してきたときからずっと思っていた。この人たちって。マジメだけが取り柄で，おもしろくないし，一方的に自分のことばっかり話す奴もいるかと思えば，「うん」でも「すん」でもない奴もいる。なんかコミュニケーション力がまじ薄っ！　って。

中学校のときにいじめられてたってこと，ずーっと根に持っている奴もいて。そら，あたしも結構いじられたけど，そんなこと今さら言い出しても始まらないじゃん，むしろ忘れたいよって。

まあ，だから学校のこと聞かれるのが一番イヤ。『学校どこ行ってるの？』って言われると「忘れた。長すぎて覚えらんねえよ」って言っとく。障害者の学校だってわかるの，嫌だもん。前に聞かれて答えたときに「なに？　それ高校ってこと？」って言われた。

障害があるってわかったときに，まじで，お先真っ暗って思ったし，人に知られたくないって思った。だから，家で制服着て，鏡を見ると一回落ち込む。「ああ，あたしはフツーじゃないんだなって」。知ってるよ。陰で知的障害者のこと「池沼（ちしょう）」って略されているんだってね。

職場実習に行ったときに，仕事ができるっていう評価されて嬉しかったけど，次の一言で打ちのめされた。「フツーの子じゃん，先生。どこに障害があるのかわからないよ。かわいそうだねえ」。会社の人があたしの前で担任に言ってた。担任も困った顔してたっけ。

あたしって，かわいそうな子なの？　それにこの間の事件，マジ怖いって思った。施設にいる友達は，殺人犯が来たらどうしようって怖がってたよ。ねえ，障害者って殺されてもいい存在なの？

誰かが，言ってた。「みんな違ってみんないい」。あれ嘘じゃん。ちゃんと，うちらと，障害のない人たちの間では，区別されているじゃん。授業でも聞いた難しい言葉「多様性，ダイバーシティ」。これからは，そういう時代なんだって。あれ，嘘だよね。あたし，すごい気ィ遣ってばかりなんだよ。フツーの人は知らないでしょ。

この間中学のフツー級のときの友達に思い切って「オトコ紹介して」って頼んだら，ふたつへんじで「いいよ」って言ってくれた。なんだ，言ってみるもんだなって。

前の友達が，どんどん彼氏ができていく。ああ，あたしも誰かと付き合いたいな，って焦ってた。あたしみたいな子に，優しくしてくれる人とかいるのかな？

問い

夜中に，あの子からメッセージが届いた。去年，社会人になった彼女と久しぶりに会ったときにLINEを交換していた。

「先生，好きになった人に自分が障害者だって言わなきゃダメですか？」彼女には知的障害があった。

あ，「恋したな」そう直感した。だから，付き合っているの？　とか相手のことをいろいろ聞くのは野暮だと思い，「あなたの名前は，障害者ですか？」そう返信した。

「なるほどね」。後々，別の支援者から感心された返答ではあったが，苦しまぎれだった。こんな質問をしてきた子は今までいない。正直返答に困ったのだ。でも，関係性の問題ではないか。まだ，相手と出会ったばかりだろうに。自分には障害があると，いわゆるカミングアウトしないことに罪悪感を感じたのだろうか。

　私の，もっともだけど曖昧な返信に「ホントの
こと言わないと，嘘つきになると思う」と返信が
あった。それきりだった。

答え
　その後私は，あの質問にきちんと向き合えな
かった自分の不甲斐なさを認め，性別，年齢，職
種を問わず，恋する知的障害女子における障害の
カミングアウトの有無を，周囲のいわゆる定形発
達の人々に問うていた。
　「聞かれたら話せばいいのに。聞かれなかった
ら，相手は気にならないってことなのだから」
　「言う必要あるだろうか？　言わなくていい」
　「付き合う段階になったら，話せばいい」

　それぞれの意見を聞きながら思った。「障害者」
を「LGBT」に換えてみても，さして変わらない。
嗚呼，やはり同じことが言えよう。世の中は，イ
ンクルーシブ教育を推進しているが，どうだろう。
悲しいかな，これが現実ではなかろうか。
　結局のところ，まだまだマイノリティが生きに
くい世の中だということに変わりなく，当事者に
気まで使わせている。LINE もそれきりになって
しまった。
　「フツーの人は，こんな悩みはないよね。これ
からも，私はどの段階で障害者って言えばいいん
だろう」
　彼女の文字なき声が聞こえてきた。

第2章 何をいつ教えるのか

　これまで，四半世紀近く取り組んできましたが，性の学習を行ったことで性行動を早めた生徒にお目にかかったことはありません。二次性徴を科学的に学んだ，ある男子生徒は「自分に起きていることだったのに，今更知った。でも知れてよかった」と呟きました。またある男子生徒は，「自宅に遊びにきた友達が，僕の学校の性の学習ファイルを見て『いいなあ，おまえの学校こういうことちゃんと教えてくれているんだ』と言われて嬉しかった」と教えてくれました。女の子は，「基礎体温をつけることができるようになって嬉しい。こういうこと私でもできるんだ，と思った。だから，他の先生にも言ってほしい。ちゃんと教えてもらえればできるって。だからちゃんと教えてください，って」と訴えました。「振り返ってみたときに，学校の勉強の中で一番楽しかったのは性の学習だった，それに役に立つし」と言う生徒もいました。

　どの声も皆，障害のある子どもたちの声です。子どもたちは，「素敵ってどういう意味？　きちんとわかりたい，きちんとできるようになりたい，正しくありたい」，そしていつでも「同世代のリアルが知りたい」と思っているのです。

　そんな思春期の子どもたちから，就学前の子どもたち，そしてその保護者，支援者とお付き合いすること20数年，子どもたちに必要な学びを，性の指導メソッドとしてまとめてみました。

　先ほど，私は「指導者の不安」について述べました。

　「何を教えたらよいのか」といった指導内容への不安については，性の指導メソッドを，そして「どう伝えるか，教えるか」については，この第2章，第3章をお読みください。勘の鋭い皆さんでしたらもう，お気づきになられるかと思います。これは，配慮が必要であろうとなかろうと障害があろうとなかろうと，垣根なくすべての子どもたちが対象となっているのです。誰にでも必要な学びのオンパレード，まさしく「ユニバーサルデザイン」なのです。

　私が講演してきた一部の特別支援学校では，資料として提示しているので，既にこれをベースに取り組んでいる，という嬉しい報告もあります。

　この「性の指導メソッド」ですが，本書のプロローグで小栗が前述した通り「性」そのものを教育対象にしているのは，全体の2〜3割と言ってよいでしょう。残りの7〜8割は通常のコミュニケーション教育とマナー教育が大きな役割を占めています。

　昨今「包括的な性教育」という言葉が巷で聞かれますが，「包括的」という表現を私はあまり好ましく思っていません。なぜならなんだかすべきことがぼやけてしまうからです。どのように性の指導をしていったらよいのか困っている現場をさらに混乱させてしまいかねません。そこで，何をどのように学べばよいのか，ということを明確に打ち出したいと思ったのです。その思いを込めたものが，性の指導メソッド（巻末付録P.213参照）だと思ってください。ただ，この包括的性教育のくだりで，朗報もあります。

　「包括的な性教育は，若年層の性行動を早めることはないばかりか，性行動をより慎重化させる」ことが，ユネスコとWHOと連携して行った性教育の調査から，結論づけられたことです。

　性をセックスや出産だけのことではなく，性を通して人との関わり方や相手の立場を考えることを含めたマナー教育，コミュニケーション教育を，幼少期から年齢に応じて子どもたち自身が考え，またさまざまな考え方に触れるように作成しました。自信を持ってお使いください。

　さらに，特別支援学校高等部の先生方の熱いご要望に応えて，思春期に入った中学部，そして社会に向かう卒業までの3年間の高等部の年次計画と，どのように教えるのかという具体性を持った指導の進め方を作成しました。性の指導が，一部の特別な指導者にしかできないものであってはならないと思います。性の学習は，キャリアの長さいかんではなく誰にでもできて，やりがいを感じてほしいと思っています。また「やってみたい，教えてみたい」という，みなさんの中の教員魂に火をつけたいと思いました。

　子どもたちのかけがえのない思春期の学びに見通しを持ち，生徒とともに目の前の1時間をどう作り出していくか？　その一助となることを期待しています。

　なお，「性の指導メソッド」「中学校期に学んでおきたい性の学習プログラム」「高等部3年間の年次計画」は，巻末の付録を参照してください（いずれも，ダウンロードして使用できます）。

（國分聡子）

コラム 女の子白書　彼女たちの苦悩

2　出会い系サイトで，生きながらえる

問い

とにかく寂しくって，友達に教えてもらったアプリをやってみたよ。自分のこと知らない誰かとの会話は気が楽だ。そう，Spoon にハマってる。やなことばっかりだよ。家にも学校にもあたしの居場所なんてないんだから。

この間，中学校の時の同級生に紹介してもらった人と付き合ったんだよね，ちょっとの期間だったけど。割とタイプだったし，面白い人だったから，あーいいなあって。彼あたしの学校のこと知ってた。だから，あたし自分のこと話さなきゃっ，て思ってた。その矢先，彼があたしの学校の同級生を知っていて，思いっきりディスり始めたんだ。そしたら，なんかあたし苦しくなっちゃって。自分がディスられてるみたいな気持ちになっちゃって。もう，やめようって思ってそれっきり連絡するのやめた。

でも，今度の彼は，誰かのことや，もちろんあたしのこともディスったりしない。嫌がらずに話を聞いてくれる。今は毎晩，話している。昨日は，夜中まで付き合ってくれた。1 カ月くらいそんな日々が続いていて，あたしは，彼のことが好きになっていた。彼も，あたしのことが嫌いじゃないから話に付き合ってくれていると思う。好きじゃなかったら，こんなに話聞いてくれないよね。きっといい人なんだと思う。この 1 カ月，彼のおかげで，生きてこれた。彼に会ってみたくなった。いいよね，先生，行っても。彼からも会おう，と言われたんだ。

答え

「出会い系の男でしょ？」それだけラインで返してみた。確か，この間彼氏と別れたと言ってたばかり。寂しくて，ついに出会い系に手を出したか。しかし，展開が早すぎる。危なっかしいなあ。卒業を前に，就職したらきっと出会いが減る，今のうちに，と焦ったのか……。打ちたい文章を我慢して一行にすると即レスで届いた。

「そうです。出逢って 1 カ月ですけど，ずっと話を聞いてくれて。ただ，昨日壁を感じるって言われて。彼，すごく鋭い人なんで」

え？　彼女気取りじゃないかまるで。完全に気を許している。危なっかしいったらありゃしない。実際に会ってもいないけど，毎日話していることで，これほど身近に感じてしまうものなのか。

禁止は教育にならず。否定をされると返って怒って反抗的な態度に出る，または「会いたい」気持ちに火をつけることにもなりかねまい。アイメッセージで伝えてみようか。

「私は，危ないと思うよ」。優しい返信をしてみた。すると，「私は，そうは思わないです。そんなふうな人には思えないです」とあちらも，アイメッセージで即レス。

「その人に会いに行って欲しくないな」とやさしい返信に徹してみる私。

「先生，心配し過ぎ」。そのレスにスイッチが入ってしまった。

「行くんじゃないよ！　きっといたずらされるよ。そういう子，本当にいるんだよ」。彼女のレスに耐えられなくなった私はアイメッセージは何処へやら，本音丸出しトークになってしまった。

「この間の事件知っているでしょ？　相談するフリして優しくしてるだけで，会ったら酷いことされて，終いには監禁されるかもしれないよ」

ネット上で，女の子が弱音を吐くことがどんなに危ないことなのかが，まるっきりわかっていない。繰り返し被害の実情を学校生活の中で，伝えてきたじゃないか。ときに警察サポートセンター

が，ときに保健師が。

　本当に危ない目に遭わないと，わからないのだろうか。

それから

　あれから，どうなっただろう，言い過ぎてしまい，連絡が途絶えてしまったことを悔いてはみたものの，どうすることができただろう。他のやり方があったら教えてほしい。「出会い系の相手に会いにいく」と聞いて止めない大人がいるだろうか。全力で止めることを，誰が咎めよう。

　彼女からのレスはパタリと止んでしまった。

　最近，めっきり出会い系絡みの相談が多いと思っていた。

　とある就労移行支援事業所では，毎日，出勤しては来るけれど私生活がめちゃくちゃだというのだ。聞けば，出会い系にハマって「男から男」の生活だという。

　あ！……。「あの子」を思った。「どうしたらいいですかね？」電話の向こうで，担当者のため息が漏れた。

　会いに行ったら，被害に遭う，遭わない，この2つだけの選択肢しか考えられない大人の想像力は乏しいというのだろうか。精神的にも肉体的にも満たされるからやめられない，これがあるから生きていける。死なずにすんでいるということは，「いのちだいじ」に一役買っているというわけか。

　「いきてるだけでまるもうけ」。有名なお笑い芸人の言葉がよぎる。でも，でも目指している豊かな生活とは程遠い気がして軽い目眩がした。

第3章　実践と教材教具

　ここから先のページは，さまざまな相談にできるだけ具体的にお答えしました。お答えした内容は，これまで私が実践してきた（している）ことがベースになっています。さらに，支援者として知っておきたい情報も散りばめました。

　性の情報は氾濫しています。インターネットに書いてあった，雑誌に書いてあった，友達の間では，「そういうことになっている」と，他からの情報と比べて違いを訴えてくるかもしれませんが「授業で教えることが，皆さんが知っておきたい正しい知識と情報です」と言い切るとよいでしょう。そうすることで，情報の混乱を解消することができます。さあ，いよいよ実践のスタートです。ぜひ，本気の「教育」を！

授業における 8 つのポイント

①心構え

　子どもたちを取り巻く性情報のほとんどは，隠語で飛び交っています。たとえば，支援者の皆さんが関わっているお子さんでも，性器一つを取っても正しい名称で言える子はどのくらいいるでしょうか？　「こういう言葉（隠語）で覚えているかもしれないけれど，本当はこういう言い方（正しい名称）をするのよ」と明確に教えましょう。その際に，どちらも明るく気持ちの良いほど爽やかに，サラリと言ってほしいと思います。そのためには，もしかすると指導者であるあなた自身のトレーニングが必要になるかもしれません。これまで人に伝えるために，隠語を使って話したことがない支援者であれば，誰もいない部屋ではっきり口に出して言ってみましょう。子どもたちにとって，教師の語り口調は重要です。「性」へのイメージが作られると言っても過言ではないからです。ただし，学習の際に隠語を使用して伝える支援者は，子どもたちと同じ同性の場合のみです。想像してください。いくら支援者であっても異性から隠語を聞きたいですか？　異性の支援者の口から隠語が飛び出そうものなら，きっと多感な思春期女子は翌日から近寄らなくなるでしょう。また，セクシャルハラスメントとも受け取られるかもしれません。

②名称で差をつけて

　教育の場では，「保健」や「自立活動」「総合的な学習」の時間を使って性教育をしている学校も多いと思います。性の学習をしていく際に，子どもたちが関心を持つネーミングを使用するのもいいかもしれません。たとえば，私は，特別支援学級や特別支援学校の小学部高学年や，中学部では，性の学びを「ハートタイム」と命名しました。「ステキな中学生になるために体や心の学習が始まるよ。ドキドキ，ワクワクする時間になるかも！」と伝えて取り組んでいました。なかなか好評でした。また，中学校特別支援学級や特別支援学校高等部では，「マイライフ」と伝えていました。「マイライフ」とは，私の人生，私の生活のことであり，充実した生活を送るた

めには，私の体，心，そして人との関係性の学びが大切だということと，そしてその学びの意義，「なぜ学ぶのか」を伝えました。挨拶からも「今からマイライフの授業を始めましょう」と，声に出すことで学びの意義を意識できるようにしていきました。

③学びのルールは最初に，明確に

学ぶ意義を伝えた後は，明確にこの学習のルールを打ち出しましょう。意外と，この学びのルールを伝え忘れていることが多いように見受けます。しかし，これは大変重要なことです。

たとえば，こんなことがよく起きています。学習で配布したワークシートを，ところ構わず広げる，わざと男子が女子にワークシートを見せる，電車やバスの中で性器の名称を声に出して話す，どうでしょう。心当たりはありませんか？　このようなことから，「それ，みたことか！性教育をすると問題行動が起こる」「寝た子を起こさないほうがよいのだ」といった意見が聞こえてきました。子どもは叱られ，教えた先生もガックリ。

いやはや，しかしこれは，最初に約束を教えなかった大人の責任といえるでしょう。子どもたちには，「約束」のほか「ルール」とか「ミッション」というワードも効果的です。

1) 先生に意見や質問がある人は，先生の話が終わってからにしましょう。
2) 授業で配ったワークシートは，見てもいい場所，見せてもいい人が決まっています。
3) 体の名称の話は，話していい人，話してもいい場所が決まっています。
4) 先生への個人的な質問は，答えられないこともあります。

以上をパワーポイントに打ち出し，イラストと一緒に提示していきますが，2)，3) の「見てもいい場所，見せてもいい人」「話してもいい人，話してもいい場所」についてディスカッションすることもいいでしょう。その際に，理由についても問いましょう。

いかがですか。勘の良い方なら，お気づきだと思います。これは，学習の約束という名の「マナー教育」なのです。実は，教育はもうスタートしているのです。

④グルーピング

学習集団は，とても重要です。知的な理解度や社会性などを考慮してグルーピングをしていく必要があります。わかり方や覚え方が似ている子どものグループを組んでいきましょう。

学習内容によっては，男女別々で行うことが望ましいでしょう。特に思春期は，子どもたちがそれを望んでいます。異性を意識する時期でもあるので，「恥ずかしい」気持ちが先行し集中できなくなってしまいます。学習環境が影響して「嫌な時間」になりかねません。安心して見たり，聞いたり，調べたり質問できたりする環境を整えましょう。

二次性徴の変化，体の名称や仕組み，働き，男子，女子それぞれのマナーに関わる学びは，同性の教員が担当し，関わり方や「いのち」に関連する学習は男女共に学べるようにしましょう。

⑤ファイリング

学習したことは，リマインダーとしてワークシートで残していきましょう。できれば，差し込

み式のファイルを用意しましょう。3年間の学びの軌跡がわかるようにします。表紙には，「学習のルール」を入れます。次に，年次計画を入れ，学期の計画は配布した際に説明をしましょう。これは，学習の予告です。

ファイルは，定期的に家庭に持ち帰り保護者にもみてもらいましょう。ファイルを見た感想を寄せてもらい，学年だより等で紹介してもいいかもしれません。

きちんとファイリングしておくことで，子どもたちが学校を卒業してから，このファイルが「バイブル」となります。いつでも，見て，確認できるようにしておくためです。

私のかつての教え子ですが，その子の自宅に遊びに来た別の学校の同級生が，性の学習のファイルを見つけてページをめくり「いいなあ，おまえの学校はこういうこと教えてくれるんだな」とつぶやいて，熱心にそのファイルを見ていたそうです。その子は，私に「おれは，そういうふうに言われて，嬉しかったよ」と話してくれました。もちろん笑顔で。

ファイリングをすることでその子にかかわる誰もが見ることができ，その子以外の子も性が学べるというわけです。

⑥キーワード

学習の中で，子どもたちの心にすっと入り込むキーワードがあるといいと思いませんか？　授業だけでなく，ホームルームや個別面談などで，私が使用している思春期の子どもたちへのキーワードを以下にいくつかお伝えします。

「大人」

思春期の子どもたちへの学びのキーワードと言ったら，まずは「大人」です。子どもから「大人」に向かっているからこその，体や心の変化があります。今までの関係性もレベルアップしていくことが求められます。「すてきな大人になろう」「かっこいい大人になろう」子どもたちが，未来に想いを馳せることができるポジティブな使い方をしましょう。

「使命」

「自分たちが学んだことを正しく，優しく教えてあげることが年長者の使命。信頼される先輩になってほしい」。毎年度末，そして年度当初必ず子どもたちに話していることです。「たとえば，エッチな話が話題に上がると思う。そんなときには，サラリと『真実』を伝えられるとかっこいい。そんな先輩にきっとなれる」と。

そして，先輩になったときに「こんなこと，後輩から言われたらどうする？」を考える学習を組んでいきます。たとえば，「同級生のA子さんが気になる」「自分の体臭が強く感じる」「最近，イライラする」など後輩からの相談の回答について，どのように回答したらよいかをグループディスカッションをしていきます。各グループで発表し，感想を出し合いブラッシュアップをかけていきます。先輩になるという自覚も，芽生え始めます。年長者は年長者の使命を全うしよう！　これで生徒の心に火がつきます。

「もしかして親になるかもしれない」

　私は，高等部の生徒が入学した最初の1年目は，まずは自身の性（体・心）についてじっくり学ぶことからスタートしています。女子も男子もまず，自分の体の名称，しくみ，変化，セルフケアのやり方を同性の教員と詳しく学んでから翌年，2年目にして，初めて異性の体について学びます。

　男子からは，ほとんど聞かれない言葉が女子から挙がることがあります。

　「いやだ，気持ち悪い」「女子の私がなんで，男子のことを学ばなきゃならないのか」。それには，こう言います。「君たちは，将来親になるかもしれないからね」。すると，大抵数名，「いやだ，親にはならない」と言う子が現れますが，「うん，だから『かもしれない』という表現をしました。今はそう思っていても，もしかして気持ちが変わるかもしれないし，変わらないかもしれない。先のことはわからないね。でも，子どもを持ったときに『私，女性だから男の子のことわかりません』って面倒をみなかったら，子どもはどうなりますか？　自分はどうなると思いますか？」と問いかけます。

　この問いに，少々ネガティブな印象を持たれる方もいらっしゃるかもしれませんが，私はむしろ，『虐待』をキーワードに現代の社会問題と向き合うよい機会であると捉えています。

⑦学びの伝授　ピアカウンセリングを目指して

　子どもたち同士のネットワークは，大人の私たちが思っている以上にスピーディーかつワイドであることをご存知でしょうか。さらには，思春期の彼らの仲間の中には，必ずと言ってもいいほどインフルエンサーがいるものです。誤った知識や情報を垂れ流されることほど，恐ろしいものはありませんが，その逆でしたらどうでしょう。大歓迎ではないですか？　私が狙っているのは，実はこの性のピアカウンセリングができるネットワークです。

　性の学習を展開し，誤った知識と情報をそぎ落とし，正しい学びをする。年長者の使命を果たすよう期待を込めましょう。具体的な進め方をお伝えします。

　たとえば学習を進めていく際に，自分たちの学年だけで完結する必要はありません。「先輩の話」として積極的に2年生や3年生が，参加できる学習の体制を取っていきましょう。後輩の授業にゲストティーチャーとして呼び，後輩に伝える役割を与えるのです。これは，彼ら先輩にとっては大きなモチベーションとなります。実際，私がこれまで行った授業では，指導者となった彼らが嬉々として後輩に伝える姿がありましたし，先輩の話を真剣に聞く後輩の横顔を見たときに，教師からの指導よりも効果あり！　と実感しました。

　思春期は，大人から教えられるよりも同じ思春期を，同じような気持ちを抱えながら生きているピア（仲間同士）の学び合いで得た知識と感じた気持ちは，教師のそれよりも記憶に残るようです。

⑧性の学びの系統性と指導の一貫性を持たせるために

　教員間で情報を共有し，指導の方向性の共通理解をしましょう。そのために，各学年の性教育を担当している教員が集まり，授業での生徒の様子，授業を進める上での悩みや次回の授業の構想，教材教具の紹介などを報告し合います。若年層の性に関連したニュース等があった際には，それについてもディスカッションしあいます。昨今の働き方改革の中で，各校でその時間をどう

捻出していくか，といった課題があると思いますが，月に一度の話し合いであれば，さほど難しいことではないと思います。

　私の所属していた学校でも，月に一度保健教科部会を設定していました。「科学的に正しいことを爽やかに伝えられているか？」「生徒が，自分で考えて選択していける主体的な人生になるような学びになっているか？」の視点で話し合いを重ねていきました。

　思春期の子どもたちへの指導は，同性の教員が行うことが必須であると前述しましたが，異性の体や心を学習のテーマにしたときに，性差ゆえに「ああ！　かん違い」が生じたり，その教師の主観が強くあらわれたりします。それは，男性教諭による女性の月経の話の中によく出てきます。

　たとえばこんなふうに。「男子生徒に，女性の月経の仕組みの話の後に，女性は月経があるから守ってあげないといけないよ，と教えようと思う」と。さて，この言葉を聞いて皆さんはどのような感想を持たれますか？　違和感を覚えるのは私だけではないようです。男性の皆さんからは，特に違和感を持たれず「思いやりのある優しさだ」という声が聞こえてきますが，この話を聞いた多くの女性が苦笑します。「月経はべつに病気じゃないんだけど」「守ってあげようって，上から目線じゃない？」「月経があって，大変な時期があるんだな，っていうくらいでいいのではないか？」「男の人が女の人を守るっていう刷り込みになりかねない」「結果的に，生徒の感想として出てくるのはいいけれど，初めから教師が言うのはどうか」などなど。このような女性と男性の考え方の違いを，教科部会を通してディスカッションしていきます。なかなか普段の生活ではできないため，授業のヒントのみならず自身のセクシュアリティを見つめ直す機会にもなります。

　ちなみに，この問題については，「女子も男子もお互いの性徴について科学的に，事実を伝えること」「それを学んだ子どもたちのつぶやきや感想を丁寧に拾うこと」そして，「その感想から再度，授業について検証すること」となりました。生徒からどのようなつぶやきがあったでしょうか。男女ともに，「女も，男もなかなか大変なんだね」という感想が聞かれたのでした。

　これらは保健課分掌経営の中でも，網羅できると思います。

（國分聡子）

研修会や講習会に行きますと，さまざまな質問を受けます。そこで，ここからは皆さんからよく寄せられるお尋ねについて，お答えしていきます。

Q1
性の学習っていつから始めたらいいのでしょう。私たち大人世代は，性の学習を受けていないので，何をどうして，いつまでに教えたらいいのか全く皆無です。幼少期は，まだ適していないですよね？

Q2
思春期の子どもに性のことを教えたりなんかしたら，興味をもって性行動に走ったら怖いなと思いますし，保護者からのクレームも気になるところです。健常者ならまだしも，障害のある子どもたちに教えたら，それこそ寝た子を起こすのではないかと心配です。

Q3
日々，多忙な毎日です。ちょっとしたことで，すぐにできる性に関することってありますか。

Q4
障害のある女の子の月経指導は，どうしたらいいでしょうか。ナプキンが上手につけられるか心配ですし，月経のたびに下着を汚す，月経痛で肉体的にも精神的にも大変になるのではないかと心配です。また，すでに月経が始まっている女の子に，体調管理ができる方法はありますか？

Q5
思春期に入ってから，すごくキレやすくなったと思います。イライラして当たり散らしたり，泣いたり，喚いたり。その度に家族は翻弄されます。この時期をやり過ごすしかないのでしょうか？ 本人や保護者に伝えられることって何かありますか？

Q6
性的なトラブルが発生した場合，外部機関に入ってもらった方がよいですか。

Q7
知的障害があっても，恥じらいや恥ずかしい気持ちは身につくものですか？ またどうやって伝えたらよいでしょうか。

Q8
小学4年生のASDの男の子の母です。性のことを伝えたいと思っていますが，息子は，パパのことが大好きなので男同士，パパから教えてあげたほうがいいですか？ 伝え方に悩んでいます。

Q9
特別支援学校高等部の教員をしています。クラスの女子生徒が同じ学年の男子生徒と付き合い始めました。近づきすぎてはいけません，男女二人きりになってはいけません，触ってはいけませんなどと指導してもなかなか行動改善に繋がらない生徒がいます。どのように指導したらいいですか。男女交際について，どのような支援が必要でしょうか。

Q10
公共交通機関を利用している男子生徒が，別の学校の女子高校生への「おさわり事件」がありました。どのように対応したらいいですか？

Q11
私は，独身の教員です。妊娠も結婚も出産も子育てもしていないので，性のことは教えられません。特に思春期の子どもたちには自分が教えられることはないと思っているのです。

Q12 施設の職員をしています。自閉症の 20 代男性が，作業中に隣りの職員や他の女性利用者がいると後ろ側に回り，近距離で話しかけて首・顔・腰を見ていたり顔を覗き込んで話をしていたりすることがあります。「近すぎるよ」「正面で話しましょう」と声掛けしていますが，言うことを聞いてくれません。どう対応したらよいでしょうか。また，同じようなことをしても，A さんなら問題視され B さんなら問題視されない。そんな状態が施設内の職員で起こっています。これって，私たち支援者に問題があるのでしょうか。

Q13 身だしなみに問題のある子や，においのことで気になる子がいます。伝えたら，本人が傷ついてしまうのではないかと心配になりなかなか言えません。でも，直してほしいと思います。どうしたらよいでしょうか。

Q14 （特別支援学校高等部）「彼氏とのスマホのやりとりでは，すぐに返事を返さなければ怒られるからといって，お風呂にまでスマホを持ちこんだり，他の男子と話していたら怒られたり，と喧嘩が多いそうです。彼氏にいろいろ言われてストレスが溜まって泣くことが多くなった。別れればいいのに」と生徒の保護者から相談がありました。

Q15 娘が，仲良くしている男の先輩から，悪戯をされていたことがわかりました。相手の保護者とも話をしたのですが，娘が「嫌がらなかったからいいと思った」と言われてしまいました。

A1

・性の意味から

「性のことはいつから？」この質問は，いたるところで受けますが，ではまず，みなさんは，性をどのように捉えているでしょうか。性の学習というと，性器や性交や避妊を教えなければならないと考えていらっしゃる方がとても多いです。もちろん，自分の体のことですから性器を学ぶ意義は十分あると言えますし，私も性器の自立（名称，仕組み，清潔，構造の理解）こそ，真の自立であると思っています。しかし，「性」の意味を知るとそれだけではないことに気がつきます。

性という漢字は，「生まれる」と「心」という 2 つの部分に分けることができます。このことからもわかるように，漢和辞典で「性」と調べると，「生まれながらの心の働き」が，本来の意味とされています。そこから，「万物の本質」「心」「いのち」などという意味で用いられるようになったのです。このように漢字の「性」のもつ本当の意味を知れば，それが，汚らしかったり賤むべき言葉ではなく，人間の本質に関わる，とても崇高な言葉であることがわかります。

あるいは，生殖や性器といったある人間の一部分に限定された意味のものでもなく，心や命を含んだ人間存在全体を包み込む広い概念であることがわかると思います。

ですから，「性」について考えるときには，体の一部や心の一部を切り取って考えるのではなく，人間全体の問題として捉える必要があるのです。

また，この事を理解すれば，性が人と人との関係において，欠かすことのできない重要なものであることがよくわかることと思います。

私は，この話を保護者や支援者，生徒に対して初めに必ず伝えています。そして，より

好き　恋　愛　の文字から
「心」は，どこにある？
文字パズル

わかりやすく理解してもらうために，「性」の文字をパーツごとに区切ってパズルを作ります。色画用紙をきり，ラミネート加工をし，裏にマグネットを付けておくとボードに提示して話ができます。

「性」を「りっしんべん」と，「生」に分割し，りっしんべんの意味である「心」の文字も文字カードを作っておきます。

こうしてみると，視覚的に性という文字は，心や生きるという言葉で構成されていることに気づかせることができます。心が生き，心を生かす日常生活全体が「性」であり，豊かな性は，豊かな日常から生まれることにほかならないのです。

以下に，幼少期から始められること・始めてほしいことを記します。

・基本行動こそ性の基本

豊かな日常生活とは，なんでしょうか？食べること，排出すること，眠ること，人間にとっての基本行動に心地よさが伴っていることです。そしてまさしく，これこそが，性の基本と言えます。

この人間の基本行動は，すでに生まれたときから始まっていて，自立に向けて取り組む

幼少期が性の基本を確立していく重要な時期なのです。

みなさん，性教育と言うとなぜか特別なことをしなければいけないと考えていらっしゃる方が多いのですが，我慢・満足感を実感しながら食べる食事，美味しいと感じること，スッキリ出す排泄や，汗をかいたら汗を拭く，着替えをする，体を洗う，洗濯された下着をつける，こういう基本行動を通して，きれいになって，スッキリして気持ちがいいという心地よさを幼少期から存分に味わうことが大切なのです。

幼少期から清潔観念を与えることを，ドイツの哲学者フリードリッヒ・ニーチェも重要視していたのをご存知でしたか？　ニーチェは，子どもの頃からの清潔感の感覚をとても重要視しています。清潔好きの感覚は，やがては他の精神的な面にも広まっていく，つまり盗みを働くことやその他の悪徳な汚れとみなす感覚へと高まりうる。同じようにその子も，社会的人間としての節度，清純さ，温厚さ，よい品性などを好むようになるのだ。こうして習慣となった清潔観念は潔癖さを呼び，生きていくうえで幸福になる要素を自然にわが身に引きつけるようになるのだ，と。

自分の心地よさがわからない子は，他人の心地よさにも鈍感です。心地よさがわかる子は，その逆の心地悪さがわかります。心地悪さがわかることは「NO！」の表現に繋がります。

・早期から教えておきたい関係性

幼少期から伝えておきたいことの一つに関係性があります。自分の近しい存在は誰なのか，またその逆は，そしてその人達とどのような関わり方をしたらよいのか，つまりそれぞれの関係性の人々を具体的にし，そこでの振る舞い方を知っておくことです。自分を中

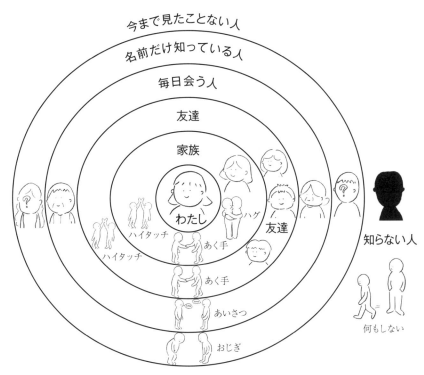

図1　関係性の輪（性の本制作委員会）

心に考えたときに，一番近しい人は誰でしょうか？　虐待を受け，施設で生活している子を除けばほとんどの子どもたちは「親」とか「家族」と答えるでしょう。円で表すならば図1の二重円目です（巻末付録にも掲載。ダウンロード可能）。では，次は誰でしょうか？　ほとんどが「友達」や「親友」と答え三重円目の人です。四重円めには「毎日会う人」，五重円目には「名前だけ知っている人」そして，一番自分から遠い人は「知らない人（他人）」となるのです。この他人は円の中に入れません。枠外になるのです。

　この関係性を表す「関係性の輪」の手法は国内でも海外でも使われていて，さっとその場で書いて示すことができる利点もあります。視覚に残るものでもあるので，リマインダー（思い出し）にももってこいの手法です。「誰もかれもが親しい間柄ではないんだ

よ」，「それぞれの関係性には，それなりの振る舞いが存在するんだよ」と幼少期から教えましょう。性的虐待を防ぐ知識にもなるのです。「知らない人」の概念がないことは非常に危険です。

・将来陥る可能性のある問題を早期に押さえておくこと

　思春期になって支援者の間で問題となる行動は，実は幼少期に「教えられていない」ことによるものが多いことを知っておいてください。たとえば，パーソナルスペースが理解できていないと，人との距離感が近すぎて相手に不快感を与えて問題視されます。プライベートゾーンの部位やルールが理解できていないと被害や加害の率は高まります。だらしのない座り方や服装も同様です。幼少期から下着の見えない着こなしや座り方を教えたり

することが大切です。

　また，ストッキングなどツルツルしたものを好んで触りたがる，長い髪の毛を見ると匂いを嗅ぎに行きたがる，動揺すると服を脱いでしまうなどの行動は，障害特性によるこだわり行動や表出の仕方に支援が必要であるのにもかかわらず，性的な行動であると見なされ，「性の問題行動のある子」と言われてしまうことがあります。

　幼少期には，「かわいいね」で済まされていたことが，体が大きくなってきた途端に加害者扱いされますので，幼少期から支援しておかなければなりません。特性が強く，また理解力にも困難な子の場合は，周囲の大人が適度な距離感を保って，示す必要も出てきます。感触の特異性がある子の場合には，さまざまな素材の布（つるつる，ザラザラ，ふわふわ，もこもこなど）に触れる機会を設けてみるのも効果的です。実際，私が担任した高等部の男子生徒でも，ストッキングの素材を好み，履いている女性の足を触りに行ってしまうことがありました。いろいろな感触で作った小さなクッションを提示するとストッキングよりも，ツルツルしたサテンの布の感触を好み，問題とされた行為が消滅したケースがあります。また，感触のアプローチだけでなく，「いつ，どこで，どんなときに」触ってきたのか，またその際に「どのように対応してどうなったのか」といったことをアセスメントするとともに，日常生活においてその子が今できていること，課題となっていることを見直して，生活スキルを上げてできることを増やすことに着目することも，欠かせません。

　このような行動が見えたときには，療育，教育の現場の支援者が率先して関係者を参集し，インシデントプロセス法に基づき情報を収集し，解決の糸口を探ります。インシデントプロセス法とは，実際に起きた出来事について参加者が事例提供者に質問することで，出来事の背景や原因となる情報を収集し，問題解決の方策を考えていくものです。この事例検討を行うことで，子どもの様子がよくわかり，支援についてさまざまなアイデアを共有することができます。関わり方（スキンシップ）を見直したり，起きた事象の記録・分析を行い，代替行動を考えたりしていくことです。初めから，「コレ！」といった特効薬は見つからないものです。しかし，そのままにしてしまうと，その行動による被害者を作ってしまうことに繋がりますので，スルーは禁物です。

A2
・学びの利点

　性の学習は，自分の体と心の成長に伴う変化や年齢に応じた人との関係性を学ぶことです。自分の体と心を知り，セルフケアできる力を育むこと，人とよりよく関わる関わり方を知ることで，確実に子どもたちの生活の質は高まります。生活の質が高まれば，人生の質も自ずと高まっていきます。豊かに，そして幸せになれるということが，この学習の最大の利点と言えるでしょう。

　体や心の変化は，子どもから大人に向かう思春期に二次性徴となって現れます。二次性徴は，人生においても劇的な変化です。年齢が上がるにつれて振る舞いも変えていかなければなりませんし，人との関わり方も変化していきます。こうした体や心や振る舞い方，関わり方の変化を事前に予告したり教えたりしていくことは，どの子にとっても必要な学びです。ホルモンの作用によるこの変化は誰にも止めることはできません。変化を受け入れ，それまでとは違った生活の仕方も大人が

丁寧に教えていくことが，子どもたちへの安心感に繋がっていきます。

　自分のみじかなお子さんで振り返ってみてください。問題だと思われるような子どもの行動は，実は教えてもらっていないことによるものが多々あることに気がつきませんか。そして，行動上の問題が起きたときに大げさに反応していませんか？　それがその行動を強化してしまっているのかもしれません。つまり，その行動を起こしたことで，周囲の注目を浴びることができたと誤学習し，繰り返し行っているという負のサイクルを作り出しているのです。問題としてあげられる多くが「距離感」「公共の場の振る舞い」ではないでしょうか。個別の指導に陥りやすいのですが，反省を強いるよりも効果的な方法は，仲間と一緒にロールプレイングをして正しい関わり方を学ぶことです。自分がされたら，どんな気持ちかディスカッションしてもよいでしょう。視覚的なリマインダー（思い出し）が必要であれば，一緒に書いたり描いたりし，カードにして携帯できるようにすることも効果的です。

・保護者へ

　保護者への理解を得るために，私が行ってきたことをお伝えしましょう。よく，保護者を巻き込んでという言い方を耳にします。先生方は正直，こちら（学校の指導）に巻き込まれてくれる保護者については心配しませんが，巻き込まれない保護者，いわゆる子どもにも学校にも無関心で「もうちょっと，協力してほしい」と日々思っている方々をどう，ステージにあげようかと悩まれているのではないでしょうか。心情お察ししますが，あまりその点ばかりにとらわれることなく，私の「保護者の伝え方」に少し耳を傾けてみてください（そのような家庭は，実際学校だけでな

んとかできないのですから家庭と繋がること以上に関係機関と繋がっておきましょう）。

　できるだけ早期の保護者会（1年生ならば入学式の後の学年懇談会）で，15分くらいで学校で大切に思っていることとして，お子さんの体のこと，心のこと，人との関係性（年齢に応じたマナーや振る舞い）についてお伝えします。そして，「何か気になること」があったら学校に相談をかけてほしいことを呼びかけます。この「気になったら」がキーワードです。「困ったことがあったら」と言ってしまいがちですが，それでは，ほぼほぼ後手に回ってしまいます。また「困ったこと」はなかなか相談しにくいものです。「気になったとは？　それは『今日は，いつもより帰りが遅かった』そういうレベルでいいんですよ」。そう呼びかけておきます。

　「寝た子を起こすな」については，昨今いろいろな方がさまざまな形で現在の子どもたちが置かれている状況を伝えています。

　　・「寝た子はいない。子どもたちは，すでに誤った情報の中で起こされている」
　　・「寝ている子どもは，科学的に正しい知識の中で起こしましょう」

　どうでしょう。うまく言い当てていると思いませんか。たとえばこんなふうな言葉を保護者に投げかけてみてもいいかもしれません。きっと納得してくださると思います。加えて，ゲーム機やインターネット，LINEといった子どもたちが使用している機器から，性の被害に遭うことも情報として伝えておきましょう。きっと，初めて知ることが多いことでしょう。このような情報を共有することも立派な協働です。

　組織的な取り組みとしては，毎月1回相談日を設けて養護教諭やスクールカウンセラーに加わってもらい，保護者の悩みに寄り添っていくことも効果的です。また，性は日常生

活そのものですから，どこからでも切り込めます。たとえば，進路指導です。職場実習や卒業後の就労については，子ども自身の頑張りのみならず保護者の協力無くしては決定できません。

　生活リズム，身だしなみ，清潔，人との関わりなど，卒業生の事例を挙げながら，「今，つけておきたい力」を共有することも学校教育だからこそできることです。

A3

ちょっとしたことでできること，実はいろいろあります。日常生活を少し振り返ってみましょう。知識として伝えるだけでなく実際に子どもが，自分でできるようになれば，鬼に金棒！　セルフケアができる力を育てましょう。

・距離感と歩き方と

　まず，安全な距離感を教えてあげましょう。適切と言われる人との距離感は，およそ腕1本分くらいとされています。「あなたの話を，相手が安心して聞ける距離感だよ」と伝えてあげてください。さらに，初めての人と関わるときの距離感は腕2本分ということも合わせて伝えてください。何かあったら逃げ出すことができる距離感です。これは，被害者にならないために日常から心がけられることですね。自身の努力が難しい障害が重いお子さんには，周囲が適切な距離をとっていくことが必要になってきます。

　内閣府の調査では，被害者の障害の有無にかかわらず性暴力の8割が顔見知りによる加害です。身内でも，きちんとした距離感を保つこと，嫌なタッチがあったら拒否してもよいこと，嫌なタッチをされたら，すぐに報告することを約束しておきましょう。男の人とは密室で二人きりにならないことや，大好きなゲームをきっかけに被害に遭っているケー

スが多いことも伝えておきましょう（たとえば「お母さんに内緒でゲームやらせてあげるからおいで」と誘われる）。

　また，歩き方も大切です。犯罪行動分析を専門とされている清永奈穂氏によると，加害者はフラフラしている子，キョロキョロしている子，性犯罪者にあっては年齢と服装がアンバランスな子を狙うといいます。子どもには，キョロキョロしてもいいけど，「前から来る人はどんな人かな，と意識して歩くといいよ」「目的を持って歩こう」「しっかりオーラ」をだしてさっさと歩く，歩き方を身につけるようにしましょう。わかりやすく言えば6秒に11歩。これは看護師の歩くスピード，「活力テンポ」と言われるテンポです。いわゆる早歩きです。私は，関わる子どもたちに一番最初に教えています。実際に手本を示した後で私が秒数を読み上げ，生徒は自分の歩いた歩数を数えます。体育館などで練習し更衣室へいくとき，トイレに行くとき，移動教室のときなど，目的を持って，歩くように日常から「早歩き」の習慣が身につくようにしていきます。

・トイレのマナーを教える

　毎日のことだから，すぐに教えられますね。トイレの使い方や誰もが気持ちよく使うことができる振る舞い方です。排尿，排便の後にトイレットペーパーを適量手にとって，汚れがなくなるまで拭くこと，トイレに行く前に手が汚れていたら手を洗ってからトイレに行くことも教えましょう。汚れた手でペニスに直接触れたり，トイレットペーパーを持って膣や肛門を拭いたりすることは衛生的とは言えません。こういった些細なことを伝えることが，自分の体を大切にするという意識に繋がっていくのです。

　また，外出したときには，「いろいろなト

新幹線のトイレ

イレがあること」を教えられる良い機会です。学校であれば，校外学習の事前に目的地だけでなく途中にあるトイレの使い方を紹介したり教えたりしてあげてほしいものです。

　実は，私は行く先々でいろいろなトイレの写真を（誰もいないときに）撮るようにしています。これは，15年程前の高等部の修学旅行で新幹線を利用した際に，「トイレに行きたいけれども，使ったことがないから怖くてトイレに入ることができない。先生，一緒に入ってくれないだろうか」と子どもに言われた，自身の苦い経験から始めたことです。トイレに一緒に入ってほしいという相談，どんなに恥ずかしいと思ったことでしょう。期待に胸を膨らませて出発した修学旅行なのに，事前に教えてあげられなかったばかりに，ああ，かわいそうなことをしてしまった。必ず利用するとわかっていたことなのに。実際に事前に利用することはできなくても，「こんな感じ」というイメージが持てれば不安を払拭できるものだと思います。

・安全なトイレへ行こう

　さて自宅を出て，たとえば学校に向かう途中トイレに行きたくなったときに，お子さんはどこのトイレを使うようにしていますか？

これ，決めておきましょう。女子も男子も性被害に遭わないようにするためです。できるだけ人気のない公園のトイレの使用は避け，コンビニエンスストアやガソリンスタンドで借りることを伝えておくのです。自宅から最寄りの駅まで，または学校までの道のりを一緒に歩いて実際に見ながら使うトイレを選んでおくとよいでしょう。

$A4$ 女の子の二次性徴の象徴である月経に関しては，知識と実践と両方の学びがセットであると捉えておきましょう。

・月経前からしておくこと

　自分の身体に起こることの知識は大事です。

　なぜ月経は起こるのか？　月経における体と心のサイクルやいつまで続くのか，月経血の通り道，月経痛については押さえておきましょう。

　血液への恐怖があるかもしれませんので，お母さんが月経のときに，内緒だよと言って経血を見せて「あなたにもこの先起こること」と予告することも役に立ちますし，月経対処のスキルについては，すぐに身につくものではありませんので，月経前からおりものへの対応を専用シートで経験しておくなど前

段階を大切にしておきましょう。また，月経用のナプキンは，その子に合ったものを使っていきましょう。感覚的なことでかぶれが起きやすい子には，布ナプキンの使用もよいと思います。

・月経がスタートしたら

　月経が始まったときに，「赤ちゃんが産める体になった」ことばかりを強調されて，「将来，赤ちゃんを産まなければならない」と思い込んでしまった自閉スペクトラム症の女の子がいました。確かに，妊娠可能な体になったことは事実ですが，それ以上に女性の体の発達の一つとして伝えてほしいと思います。女性の体は日々成長していて，その中で起きている現象なのです。

　ぜひ自分の手帳（マイダイアリー）を持たせましょう。使いやすさや好みを自分で考えて購入し，そうして月経の記録をつけていくのです。そのとき合わせて感情やひとこと日記を簡単でよいので記入していくようにします。

　私の生徒では，月経のマークを自分なりに考える子や，シールを貼る子などがいました。記録をつけながら，周期の数え方も教えられますし，感情やエピソードも周期と照らし合わせることができます。友達とのトラブルや，過激なLINEのメッセージを送りつけてしまう時期が，月経前に集中していることに気づいた子もいます。自分のバイオリズムを知り，生活を見直し，気をつけることができたらこれはもう，立派なセルフケアと言えるでしょう。

・月経（排泄）を制するものは就労を制する

　特別支援学校で長く就労に関わってきた私自身の視点でお伝えしたいと思います。正直，月経の手当て（準備も含めて）ができない，トイレの使い方に問題がある（他者を意識した使い方ができない）女子は，企業就労はまず難しいです。就労した後のアフターケアでも話題になる一つですが，月経の手当てがうまくいかず仕事を中断する，準備ができておらず親を呼びつける，トイレの使い方が汚く他の女性従業員から苦情が出る，月経痛への対処ができずに毎回仕事を休むなど残念ながら離職に繋がるケースも耳にします。就学中に，なんとしてでも月経の手当ては，確立しておかねばなりません。月経の手当ては当たり前のこと，職場のロッカーの中には，ナプキンとショーツ，ビニール袋などの月経グッズをポーチに入れて常備しておくこと，月経痛に関するグッズ（お腹を温めるカイロ，ひざ掛け，痛みどめなど）も入れておくようにすることを在学中から伝えておきましょう。

・起こりうる可能性を

　また，私の関わった生徒で卒業してから相談があったケースですが「先生，生理がこないんです。すごく遅れています。今まで，こんなに遅れることはありませんでした」と連絡がありました。「妊娠の可能性はありますか？」と尋ねると「とんでもない！　相手もいないしそういうことはしていません。でも，生理がこないんです。とても不安です」と答えたので，前回の月経から今日までの生活の変化があったかと聞くと，仕事が大変で不規則な生活だった，加えて部署内の人間関係がうまくいっていない。でも自分は毎日挨拶や笑顔を欠かさずに頑張っているとのことでした。この話に，ストレスが原因ではないかと考えた私は，「生活が不規則になったことや人間関係のことで，ストレスを感じた体が影響していること」「その結果，月経が遅れているのではないか。仕事が忙しくても，食事と睡眠をしっかり取ること，休みができ

たらリフレッシュすること，一度婦人科を受診すること」を話しました。安心して「そういうこともあるのですね」と言った彼女に「そのことを，伝えられていなくてごめんね」という言葉も添えて。

・失敗しない女医の話を利用して

「私，失敗しないので」テレビドラマ（テレビ朝日ドクターX）のセリフを使いユーモアを持ちながら月経指導するのも楽しいものです。「月経のたびに下着を汚すことは，大人の女性は致しません」と私は，女子生徒に話します。記録をつけて，事前にナプキンを敷いておくこと，下着を汚さずに，その月の月経を迎えることができたら，それは「成功」です。見える形で，成功を経験していくことで「私も大人の女性に近づいている」ことを実感していきます。

さらには，ピルの存在も肯定的に捉えてほしいものです。ピルは，産婦人科で購入することができます。1カ月に1枚のシートで2,400円〜2,500円です。ネットで販売しているものは，本物かどうかわからないので，やめておきましょう。

最近のピルは進化系です。排卵を抑制するピルは，避妊薬と思われるでしょうが，それだけでなく肌荒れやむくみを取り，体をスッキリさせる効能もあります。また月経痛の改善，月経数のコントロールまでする優れものなのです。現在では，年に3回程度に排卵を抑制するピルまで現れました。現代女性は，昔の女性と比べて排卵の数が格段に多く，それによって婦人系の病気が増えています。賢くピルを使用し，セルフケアできる力を身につけることも女性の自立には必要でしょう。

月経痛についても，痛みが生活に支障をきたすようであれば迷わず婦人科への受診を促しましょう。ひどい月経痛をそのままにしな

いということです。最近の研究では，月経痛があると2.6倍内膜症になりやすいことがわかってきました（2019，富士市女性の健康づくり講演会第1部　産婦人科医対馬ルリ子，美容家オーガニックスペシャリスト吉川千明スペシャル対談より）。

女性の体の症状については，婦人科の医師の診断，指導を受け，自分のかかりつけの病院を持っておくと安心です。思春期，青年期を経ていずれは，更年期に突入します。イメージを持つことは難しいかもしれませんが，私の体に劇的な変化を起こした「ホルモン」については，その量のいかんによって体や心が変化し続けることを伝えておきましょう。

A5 ホルモンの作用により思春期は体と心に劇的な変化をもたらします。体，心のめまぐるしい変化の連続に翻弄される日々であることは，私を含めて大人である読者の方々も十分ご承知かと思います。

まず体について考えてみましょう。体の変化が伴うことにより，下着が変わる，匂いへの対処，髭剃りやムダ毛の処理，月経の手当て，シャワーを浴びる回数が増える，どうでしょう。大人に向かっていくということは，タスクが増えるということでもありますね。これは，思い返してみて私たちも，なかなかストレスを感じることだったはずです。

心の変化についてはどうでしょうか。じつは，これがかなり厄介なものです。ご機嫌でいることはまず少なくなっていきます。イライラしたり，キレやすくなったり，攻撃的になったり。これもホルモンのなせる技なのです。しかし，怒りの感情はそのものが負ではありませんね。怒りをどう扱うのか，その時どう行動するのか，そういう力を身につけたいのです。

大人に向かっていく子どもたちへ，もちろ

ん，お一人でどうぞ，とはなかなか難しいものです。ここで，私たち大人がサポートしてあげましょう。

・自分の機嫌は自分で取ろう

　イライラしたとき，不安になったとき，いやーなことを思い出したとき，自分でできるセルフケアを身につけられるようにしましょう。このとき，副作用なし，お金がかからない，いつでもどこでも，老若男女，いつまでもできる手法があったら最高です。まずは，この無料でできることをお伝えしましょうか。

　ここでは，自力でできるということに絞ってみます。人に話す，相談することはとても気持ちが楽になることではありますが，それ以外のストレス対処を身につけます。

・TFTタッピング

　TFT（Thought Field Therapy「思考場療法」）という手法があります。これは，1970年代の終わりに，ロジャー・キャラハン博士が発見し，発展させた心理療法です。トラウマ治療にも使われているものでタッピングを通して，マイナス感情を流す手法です。イライラしたとき，自分を責めてしまうときだけでなく，痛みを感じたときにも使用することができます。「トントン」という愛称で生徒にも大好評です。（詳細は，日本TFT協会 http://www.jatft.org/ 参照してください）

・深呼吸

　文字通り深い呼吸ですが，ゆっくり吸ってゆっくり吐くことを教えるときには，ちょっとした工夫があるとわかりやすいです。鼻から吸うときには，実際に良い香りがする花を目の前に置いて最初に「くんくん」と言いながら嗅いで，短い鼻呼吸をさせます。次にゆっくり嗅いで，細く長く「嗅ぐ」ように意

識させます。嗅ぎ方（息の吸い方）にも違いがあることを体感させるのです。息を吐くときにも細長い呼吸を教えるために，目の前に熱いお茶やコーヒーを用意して，息を吹きかけたりリコーダーを使用して「誰が一番長く音を出せるか」を競ったりするなど，楽しみながら身につけてみるのもよいでしょう。

・五感に働きかける

　好きな香りのアロマオイルや香水，ハンドクリームなどを携帯し定期的につけることは気持ちがリフレッシュし効果的です。気持ちがイライラしてからつけるのでは遅いですから，日課の中に，良い香りに触れることを入れ込んでしまうのです。授業などでは，お気に入りの香りを紹介しあったり，香りの効能について調べて発表しあったりするなど情報交換も楽しみながら行えます。また，最近では，スクイーズという癒し系の感触や香りを伴う，可愛らしい玩具もたくさん出ています。100円ショップで購入できる物もあるので，楽しみながら選んでみてもいいでしょう。

・プレジャーブック

　毎週月曜日になると疲れている自閉スペクトラム症の女子がいました。「先生，毎週ブルーマンデーですよ」と訴えるので，1週間の中に時間ごとに予定が書き込める表を使い，彼女から聞き取った予定を記入していきました。学校にいるとき（緑色），家庭にいるとき（ピンク色），外に出かけているとき（青色）それぞれ色分けもしました。すると，シート状の土日の表が真っ青になりました。「休みの日にこれだけ外出していたら，疲れますよね。納得」と彼女は自分から言いました。一目瞭然。自分がどれだけ活動していたかシートから理解したのでした。そこで，自閉スペクトラム症の彼女へのサポートとし

て，休日用の日課を保護者も含めて作成しました。休日のお楽しみとしてプレジャーブック作りを提案しました。プレジャーブックとは，好きな写真やイラストを貼って自分だけのお楽しみブックを作り楽しむものです。自分だけのコラージュのノートを作り上げていくと考えてください。このサイズは個々お好みで構いません。ブックを作ることそのものと，作ったスケッチブックを日常的に鑑賞し，楽しむことを通して心の安定を図ることが目的です。プレジャーブックの作り方を覚えた彼女は，好きなアイドルの切抜きを好きなようにコラージュし作り上げていくことに楽しんで取り組むようになりました。日々進化していくプレジャーブックは飽きることなく，友達に紹介するようになり，その友達も「私も！」と取り組むようになりました。学校でも授業にプレジャーブック作りを取り入れることで，誰もがマイプレジャーブックを持つことができますね。そして，プレジャーブックを持つ癖，見る癖をつけるようにしましょう。見る時間を子どもと一緒に決めてブックの裏表紙にでも貼っておくとよいでしょう。繰り返しますが，イライラしてから見ていては遅いのですから。

・他者理解から繋げる自己理解とコミュニケーションスキル

「みんなはどうしているのかな？」他の人の意見を取り入れましょう。個人完結ではなく，他者の意見を聞くのです。自分を取り巻く友達や先生などに「私の気持ちの発散方法」をインタビューしてみるのです。聞き取った内容をシートにまとめてみます。こういったインタビューの際に，「どんな表情で，どんな声のトーンで，どのタイミングでインタビューをしたらいいかな？　教えてもらったら，どんな挨拶をしたらいいかな？」と，

対人関係スキルを磨く絶好のチャンスです。まさに，一石二鳥です。

いろいろな人のいろいろな発散方法，リラックス方法を知り，自分でやってみたいと思ったものを選んで体験してみるのです。「ああ，これいいな，これが自分に合うかもしれない」そういうものが見つかったらしめたものです。気持ちの切り替え，リラックスのツールが増えたのですから。

・家庭でできること

若者の感情の迸（ほとばし）りは，一朝一夕でなんとかなるものではありません。女子も男子もどちらも同様です。家庭に帰ってきたら，それまで外では我慢していた感情が爆発することもあります。思春期は，やはり定期的に体を動かすこと，運動が必須アイテムです。これは，何もいちいち外に出なくても室内で十分にできます。そこで，オススメしているのがパンチングボールです。これまで私は，授業でボクシングジムさながらにグローブをはめた生徒をミットで受け止めてきました。多くの生徒は「経験したことのないすっきり感がある」と言います。予想外に女の子の勢いのすごさに驚きます。抑圧されている感情が多分にあるのだと察します。「殴っていいものはこれ」「ただし殴るときにはグローブをはめること」こうしたルール，決まりのある中で発散活動をするのです。室内で十分設置ができるものが安価で購入できますので，自分の小遣いで購入した生徒も何人もいます。室内に余裕があったら「怒りの部屋」「怒りのスペース」などと部屋や空間に名前をつけて，パンチングボールを設置し意図的にモードの切り替えを作ってもいいでしょう。

$A6$　性的，性的でないにかかわらず生徒がトラブルを起こした際，学校

だけで丸抱えをする時代は終わりました。現代は，子どもを取り巻く状況の変化は大きく，抱える問題の背景の多様化，複雑化から教師の有する専門性だけでは十分にサポートできない現状があります。多様な専門性を組み合わせたネットワークが求められています。各関係機関がそれぞれの役割を果たしながら「繋がる」ことが連携です。

　中央教育審議会が，2015年度末に取りまとめた答申，「チームとしての学校の在り方と今後の改善方策について」では，生徒指導や特別支援教育の充実を図るために学校や教員が心理や福祉などの専門家と（以下「専門スタッフ」という）や専門機関と連携，分担する体制を整備し，学校の機能を強化していくことが重要であるという認識の下で，学校のマネジメント機能を強化し，チームとしての学校の体制を整備することを提言しています。

・どのような機関があるのか

　問題が起こったとき一般的には，校内では生徒指導委員会を招集し，管理職を含めて特別支援教育コーディネーターを中心に生徒指導主事，学部主事，学年主任，担任，養護教諭が，生徒の実態と起こった事象について整理をします。「学校として，起こったことについてどのように捉え，どのように対応したか，今後どうなってほしいか」を明確にします。

　外部機関は，家庭児童相談室や児童相談所，生徒が医療に罹っている場合は医療機関ともぜひ，連携を図りましょう。通院に同行し直接担当医の意見をうかがう（通院同行）ことも有効です。また性非行と思われる場合は，警察の生活安全課サポートセンターにも相談をかけていきましょう。警察は敷居が高いと思われる方がいらっしゃるようですが，決してそんなことはありません。私の所属する学校では，個人的なケースの相談のみ

ならず，毎年度当初，校内で全体に向けて，被害，加害をテーマに講話や授業を依頼しています。さらには，弁護士との連携もしており，「いじめ」をテーマに日常に潜む「暴力」について法律を絡めて授業を依頼しています。

　生徒の地域の実情にも詳しい児童委員や民生委員にも声を掛けておくとよいでしょう。障害のある生徒の場合は，障害者福祉課，障害者110番，手を繋ぐ育成会，地域の相談事業所も強い味方です。非常に困難なケースについては，少年鑑別所があります。少年鑑別所では，一般の方や関係機関からの依頼に応じて問題行動の分析や指導方法の提案，事例検討会への参加などの支援を心理学の専門家が行っています。

　一堂に会してケース会議を行い，各機関が持ち得ている情報を共有し支援の方向性を探ります。待っていても誰もケース会議を開催してくれません。特別支援教育コーディネーターが各関係機関との日程を調整し，学校から積極的に働きかけをしていくことが望ましいでしょう。

　ケース会議では，まず，各機関の自己紹介をし，学校からケースの教育支援計画を提示しながらケース概要の説明（生徒の様子，家庭の様子も含めて），次に他の機関が持っている生徒の情報を共有します。次にこのケースにおける短期目標を設定し，各機関で役割分担を決めできる具体的なアプローチを出し合います。次回のおよそのケース会議開催期間の目安を決めておきます。会議の記録を取りファイルに残しておきましょう。

A7

・意識よりも行動に目を向けて

　知的障害の子にも恥ずかしいという気持ちを教えることは難しいことでしょうか？　よ

く受ける相談ですが，では，その恥ずかしいという意識が育ったという評価はどのようにしてわかるものでしょうか？　A先生から見たら，この子は意識が育ったというけれど，B先生の見立てでは違う，ということで，意識が育ったという評価ほど曖昧なものはありません。

　その意識に目を向けるよりも，子どもたちが望ましい，適切な所作ができるようになればよいと思いませんか？

　適切な所作は，マナーです。相手を大事にする気持ちを行動で表すのです。好ましくない所作にはその時々で「恥ずかしいよ」と言葉をかけながら正しい所作を伝えていくことも当然ですが，こんな伝え方もあります。

・視覚化と思考と

　日常生活の中で，あらかじめ気になる所作をピックアップしておき，写真に撮ります。この際，背景が写り込まないように所作のみを（できれば顔も映らなくてよいでしょう。顔にフォーカスしてしまいがちですから）撮影します。行儀の悪い所作，良い所作の2パターンを撮影しておきパソコン上に取り入れパワーポイントにしたりカードにしたりしておきます。行儀の悪い所作を提示して，問題点を話合い，ではどうしたら素敵に，カッコイイ私になれるのだろうか？　どうしたらよいか？　を考えさせたりしてもよいですね。ディスカッションで出た内容を見えるところに貼っておくのも効果的でしょう。

・どんな自分になりたいか？　そもそも素敵って？

　私の憧れの存在や素敵だと思う人を，他己紹介してもいいでしょう。今の自分は，○％近づけているか数値化したり，あともう一歩と思うところはどこか，頑張りどころを洗い出してもよいでしょう。行動の目標が具体的にわかるとより意識でき，取り組みやすくなります。

A8

・パパとの協働

　お父さんから変化していく「僕の」体について教えてもらうことは，実に自然なことですし，お父さんと良い関係性であるのでしたらお子さんにとって，嬉しいことだと思います。子どもにとって一番みじかな大人が一番の手本です。「パパのようなかっこいい大人になるんだ」，そんな言葉が聞かれているのであれば，この気持ちを活用しない手はありません！

　学びのきっかけとなる，お父さんに教えてもらうこと（体の変化とマナーに関すること）を，その子にわかる文章で肯定的に伝えてみみましょう。

　下記の文章をお子さん仕様にし（学校名やクラス，氏名を記入）さり気なく「よかったら読んでね」と渡してみましょう。その役割は，お母さんがしてもよいでしょう。

「パパのような　すてきなおとこになるぞ！大作戦」

ぼくは，○○小学校　○年○組の　○○（氏名）10歳です。

ぼくには，すてきなパパがいます。

ぼくは，パパのような　男性になりたいと思っています。

そのためには，いくつかのミッションがあります。

その１
　自分の体のことを正しく知る。
　ぼくの体は，大人に　向かっています。
　これから，パパのように　大人の男性にな
　　るのです。
　体に変化が起こってきますが，起こる前か
　　らパパがやさしく教えてくれます。

その２　マナー　を知る。
　人に好かれるマナーを，パパは知っていま
　　す。
　人前で，話していいことやしていいことを
　　パパが教えてくれます。
　これを守れたら，ぼくは　パパのようにな
　　れるのです。

　ストーリーを渡したあとは，いよいよお父
さんの出番です。

・体の変化の教え方

　絵本はとても効果的ですが，それ以上にお
父さんが実際に骨格や筋肉の変化，喉仏を見
せたり触れさせたりしてあげましょう。体つ
きに関しては，見せてあげることが一番わか
りやすいです。一緒にお風呂に入った際に
は，同じ方向を向いて性器の洗い方を教えた
り勃起や精通が起こることも話をしたりする
のもよいかもしれません。これらは，一度に
教えるのではなく少しずつ繰り返し教えてい
くことが大切です。

・伝えておきたいマナー

　たとえば家では，裸になる場所を決めてお
き，所構わず服や下着を脱がないこと，下着
を汚したら自分で洗ってから洗濯機に入れる
こと，性器を触りたくなったら，家族の前で
も人前でもしないことなど家のルールを明確
にします。

　一方，外でのマナーとして性の話を人前で
しないことや，勃起が起こった際に，どのよ
うに対応するか，異性が気になりだしたとき
に注意すること，たとえば相手の顔や体を
ジーッと見ることは，相手が不快に感じるこ
となどを教えていきましょう。

A9　「付き合っていることを，先生た
ちに知られたら別れさせられる，
だから内緒にしておこう」。なぜか，学校で
はこんなふうに思っている子どもが多いので
すが，みなさんの学校の生徒さんはどうで
しょう。地域によっては男女交際を禁止にし
ている学校（特別支援学校）もあると聞きま
すから，なんて時代錯誤な！　と驚きます。
保護者の方からは「うちの子（娘）に彼氏が
できたみたいだけど，先生，妊娠したらどう
しよう。心配で，心配で……」という相談も
受けますが，妊娠とは，一気に話が飛ぶもの
だと驚きます。子どもたちは，自分たちがお
付き合いをするということについて周囲が肯
定的に捉えていないことを察知しています。
だから大人に内緒にしたがるのです。

　「好きな人ができた」「付き合っているん
だ」と子どもから話があったら，「教えてく
れてありがとう。よかったね，おめでとう。
人を好きになるってとても素晴らしいこと
よ」とぜひ一緒に喜びましょう。相手のこと
を思って，胸がドキドキする，食欲がなくな
る，夜も眠れなくなってしまった，こんなこ
とは今までにないこと。自分はどうなっちゃ
うんだろう，と焦って相談に来た男子もいま
した。「ずーっと大好きなあの子のことを考
えてしまう」「ワクワクドキドキが止まらな
くて落ち着かない」，「でもそれはずーっと続
くわけではないから大丈夫。恋をしないとで
きない経験をしているんだから，たっぷりと
味わったらいい」そんなふうに話をしたこと

がありました。

　大好きなあの子に好かれたい！　振り向いてほしい！　そんな恋愛のモチベーションをマナー教育にリンクさせましょう。私はよく、「ステキな人になって進化を遂げる絶好のチャンス！」と伝え、好かれる振る舞い、スマートな振る舞いだけでなく、相手が不快な思いをしないための誘い方、断り方などコミュニケーションの学習へと繋げます。実際、恋愛には高度なコミュニケーション技術が必要になってきます。具体的な所作、振る舞い、相手の気持ち、適切なやりとりなどは保健の時間に限定することなく、国語や数学、自立活動などの時間を使って学習として取り組むことができるのです。さあ、ここからは、國分流集団で取り組むやり方と個別に対応するやり方をお伝えしましょう。

・みんなの願いは明るい男女交際？

　ある日女子生徒から、「F君が、ずっとくっついてきて気持ちが悪い」という訴えがありました。F君に尋ねると「A子さんのことが好きなので、デートに誘おうと思っているのだが、話すタイミングも誘い方もわからず時間だけが無駄にすぎてしまっている」とのことでした。

　A子さんがF君の行動を不快に思っていることを説明し、デートへの誘い文句と話しかけるタイミングや、どのくらいの距離感で、どんな表情で、どんな声のトーンで、なんと言ったらA子さんからデートのOKをもらうことができるのか？　F君の友達も巻き込んで話し合いをすることにしました。友達からは、F君も思いつかなかった「まず、しつこくしてしまった謝罪から入るべきだ！」という提案が出てきました。「なるほど。一人では思いつかなかった、ありがたい」と納得のF君。ディスカッションする

ことでコミュニケーションの幅が広がっていきます。他者の意見を聞くこと、良い意見は取り入れることも学べるのです。

　さて、次はデートプランの作成です。F君は、「デートでは、俺のリフティングを見せる」の一点張りで、自宅からサッカーボールを持って行き得意のリフティングを披露する、きっとA子さんも喜んでくれるに違いない、と信じて疑いませんでした。そこで、友達に向けてデートプランのプレゼンテーションを行うことにしました。他の友達から「炎天下に公園では、それはキツイだろう」「彼女が興味を示さなかったら、お互いに残念だ」「それは、学校でもできる」。自分では考えもしなかった意見が続々と上がります。

　「相手が喜ぶデートプランを立てよう」というテーマで、デートの内容を再び考えるようにします。時間設定、集合場所、どこで何をするの？　と投げかけます。自分一人だけのことを考えるのではなく、「相手のことを考える」。しかも「相手を不快にさせず、相手が喜ぶ」ことを考える、自分以外の他者を優先的に考える、これまで想像もしなかったことです。たとえデートが実現できなかったとしても、このような思考を働かせることは実生活の中でも、豊かな人間関係を築いていく際に役立つことに違いありません。

　初回は自分からデートに誘ったのですから、デートプランを考えて相手に提案するのは自然なことですが、次回のデートからは「一緒に考えよう」と付き合う二人で考えていけばよいのです。

　ダメ、ダメ、と否定をするだけでなく「どうしたらお互いに、そして周囲もハッピーになれるのか？」を一緒に考えていくというスタンスを持って関わってあげましょう。「禁止は教育にならず」です。

・自立を促す男女交際へ

「付き合い始めた」そんな告白を子どもから受けたり，保護者から「どうも，付き合いだしたようだけど，相手がどんな子かわからない」「心配だ」など相談を受けた際に私が行うのは「一席設ける」という手法です。これは，本人主体の互いの保護者の顔合わせです。ここには，学年主任と担任が立ち会います。「二人の付き合いを応援させて」と肯定的に介入していくのです。「先生，なぜそんなことをする必要があるのか？」と子どもが訴えてきたら，こう答えます。「緊張するよね，相手の保護者に会うんだから。でもね，今回保護者も二人が付き合うことについて実は緊張しているんだよ。どういう子なんだろう？　って。きちんとご挨拶して安心していただこう。大切な二人のために，ここは先生が一肌脱ぐよ！　うん，任せておいて，保護者にも先生から話をするから」と。子どもが「何を話したらいいのかわからない」そう，訴えてきたらこう話して安心させてあげましょう。「今から，一緒に考えよう。もちろん，本番前に一緒に練習しよう」。

顔合わせの時間は，約10分から15分程度でよいのです。大切なのは，実はそこに至るまでのプロセスです。自己紹介の前に，「時間をいただいてありがとうございます」から始めるといいね。服装や髪型は？　など相手の保護者に好印象を与える「見た目」「話し方」を一緒に考えます。自己紹介では，「名前と自分の好きなことや頑張っていることなんか言えるといいね」，このようにアドバイスするとほとんどの子どもは，メモ帳を取り出して内容を書き留めます。当日まで，それを頼りに暗記するほど練習します。髪型も整えてきますし，ヒゲの手入れも忘れずにするようになります。「ああ，スッキリしたね，見違えたよ。また，素敵になった」手入れを

してきたことを認めて褒めます。

こうした時間を一緒に過ごすことは，子どもにとって教師は「一緒に考えてくれる，アドバイスがもらえる，成功するために力を貸してくれる」存在となり，何かあったら相談してもよいのだという関係づくりの基盤になるのです。

保護者にも連絡を入れます。付き合い始めた子どもの自己紹介を聞いてほしいこと，そして親としての思いを素直に言葉にしてください，と依頼します。特に，女の子の保護者には，どんな付き合いをしてほしいか，どうあってほしいかを率直に伝えてほしいことを依頼します。実際，男の子の保護者は「息子に彼女ができた」ことを喜び，女の子の保護者の方は間違いがあったら困るな，と心配をします。

ある女の子の保護者は，自分の思いをきちんと紙に書いてきてくださり，「二人にはまず，この学校に進学した意味をいつでも忘れないでほしいということ，自分自身を磨く努力をすること，お互いが高め合える付き合いをしてほしいこと」を，語りかけてくれました。

この話を要約するのが教師の役目です。紙とペンを用意し，「高等部の学び（学校に入学した意味），自分自身を磨く（自己理解を進めて課題に取り組むこと），高め合える付き合い（責任ある行動）」を視覚的に示します。このことについて，学校では指導をしたり，相談に乗ったりしていくことを記し，教師がサインし，生徒にもサインをしてもらいコピーして二人に渡します。

話の内容を視覚化することで理解を促すこと，そして保護者や教師の力をいつでも頼ってよいし，私たちの思いを忘れないでほしいというねらいがあります。さらには，こうした親の思いを高校生になったらきちんと受け

止められる人になってほしいと思います。付き合うということは，相手がいることです。そしてその相手には家族がいるのです。互いに行動に責任が伴うことであると，付き合う二人を一人の大人としてかかわることで，より自立を促すのです。

　二人だけがハッピーではなく，周囲もハッピーになる行動を取りながら互いに高め合う付き合いを進めていけるようになったら，それはもう立派な大人です。

A10 まず，用語を改めましょう。この男子生徒がしたことは，「おさわり」ではなく痴漢行為です。指導者がこうしたケースで，使用する言葉を間違えるときがあるので私は，しばしば言い直しをするように提案しています。たとえば「いじめ」の場合は「いじめ」という言葉でひとくくりしません。児童生徒の被害を受けた内容を法律と照らし合わせて伝えます。脅されたら「恐喝罪」，暴力を受けたら「暴行罪」，怪我を負ったら「傷害罪」，煽るようなことをしたら「ほう助罪」です。社会に出ていく高等部段階で起きた事案でしたら，なおのこと正しい用語を意識して使用することで起きた事案の重みがぐっと変わってきます。

　「おさわり」ではなく痴漢行為があった際には，別室でそれぞれから話を聞きます。話を聞くときには，聞き手は必ず紙とペン（ホワイトボードでも可）を準備し，まず初めに話を聞いた日にちと場所を記入します。次に「いつ，どこで，だれが，なにを，なぜ，どうした」5W1H に沿って聞き取りをします。被害，加害双方から聞き取った話をすり合わせて事実確認の作業を行います。記したホワイトボードは，記録用として写真をとっておくことを忘れないようにします。

・加害をした生徒への対応

　「なぜ，そんなことをしたのか」起こった事象について理由を述べてくるかもしれませんが，ここで理由を聞き取ってしまうと，その後の指導をややこしくさせてしまう可能性があります。「理由があったら許される」と思ってしまう生徒も少なからずいます。この場合は，『六法全書』を用いて「あなたがしたことは，ここに書いてある。してはいけないこと」と伝えます。このようなときには『六法全書』が大活躍します。「これは日本の国で『してはいけないこと，してしまったら罰せられる』ことがまとめられた本です」とだけ伝え，罪状をわかりやすくパソコンで打ちだして紙面に起こしたものを見せて一緒に読み合わせをします。そのやり取りの中には，「してしまった理由」は存在しません。また，最近では子ども向けの法律本『こども六法』（弘文堂）という書籍もあります。文章が理解できる生徒には効果的です。

　そして大切なのは，再犯させないことです。同年代の異性といることで刺激のスイッチが入ってしまうようであれば，環境を整えることも必要でしょう。一次的に送迎も視野に入れる必要が出てくるかもしれませんし，時間をずらして登下校をすることも必要になるかもしれません。しかし，これは一時的な対応にすぎません。バスや電車内で本を読んだりスマホを見たり音楽を聞いたりすることを決める，ポケットの中にアイテムを忍ばせて，定期的に触れるようにするなど，行動に働きかけることを決めておきましょう。

・被害に遭った生徒への対応

　相談ができたことを大いに称賛し，「あなたは，悪くない」ということを強調します。さらに，今後もこのようなことがあったらすぐに相談することを確認します。バスの現場

では言えなかった「いや，やめて」という言葉やその場から離れる，周囲に助けを求めるなどのリアクションをロールプレイングしてみましょう。こういうことは，仲間と行うことで学びを深めることができます。リアクションだけでなく，自分の経験をシェアしあったり，その時の感情を言い合えることも大切です。最近では，電車やバスの中で痴漢にあった際に使える「ハンコ」もできました。カバンにつけているだけでも痴漢の抑止に繋がると言われています。このような痴漢撃退グッズの紹介などもしてみましょう。

　私の経験から，被害に遭っているお子さんは，自分から発信しにくい立場にあります。そのようなとき「なかなか自宅に帰ろうとしない」「早く登校する」「頻繁に保健室に来る」「自傷行為がある」などの行動が見られることが多くあります。いつもと違う行動には「意味がある」「子どもからのサイン」と捉えて様子を見ながら声を掛けていきます。性の被害に遭ったとわかったときには，即児童相談所に連絡を入れます。「あなたのことを助けたいと思っている人が私以外にもいる。その人にも力を貸してもらおう」とサポーターの介入を伝えます。被害を受けた子どもが，何度も「その時の状況」の同じ話をすることがないようにすることも大切な配慮です。

A11

・主体は誰か？

　妊娠や結婚や出産を経験している，いわゆる「お母さん」しか性教育は，できないのでしょうか。思春期になると，逆に「お母さん」から性の話を聞くことを恥ずかしがる，嫌がる子がほとんどではないでしょうか。これは，「結婚や妊娠や出産」だけが性教育だと思っているからこその，悩みではないですか？

　性教育イコール命の学習よろしく，出産まじかの女性教員が産休直前に授業を行う，赤ちゃん人形を抱っこする，出産シーンの教材ビデオを観せるなど，もしかして自身が受けてきた性教育の印象が強いのかもしれません。これまでの性教育を否定するつもりはありませんが，その学習で止まっていたら，いつまで経っても主体が「私（生徒）」になりません。「お母さんありがとう」で終わってしまいます。旧態然の性教育では，指導者も学びの本質も結局「お母さん」から脱却することができません。主体は，あくまで「私（生徒）」です。

　まずは自分の未来に思いを馳せ，「どんな大人になりたいか？」「将来どんな生活を送りたいか？」について考える時間を作りましょう。将来とは5年後，10年後くらいのスパンで十分です。紙面に時間軸を書いて表し，そこに考えたことを文字や絵で書きこんでいくようにすると，思いが見える形で反映されるでしょう。どのような人生を歩んでいくかは，一人ひとりの目標やめざす姿によって相違がありますが，健康で安全にそして安心できる生活を送ることが，豊かな生活です。思春期の性教育の中核をなすものは，科学的に自身の体について学び，体や心のセルフケアができる力を育み，適切な人との関わりを学んでいくことだと理解してください。実際，子どもたちは，どこから性情報を入手しているかというと，それは圧倒的に友達やインターネットからです。そこには誤りや誇張が多くあります。正しい知識を学ぶことで誤学習を擦り落としていくことこそが指導者がしていくことです。どうでしょう，ここに「お母さん」は存在しますか？

・境界を教える

　また，先生方から「自分のことをどこまで話したらいいのか？」といった相談を受けることがあります。「話せる範囲で」とお答えします。言いたくないことは言わなくてもいいのです。また，最初から「先生に対するプライベートな質問には答えられないことがある」ということを伝えておきましょう。先生だからといって，私生活まで包み隠さず話しをする必要はありません。その際には，P.69にある関係性のサークルを活用できます（付録，ダウンロード可能）。「プライベートな話ができる人（できる人は，ここまでの人です）と視覚的に伝えることは効果的です。

A12

・記録から探る

　この利用者の行動をふり返り考えてみましょう。その行動は，いつから現れましたか？　どの職員にも現れますか？　決まった職員でしょうか？　それは，四六時中でしょうか？

　作業が終わったポカリと空いた時間でしょうか？　本人の行動の意味を探るには，一定期間の記録を取ってみましょう。記録は，短くても 5 日間くらいは取ります。記録の内容は，いつから始まったのか，いつ現れるのか，どこで，誰に，何をしたか，その行動をする前に本人は何をしていたか，その行動の際周囲は，どのように反応したか，その結果の本人の様子などです。

　記録の後には，関係者が集まって分析をします。行動には意味があります。何かの要求でしょうか？　それとも注目行動？　実は大半がこの注目行動です。この不適切な行動がコミュニケーションになっていませんか？　支援者のリアクションを楽しんでいたり，または，退屈に感じていると現れる行動なのか

もしれません。

　作業環境や作業そのものを見直すことで，行動が改善された例も多々あります。作業に集中できる環境かどうか，利用者の刺激になるようなものはありませんか。「いつまで」「どこまで」「そもそもの作業のやり方」を利用者がわかる形で提供していきましょう。作業する場所に支援者が実際に立ち，利用者の目線に立った際に刺激となるものが見つかる場合もあります。できるだけ簡素に，作業に集中できる環境づくりに努めます。さらに取り組んでいる作業そのものにも目を向けてみましょう。その作業が本人にマッチしているでしょうか？　一つだけの作業よりも，数種類を組み合わせて行ったほうが，集中できる場合もあります。どこで，誰に完成品を持っていくのか，報告は誰にどの場所で行うのか，明確にしましょう。

・性欲？　でしょうか

　異性が，近づいたり触れたりすると，「性的な問題行動が始まった」とか「性欲が高まっている？」と考えて「いよいよ，マスターベーションを教えたほうがよいのか？」といった相談を受けることがよくあります。しかし，今回のように少し立ち止まってみてまず，分析をしてみましょう。果たしてその行動に「性的な」意味合いがあるのでしょうか？　全くないとは言い切れないかもしれませんが，「性欲」というよりは，「関係欲（関係を取りたい）」ではないかと気づかされることがしばしばあります（この関係欲という言葉，何かの本で読みましたが，この回答にぴったり当てはまる「まさしく！」と思いました）。読者の皆さんいかがでしょう？

　セクハラなどにもいえますが，A さんにされてもセクハラと受け止めないけれど，B さんにされるとセクハラとして訴えられる，A

君の行為を性的問題行動だ！　と思う人もいれば「そのくらい大丈夫でしょう」と思う人もいる，こういったところが「性」の脆弱性なのだと思います。

　しかしながら，支援者として関わる際には，一貫して「年齢にふさわしい対応をすることに」尽きると思います。20代，30代の男性が職場でハグをする，浣腸の真似をする，髪の毛に触れるなどの行動があるといった相談も受けますが，働く大人の適切な行動とは言えません。そもそも，こういった行動が取れてしまう距離感が問題だと思うのですがいかがでしょう。

A13 利用者に必要なことは「わかりやすさ」です。事実を伝え，こうしたらいいよ，こうしたら素敵です，と具体的に伝えることで支援者が気にしている利用者本人が指摘されて「傷つく」ことには繋がらないと思います。

　「におい」は，とても重要です。「いいにおい」でなくとも，「くさいにおい」でないことがポイントです。私は，これまで卒業生のアフターケアに関わる中で「〜さんが近づくと，くさい」「一緒に働いている部署で，〜さんのにおいが話題に上がっている」と相談を受けることが多々ありました。見た目の清潔は当然ですが，においについても同様で，このことが原因で嫌われてしまい兼ねません。体臭だけでなく口臭も然りです。

　より良い人との関わりの視点，働く大人の身だしなみ，として「におい」の問題がある人については，はっきりと伝えなければ周囲への「スメルハラスメント」になりかねません。「臭うよ。毎日お風呂で洗って下着は取り替えている？」「歯磨きのあとに，マウスウォッシュを習慣にしている」など本人にわかりやすい言葉で話してみましょう。特に体臭は，加齢とともに今後も変わってきます。毎日の入浴はもちろん，汗をかいたら汗をきちんと拭く，着替えをする，必要であればスプレイをする，など基本的な体臭予防を教えることが大切です。

　一方，デオドラントや香水のつけ過ぎによる強いにおいが，周囲に不快感を与えているケースも少なくありません。禁止よりも，香水をつける部位や適量を教えるようにしましょう。体につけなくても，ハンカチや服の襟に少量つけておく，というやり方などもあります。

・リアルな学びに繋げること

　特別支援学校では，この清潔や身だしなみについては小学部入学当初から日常生活の指導として多くの時間を費やしています。12年間を通してもなお卒業後の問題となっているということは，本人にとってのリアルな学びになっていないということでしょうか。学校と家庭との連携した日常生活の指導が喫緊の課題と言えます。お子さんが日常生活スキルを獲得していく過程で具体的に必要な支援をツールと合わせて学校，家庭と共有していくことが求められます。

A14

・デートDVという認識を

　「恋に恋しているだけ」「誰かの彼女になることがステータスになっているだけ」と，お付き合いを始めた我が子の様子から，保護者の嘆きを伺うことがしばしばあります。とはいえ，当人同士は二人で盛り上がっているため大人の言うことにはなかなか耳を傾けにくい状態と言えます。しかし，相談のあったこの二人のやりとりを，単なる「やきもち」「けんか」や「いざこざ」として片付けていいのでしょうか？　現段階では，殴ったり

蹴ったりする暴力は出現していないようですが，時間の問題かもしれません。

　現代は，スマートフォン時代の拍車もかかり，付き合いだすと「二人の世界」に入りこみやすくなっています。LINE や SNS で簡単に監視し，束縛し合うことができます。束縛を愛の証だといった歪んだ考え方は，実は若者間でもとても多いのが現状です。たとえば LINE では，即レス（即時レスポンス）することが当然のような付き合いをしているカップルも少なくありません。

　中学生の男女でもセックスしていない関係でも支配，被支配の関係になることもあるのです。付き合った途端に，二人が「演歌」の世界にはまってしまい，演歌の歌詞に見られる「彼女は僕のもの」とか，「彼好みの女の子になりたい」など，固定的で古い男女のあり方を，疑問も持たずに踏襲してしまうのです。親密な関係性のパートナーに対して繰り返される暴力や高圧的な態度を DV（ドメスティックバイオレンス）といって，社会問題になっています。これは決して大人だけの問題ではなく，若者間でも起こっており，「デート DV」と呼ばれています。

　日本は，2001 年に DV 防止法を作り，社会による被害者の救済と支援が始まりました。DV 等親密な関係の人への虐待が，実はあちらこちらの家の中で起きていることは，だいぶ認知されてきました。しかし，若者間で起きている「デート DV」という問題は，まだ十分に認知されていないようです。実際には，大人たちが思う以上にデート DV は起きています。

・学生時代に関係性を学ぶこと

　DV 加害者教育をおこなっている「アウェア」代表の山口のり子さんのお話によると，大人になってから DV 加害者になってしまっ

た「アウェア DV 行動変革プログラム」の参加者は，「高校生の頃，平等で尊重し合う男女交際のあり方について，学校でしっかり教わりたかった」と言うそうです。また，幾人もの参加者が，プログラムを受ける過程で，「DV は，妻に対してだけでなく，若い頃のデート相手にもしてしまったことに気がついた」とも。

　暴力のパターンを身につけてしまった大人の男性が自分を変えるのも，そういう男性を変えることも，実は相当大変なことです。

　若者たちが，親密な関係を持ち始める前に「相手を尊重する考え方，関わり方」の学習を導入する必要があります。

・では，何を？　どのように？

　知的障害のお子さんには，わかりやすく「デート DV」について説明することが必要でしょう。たとえば，「親しくしている間で暴力的な態度や暴力で，相手を支配すること」「親しい人を暴力や言葉でいじめること」などの言い方でよいでしょう。その次に，付き合っているケースのやりとりを例に出し，ロールプレイングをし「良い関係か」「良くない関係か」をディスカッションしてみましょう。ケースの内容は，よくある架空のケースで構いません。男女別になった方が話しやすいでしょう。実際に付き合っている子がいたら，悩みを話す場にしてもよいかもしれません。他者の考えを聞くことで自分の考え方に囚われていたことに気がつくことが期待できるでしょう。ワークの一番最後には，男女合同で出てきた意見を発表し合う場を設けましょう。話し合った内容は，模造紙に記入しリマインダーとして掲示しておくとよいでしょう。

　ジェンダーに基づく偏見にも気づいてほしいものです。「女らしい」「男らしい」とはど

のような態度なのか？　どんなことが，この「らしさ」を作っているのか？

　「女らしい」「男らしい」と言われているものは何か，実際に親や親戚，先生，友達，近所の人などから言われたことやテレビ，ラジオ，インターネット，漫画，本，雑誌など，いろいろな人や物から言われたり，聞いたり，させられたりしたことを思い起こすように引き出してください。「男らしさ」「女らしさ」と対比させて書いていくとわかりやすいでしょう。その後，どちらが力と支配を持ちやすいか話し合っていきます。視覚化することで見える形で伝えていくと，圧倒的に男性の方だと気がつくでしょう。このような男女のあり方がDVを引き越し大切な関係を壊してしまうのです。「女らしさ」「男らしさ」に縛られることなく本当の自分らしさを見失わないようにしていくことが，相手と良い関係を築けることを伝えていきましょう。

$A15$

・お互いに同意しているということ

　性行為がなされるときには，二人ともそのことに「同意」していなければなりません。嫌がっていないから「いいと思った」というのは，決して同意とは言えません。また，同意とは，ただ，「エッチする？」に対して「うん」「イエス」「オッケー」と言えばよいというものではないのです。いくつもの条件を満たして初めて同意があると言えるのです。以下のような具体的無条件が揃って初めて同意といわれます。

- ・性行動とは何であるかわかっていること
- ・社会的にはその行動が「望ましい」か「望ましくないか」を知っていること
- ・性行動をした場合に起こりうる結果と，性行動を行わないという別の選択肢とい

うそれぞれを承知しているということ
- ・性行動に賛成する意思と反対する意思の両方の選択肢が，平等に尊重されるという前提があるということ
- ・知的な理解能力を有すること

　よく，この時期の子は，みんな関心があって，「ほとんどの子がやっている」「子どもであってもプライバシーを尊重したい」といった言葉を保護者からも聞くことも少なくありません。しかし，前述した条件を満たさない未成年，たとえば性行動の危険性を知らない，性行動を「NO！」と言えることすら知らない，自発的ではなく無理に性行動をさせられているなどの未成年は，性行動に同意する能力は十分ではないのです。性行動は，お互いが自由に「するかしないか」決められなければいけません。そうでない性行動は強制的なものとなってしまうことを覚えておきましょう。

　その人と，セックスする，しないを決めることや，嫌なことはきちんと断るといった「意思決定」と「発信」する力は，学校生活のみならず，子どもの日常生活全般に育てていくべき力であると捉えましょう。そのために，自分で選んで，決めて，伝えていいんだよ，OKなんだよ。という肯定的なメッセージを繰り返し送りながら，その機会を保証していくことが大切です。

参考文献

針間克己（2003）一人ひとりの性を大切にして生きる．少年写真新聞社．

山口のり子（2003）デートDVプログラム実施者向けワークブック・相手を尊重する関係を作るために．梨の木舎．

山崎聡一郎（2019）子ども六法．弘文堂．

（國分聡子）

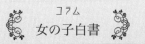

コラム 女の子白書　彼女たちの苦悩

3　施設職員の憂鬱

生と家族

小さい頃から，ずっと家族に憧れていた。中学生の時に「私の宝物は，家族です」って発表した子がいて，「いいなあ」って口に出して言ってみた。本当にそう思ったから。

でも，教育実習で来た若い男子学生が「先生は，誕生日には，お父さんに毎年必ず『生まれてきてくれてありがとう』って言われます。みんなも，一人ひとり大切なかけがえのない一人なんですよ」っていう話を聞いたとき正直，『痛いなおまえ。歳いくつだよ』って思った。こういうのは，なんか軽くて嘘くさくて嫌だった。

付き合い始めて3カ月くらいしてから，彼が「やらせて」ってうるさくなった。好きだけど，なんかそれ目当て？　って思うことがある。おまけに，「おまえ，ピル飲んで。オレ生でやりたいから」って言っている。「ねえ，子どもできたらどうすんの？」LINEで尋ねたら「俺の子，産んでくれりゃーいいじゃん」即レスだった。素直に嬉しかった。家族は，私の夢だから。

「約束が守れないんなら，しばらく預かる」。四六時中スマホをしていることを口実に彼女からスマホを取り上げた。「くそババアまじ，むかつく，うざい」。こう，口汚く私を罵って部屋を出て行ったあの子。担当してから10数年。小さい時は，ただただ可愛かったけど，思春期に入ってからの反抗や感情の振れ幅の激しさには手を焼いていた。少しのことでキレやすくなった。「おねーさん」から，「ババア！」と私の呼び方も豹変する。

誰に教わったのか，リストカットをしだした。刃物を隠すと，裁縫箱の縫針に手を出すようになっていた。精神科にかかり服薬も始めた。思春期の女の子は，難しさ100倍だ。

彼氏ができた，という話は聞いていた。割となんでも私には話をしてくれるから。紹介で知り合ったようで，出会い系じゃないから，いいだろうと思っていた。以前よりも明るくなったし，身だしなみにも気をつかうようになったから，彼氏ができたことを肯定的に見ていた。

高校生になってからは，卒業後を見据えて，アルバイトをし，一人立ちのための貯金も始めた。あえてスマホも持たせて，今のうちから指導をするようにした。しかし，最近のあの子は，起きている間中，スマホ以外見ないのではないかというくらい取り憑かれていた。同室の子から「就寝時間過ぎてもスマホを見ている，明かりが漏れるから気になって眠れない」という苦情も入っていた。何よりもスマホの彼氏とのやり取りは，見過ごせなかった。

本音

スマホを取り上げ，中身を確認した日から，あの子になんて言おうかずっと考えていた。これまで，子どもに関わる者としてカウンセリング術だのコーチングだの一応一通り習っていた。社会的養護の子どもの関わり方の研修会にも足を運び，それなりに勉強していたが，今回の件では，ぶっ飛んでしまったのだ。

施設の職員として，支援者としての関わり方が見えなくなった。わからなくなったのだ。だからやめた。そうではなくて，一人の女性として話そうと決めた。そうしたら楽になった。自分自身が楽になりたかったのかもしれない。もう，支援者というより一人の女だった。「俺の子産んでくれりゃーいーよ」そう，言われて嬉しかったと言う

あの子を思うと，切なくてそして，怒りを覚えた。

「あのね，どう。あんたの彼の言うこと。なんで，自分は避妊しないであんたにだけさせようとするの。おかしいじゃん。おかしいと思わん？」

「それはそうだけど」。あの子のその言葉に一応，その彼氏のずるさには気付いてはいると思うと少しだけホッとした。

「やりたいだけじゃん。それも，お金をかけずに。って，ふつーにそう思うよ。コンドーム，つけないなんて性感染症の予防にならないじゃない。その子，病気持ってたらどうすんの」

友達が同じような状態になったら，真先に私と同じことを言うであろうあの子が，自分のこととなると，からきしダメだった。

「彼氏は，あんたのこと，全部知ってる？」

「知ってるよ。それがどうかした？」

「そーか」

その日の話は，そこまでだった。

翌日も，その翌日も同じような話が続いた。

私たちは，本音で言葉を重ね続けた。

ある日，確信に触れた。「あのね，足元見られていると思うんだよね」。最初は，遠回しな言い方をした。これを言うのには，少しだけ勇気が必要だったから。

「何の話？　意味わかんないんだけど」

「養護施設の子だって，親がいないってわかっているでしょ？　妊娠して怒鳴り込んくるような親がいないって知っているんでしょ？　本当に，あんたのことを考えてくれている彼氏なら，そん

なことは言わないよ。アルバイトして貯めたお金は，ここを出ていくときの資金だよね？　できるだけたくさん貯めた方が一人暮らしのときに役立つんだよね？　そういう生活をしていかなきゃならないっていうこと知っている男が，『お前だけピル飲んで，できたら産めばいい』なんて軽々しく言うかって！」。一気に言い切ってしまった。あの子は，泣いた。

寂しさも悲しみも切なさも，男じゃなくても埋められる。女同士の時間も決して無駄ではないと信じたかった。

　　　　　　　　＊

お姉さんの話，ショックだった。そこまで言わなくてもいいじゃん，って。正直，セックスにも興味はあるし，周りの子はもう済んでるし，あたしだけまだだと選ばれてない感じがする。やってみたい気持ちと，ちょっと怖い気持ちと半々。だけど，あたしが，セックスすることって，ふつーの生活している子たちと訳が違うんだな，て思わされた。ここの子（養護施設）だってことが，そんなに特別なことなの？　って思えて泣けてきた。あたしのせいじゃないのに。

スマホを取り上げられてからお姉さんとこんな話ばかりしている。でも先週スマホを返してもらってからも毎日あたしはお姉さんと話を重ねてる。気づけば彼よりもはるかに沢山の話をしていた。お姉さんに言われた。「寂しかったんだね」って。図星だった。

第4章　一回性の性教育

1．外部の専門機関（保健師や思春期保健相談士との授業）

　ここでは，一回性の性教育についてお伝えします。性教育を進めていく上で，積極的に産婦人科医や保健センターの保健師または助産師，思春期保健相談士といった地域のリソースを使用し，授業を展開していくことをお勧めします。

　一度「繋がる」と相談もしやすい関係になりますし，継続した指導の繋がりも期待できるからです。さらに地域の機関ということで，近隣に頼れるサポーターがいることを実感できます。子どもにとっても，保護者にとっても「心強さと安心」に結びつき，今後の豊かな生活に繋がるのです。

　これが，他機関との連携の目的です。授業をしてもらうことが，目的と思ってしまう支援者が多いのですが，そうではなく，あくまで，授業は手段であることとして押さえておきましょう。目的と手段の取り違いにご注意です。

　ここでは，保健師と連携した授業の作り方の一例をご紹介します。

（1）連絡
　まず，初めに地域の保健センターなどの依頼先へ電話連絡を入れましょう。性教育の授業の依頼をしますが，先方にすべてお任せするのではなく「授業のサポート」をお願いします。ここでのポイントは子どもたちに強調したいところを，学校と一緒に伝えてほしいということです。先方に「子どもたちに伝える学習を一緒に作り上げていく」と捉えてもらいます。先方への丸投げはいけません。

（2）事前打ち合わせ
　次に，先方に来校してもらい打ち合わせをします。最初に対象となる子どもたちの授業を参観してもらいましょう。休み時間の様子など見てもらったり話しかけてもらったりするのもよいでしょう。その後，別室にて子どもたちの現状，年次計画を提示し，学部や学年として大切にしていることを伝えます。次に具体的な授業構想です（依頼の電話の後に，来校日までの間に，日数があれば事前に年次計画や指導計画をメールで送付しておくこともよいでしょう）。

（3）構想
　「命の授業」について大単元を組んで取り組んだ例をご紹介します。保健師，助産師，産婦人科医は，この分野の専門家でもあり，依頼を受けることが最も多い単元です。
　「命」をテーマにした学習は壮大です。
　まず何を目的に，どのように「命」の学習を繰り広げるかを，明確にしておく必要がありま

す。大単元のメリットである「ストーリー性」を存分に発揮させましょう。「ストーリー性」とは，1時間ごとの授業の繋がりを持たせるという意味です。これは，生徒の思考に沿った授業を展開することになります。年次計画をご覧いただけるとわかるように，1年生時に既に女子も男子も共に自分の体，異性の体について学んでいます。それぞれが「命のもと」である精子と卵子を作りだすことを理解しています。関係性の深まり方についても学んでおきます。そこをきちんとおさえたうえでこの大単元があるのです。自分の体のことや異性の体のこと関係性を学ばずして生命誕生の学びでは繋がりがありません。

第1回目では，精子，卵子，受精，細胞分裂についてDVDを通して科学的に学びます。1年時にも見ていますが，この大単元のプロローグとして再度見ておきましょう。受精した精子と卵子が行う受精卵の生命のダンスそれ自体は，非常に科学的かつ神秘的で美しい姿です。しかし，それだけで終わらせず，子宮内膜に着床した受精卵を「私」という言葉で置き換えて伝えてください。命の主体「私」の成り立ちを学んでいるのだということに触れましょう。

第2回目では，妊婦体験を通して「命の重さ」を実感します。妊婦体験ができる教材が，ほとんどの学校にあるようですが，ない場合には，大きめのジャンパーの中に大型のペットボトルに水を入れて，ジャンパーの裾をひもで縛り，重さを実感できる教材を作るとよいでしょう。

妊婦のスタイルで，日常生活を送る経験をしてみましょう。たとえば，階段の昇り降り，トイレに座ってみる，掃除や洗濯をしてみる，靴下を履く，寝て起き上がってみる等です。もうすぐ生まれる命の重さと妊婦の大変さを実感したところで，感想を伝えあいます。このときに，マタハラ（マタニティーハラスメント）やマタニティマークなどにも触れて意見交換ができるとよいでしょう。子どもたちは，大人が想像している以上にこういった問題に敏感です。「バッグに，キーホルダーがついていた」「車にステッカーが貼ってあった」などの意見が出てきます。

また，この時期に妊娠している教員が在籍していたら，これはよいチャンスです。実際に「今の生活や体調」などについて話してもらいましょう。それを受けて，みじかな自分たちにできることを話し合ってみることもリアルな学びに繋がります。

第3回目では，赤ちゃん（人形）との触れ合いです。この学習もまたこの時期に，実際に出産して赤ちゃんと一緒に来校できるような支援者がいたら，依頼してみることもよいですが，赤ちゃん人形でも十分に学ぶことができます。では，何を学ぶのでしょうか。それは，ここでは「命の重さⅡ」というテーマですが，生命のダンスから，着床，細胞分裂を繰り返し，胎児となって生まれてきた赤ちゃんの重さを感じながらの関わりです。自分よりもはるかに小さく，か弱い者に「どのように関わったらよいのか」を考え，行動するのです。こうしたときに，支援者の動きは非常に重要になります。それは，赤ちゃんの登場のさせ方です。物として扱うのではなく，「本物」として関わる姿を支援者が見せることが大切です。そうすることで赤ちゃんの目を見てやさしく抱っこする，腕や脚の関節に気をつけて衣服の着脱をする，などのかかわりが見られます。

第4回目では，親になったばかりの先生（ここ1，2年でも十分）に話をしてもらいます。この時間は，ゲストティーチャーでなく，学年学部を越えてティームティーチングを組むのです。

内容は，妊娠がわかってから出産までのエピソード（男女ともにパートナーの様子と生活，体や心の変化，生活の変化，周囲の変化），名前に込めた思い，親としての決意などです。その後

に，子どもから感想を聞き「自立」というキーワードに繋げていきます。「どのような自立が必要なのか？」グループに分かれてディスカッションし，発表しあいます。「経済的自立」「精神的自立」「生活自立」「性的自立」。この4つの自立がなければ親になるのは「今」でないことに気づかせます。

　次時は，保健師が来校し，同年代の性の現状や避妊について学ぶことを伝えます。

　第5回目に保健師とのコラボレーション授業です。保健センターや保健師の役割を含めて自己紹介からスタートします。教員が進行してQ&A方式で進めていくやり方や，掛け合いをしながら進めていくやり方などもありますが，生徒に質問したり，感想を聞いたり，つぶやきを拾ったりしながら，ざっくばらんに進めていきましょう。

　あらかじめ質問の内容は事前の打ち合わせで伝えているので，データ（同年代の若者の現状）をグラフ化して示してもらう，避妊具の提示，パンフレットなど視覚的にわかりやすく伝えることを重視します。避妊具の説明と，その説明に沿って操作する役割を分担しておきます。実際コンドームは，装着だけでなく，その保管の仕方や取り出し方など注意が必要です。授業の終了後に，時間を決めて展示（教員も在中）しておくと，関心のある生徒は見にきます。その際に，聞きたかった質問が出てくることがあります。丁寧に答えていきましょう。

　思春期の子どもたちは，友達の前で感想を述べても質問はなかなかしにくいものです。教師は，授業の終わりに疑問や質問，保健師に相談してみたいことなどを記入できるアンケートなどを用意しておくとよいでしょう。

2. 女子を対象とした施設での講話

　ここでは，先方からのオーダーに応じて性の学習の講話（60分）を行った例を再現する形でお伝えします。対象は，14歳から18歳の女子です。

　講話とは，「ある題目について大勢の人にわかりやすく話をすること」（『大辞泉』小学館）とあります。60分間，初対面の彼らにわかりやすい話にするためには，言葉だけではなく，彼女らの感性に働きかけ，学びを実感できる「教材・教具」を用いながら話を進めること，そしてできるだけ話を「見える化」することに心がけることがポイントです。

(1) テーマ

　依頼は，「自分を大切にするということ」。

　このテーマをいただいたときに，具体性を持って伝えなければ，ぼやけて終わってしまう，彼らが自分のこととして捉え，リアルな学びにしなければ意味のない1時間で終わってしまう，そう思いました。

　そもそも，こういった言葉は周囲の大人から言われたことがあっても一体どういうことなのか？　考えたことがあるでしょうか。

　「自分を大切にするということ」。授業における発問（最初に投げかける言葉）が決まりました。
　以下は，「　」は著者，『　』は少女たちの発言です。

　「私を大切にするってどういうことだと思う？」そう切り出すと，すぐに手が挙がり，こう答

えました。

『誰とでもヤラナイこと？　だと思う』なるほど。そうきた。正直だ。

『先生，私は，自分を傷つけないこと，リスカしないってことだと思います』そう，確かにね。自分を傷つけないことって自分の身体を大切にするってことよね。

次の少女の答えに胸を突かれました。『私が私のことをわかるってことだと思う』エクセレント！　すばらしい！

「誰とでも『やらない』私，リスカをしない私「私のこと」をまず知ることから始めてみようか。限られた時間の中ではあるけど私の体と心のことを一緒に勉強しよう」

『先生，なんかいいことあるの？』

「うん，自分のことがちゃんとわかっていれば，お医者さんいらずの私になるよ。自分が自分の専門家になるんだよ」こんなやり取りからスタートしたのでした。

（2）体のことについて

「プライベートゾーンって知っていますか？　プライベートって私だけの大事なという意味，ゾーンは場所ね。体の中でも特に自分で守らなければならない大切な場所はどこかな？」そう投げかけると，たった一人だけ挙手をして答えました。『口，胸，性器？　だと思ったけど』「正解！では，なぜその3箇所を守るのか，そしてその守り方について実験を通して考えてみましょう」

★あらかじめ準備しておいたペットボトル（中に水）と，皮膚と粘膜に見立てた道具（皮膚＝革，粘膜＝フェルト）を提示。

「体を構成しているものに，皮膚と粘膜があります。皮膚は，肌のことです。（顔や腕を触りながら）この革に見立てますね。水をつけるとどうでしょうか？」

→　一同，『弾いてる！』と答えます。目の前で教材を操作する様子は，「いったい今から何が始まるのだろう？」という表情をして，彼らの注目を強く引きつけます。そして，実験中に発せられる彼らの答えを復唱します。「そう，弾ていますね」。一方で，粘膜に当たる教材（フェルト）を提示します。皮膚に対抗して，水を浸透させる教材です。ただ，まだそのことは彼らには，黙っています。

「こちらも水をかけてみましょう。性器の性質である粘膜は，どのような反応を示しているでしょうか？　しみ込んでいるのが見てわかりますね。性器や口の中はこのように粘膜でできています。イメージしてください。汚くしていたらどうなるでしょうか？

体の中に菌は浸透していきます。しかも，粘膜でできている口の中や性器は，皮膚よりも薄くて敏感で傷つきやすいのです。守るということは，自分で清潔にすることです。毎日自分でできる『清潔にする』とはどんなことでしょうか？　お風呂に入って，きれいに性器を洗うことです」

（3）性器にフォーカスする

・女性器

さて，体→プライベートゾーン→皮膚と粘膜，とここまでストーリー性を持って進めることができたら次は，『性器』にフォーカスしていきます。講話の中でも，肝になる部分です。

性器の模型を提示します。まず，女性器の模型を提示します。そして，明るく，さらりと女性

器について話していきます。

「この模型は，私たち女性のお股を広げて性器を真正面からみた模型です。

みなさん，自分の性器を鏡で見たことありますか？」

→ここで，ある子が目をまん丸くして驚いた表情で『えー！　先生，そんなはずかしいことできません。それ，絶対にしなくちゃダメですか？』と訴えました。

「恥ずかしいと思っているのね。それは，とても自然なこと。でも，自分の体の一部として，健康状態を知っておくことは大切ですね。ただ，自分の部屋で一人のときにしましょうね。一人ひとり形や色が違っていますし，年齢を重ねていくとまた変わってくるんですよ。性器の状態は自分で確認していきましょう」

★女性器を提示しながら，大まかな名称を質問する。

「尿道口・大陰唇・小陰唇・膣・クリトリス・肛門」は覚えておきましょう。おしっこの出口や月経血の出口は別ということも知っていますか？」→それには全体がどよめき，『えー先生，生理の血とおしっこは，違う穴から出てくるのですか？』

この質問は，今まで思春期の女子たちから幾度となく聞いた言葉でした。

「そう，別々の出口を持っています。小さいけれど，女性の体の中には３つの穴があるのです」。

女性器の模型を指しながら「うんちの出る穴の肛門，おしっこの出る穴の尿道口，それから生理，正しくは月経といいます。月経の血そして赤ちゃんが生まれてくる通り道にもなる穴です。これを膣口と言います」。肛門，尿道口，膣口のそれぞれの文字の短冊を黒板に貼っていきます。

『先生，そんなこと初めて知りました』『先生私は，生理でタンポンを入れているときには，オシッコしたらダメだと思って我慢していました』というカミングアウトまで飛び出しました。

「そう！　教えてくれてありがとう。知らなかったことが，知れてよかったね。もう，タンポンしてても安心しておしっこしてくださいね。おしっこは我慢すると体に悪いよ。自分の専門家に一歩近づけたね」

正しい知識は，生活を変えることができると手応えを感じる一場面でした。

名称がわかったら，次は洗い方。

「膣の中には，ばい菌をやっつけてくれる必要な菌もいますから，膣の奥まで石鹸でこすらないようにしましょう。こういうときに，爪が長かったり，爪の中が汚かったりしたら，大切な膣を傷つけてしまいますね。

自分の爪を見てみましょう。どうですか？　今から『指の腹』を教えますよ。指の一番真ん中のプクプクしたところ，柔らかいところを自分で触ってみましょう。この指の腹を使ってやさしく洗いましょう」

・**男性器**

女性器を一通り学んだら，男性器の模型を登場させます。

「もしかして皆さんは，将来親になるかもしれません。自分の体だけでなく，異性の性器の仕組みも知っておきましょう」

★男性器の模型を提示

　「女の人の性器と同じドラえもんカラーで作ってありますね。実は，これには，意味があります。（女性器の同じカラーの部位を指しながら）母親のお腹の中にいたころ，まだ目に見えない小さな存在だったとき，実は全員女性器のつくりをしていました。成長の中で性器の変化が現れます。大陰唇がこのように縫い合わさり陰嚢になります。なので，男性器のこの部分（陰嚢を指して）男性にはここに線ができています。クリトリスの部分が伸びて，ペニスになりました」

　クリトリスに『クリちゃん』と笑って反応しながらも，男性器がもともと女性器だったことを知ると一同，声も出ないくらい驚いていました。

　では，女性器の話に戻ります。

　「このように，股の外側，鏡で見える性器，外に出ている性器のことを『外性器』と言います（「外性器」の文字を黒板に添付）。

　「性器には，外側に見える性器とお腹の中の性器があります。見えない部分の性器を内性器と言います」（「内性器」の文字を黒板に添付）。

★女性器を提示

　「この部分は，何かわかりますか？（子宮・卵巣・卵管を順に示す）子宮は，赤ちゃんが育つ場所ですね。赤ちゃんはおよそ何カ月お腹の中にいるのでしょうか？　赤ちゃんは，生まれるまで約10カ月お母さんのお腹にいます。子宮の中でこのように少しずつ大きく成長していきます」

★3カ月，6カ月，9カ月の赤ちゃん人形を提示

　内性器の名称やメカニズムは，複雑で知っている名称は子宮だけでしたが，赤ちゃんが，こんなに小さい子宮で育っていくことが，どうにも信じられないようで私に聞かずにいられなかったようです。

　『先生，この赤ちゃん本当に子宮で育つんですか？　こんなに大きいのに，育つんですか』

　今まで黙っていた子でしたが，「信じられない」という表情で私を見て，両隣にも『ね，ね，そう思わん？』と同意を求めると隣からも『思う，思う不思議やなあ』と素直な感想が聞かれました。

　赤ちゃん人形を胸に抱く彼女たちは，とても優しい顔をしていました。すぐに，隣の子にわたす子もいましたが，一度胸に抱いたとき必ず赤ちゃんの顔を見ていたことが印象的でした。

（4）月経よろず相談

　「赤ちゃんは，みなさんが持っている女性の命のもとと，男性の命のもとが合体して作られます。女性の命のもとは卵子。男性の命のもとは精子です。

　精子と出会わない卵子はどうなるのでしょうか？　これを見てください」

★女性の内性器を提示

　「毎月，卵子が卵巣から出ていますが，精子と出会わない卵子は，子宮内膜にたまり，その他の分泌物と一緒になり，およそ1カ月たって外に排出されます。これが，月経（生理）です。月経は，もう始まっていますか？　小学生のころからなる人もいますし，中学生になってから始まる人もいて，個人差があります。

　月経は，髪や肌，目，骨，睡眠など体のさまざまな調子を整えてくれています。そして，およそ50歳近くまで続くので，皆さんあと30年以上は月経とともに歩んでいくことになりますよ」。

　「みなさん月経痛はありますか？　これには，個人差があります。あまりに，ひどい痛みが毎月あるようでしたら，お医者さんに相談するとよいと思います。他にも，だらだら10日くらい出血が続く，または３カ月以上月経（生理）がこないというときも病院の先生に見ていただいた方がいいでしょう。長く続く月経は，子宮や卵巣に問題があることも考えられますし，またナプキンをずっと使っていることで，股が蒸れてかぶれたりすることもありますね」。

　「月経の記録は，『私の体の記録』です。手帳のカレンダーのページに毎月月経がきた日や，月経痛がきつい日，量が多い日など記しておきましょう。体の不調だけでなく，イライラした，不安になった，悲しくなったなど気持ちの変化があったら，同様に記しておきましょう。月経中は，気持ちの変化も起こることが多々あります。私の教えている子の中には，もし手帳を落としたときに誰かに見られるのが恥ずかしい，という理由で書き込まないでシールを貼っている子もいますよ。自分がちゃんとわかればいいのだから，自分なりの手帳を作ってください」。

★同じ年齢の子がつけている手帳を提示

　「月経は女性の体の発達の一つです。もちろん，命のもとが作られるようになったのですから，妊娠できる体になったということは大きなことです。覚えておいてくださいね。男の人とセックスをして，妊娠したら，まず最初に起こる体の変化は，月経（生理）が止まるんです。今月，ちゃんと月経がきているのかな，自分の体の専門家になるためには，月経（生理）の記録をつけることを忘れないでほしいのです。記録は，自分の体の調子を表してくれます」。

　その話が終わるか終わらないかのうちに，彼らから次々と質問が寄せられました。

　生理が，３カ月くらいずーっと止まっている，決まった周期にこない自分の体は病気なの？，タンポンは，CMの通り８時間入れているが，どうも，出血が漏れている。なぜか？　生理痛が酷く，何もできなくなってしまう，これって変？

　月経（生理）に関しての相談が多く，人知れず悩んでいたことを思うと，その苦しさから早く解放してあげたいと思いました。一問一答で，次々に回答していくことで彼らが，今まで知らなかった「本当のこと（知識）」を得ることができる。時間の許す限り一人ひとりの質問に答えていきました。

（5）「自分で自分のご機嫌をとるための秘儀」

　心は，いろいろな気持ちを感じるいわば，感情のポケットです。皆さんのポケットの中を少しのぞいてみてください。どんな気持ちが入っていますか？

★感情を表す言葉，できるだけたくさん出してみましょう。

　一人ひとりに聞いていくと，「楽しい，嬉しい，悲しい，恥ずかしい，怒り，悔しい，愛おしい」などが出てきました。

　あらかじめ，予想される気持ちを短冊に書いて用意しておき，ポジティブなきもちについては，空のペットボトルに短冊を貼り，悲しみや苦しみ，不安や怒りのネガティブな感情には，水の入ったペットボトルに短冊を貼るのです。それらを，全部袋に入れて，彼ら一人ひとりに担いでもらいます。皆，一様に『わあ，重たい』『キツイ』『たいへんだ』と言います。気持ちを溜め込むことは，こんなに大変なことだということを実感してもらいます（宮口幸治『教室の困って

いる発達障害を持つ子供の理解と認知的アプローチ』赤石書店）。

　そこで，ネガティブな気持ちのペットボトルを袋から出していきます（お水が入っているので軽くなる）。そして，再度担いでもらいます。『ああ，軽くなった』『楽になったわ』この差を実感してもらいます。

　しかし，ネガティブな気持ちを持つことは決して悪いことではありませんし，人生にはつきものですし，それ自体が自分を成長させてくれもします。でも，ずっと持ち続けたら自分が潰れてしまいます。自分のご機嫌を自分で取りながらネガティブな感情に押しつぶされずに生活していかねばなりません。

　そこで，私から皆さんに「自分でできて，いつでもどこでも　何歳になっても，人にもやってあげられて，副作用なし，もちろん無料」の気持ちを落ち着かせたり，リフレッシュさせたりする方法をお伝えしたいと思います。私の真似をして，一緒にやってみましょう。先ほど教えた「指の腹」指の一番やわらかいところで，優しく「トントン」してみましょう。このトントンがタッピングというものです（日本 TFT 協会参照：http://www.jatft.org/）。

★鎖骨呼吸，TFT タッピングの手本を示し，一緒に行う。

　講話を終えたら，感想を書いてもらうようにすると彼らの感じたことや思っていること，どのようなことが新しい知識となったのか，また誤学習していたことは何か？　といったことがわかってきます。さらには，伝え方や内容，情報量など今後，性を伝えていくにあたり，自身の参考になることに気づくことができます。伝えることが目的ではなく，伝えたことで彼らの豊かな生活に繋がることが目的なので，講話をしたことだけで満足しないようにフィードバックに心がけます。

(6) 感想の要約

・自分の身は自分で守る，ってかっこいいな，って感じました。強いなあ，って感じ。自分も誰かに守ってもらうのを待つんじゃなくて自分自身が自分の身体や心を大切に守れるようにしたいなーって凄く思いました。

・講話を聞いて生理の仕組みだったり，大切なところをきれいにしなかったらどうなるかだったり，子宮の話だったりいっぱい知れて勉強になりました。生理がくることで，体が健康だとか妊娠していないだとかわかるんだな，と初めて知りました。

・女の人はストレスとかでも，生理がこなくなるなど，反応しやすいんだなと思いました。

・粘膜の話で染み込む話をしてもらって，悪い菌とか染み込んでしまうんだな，清潔にしないといけないんだなと思いました。びっくりしました。

・女の人の妊娠の話で，子宮が大きくなったり広がったりだとか赤ちゃんが成長するスピードだとかしらないことがいっぱいでした。女の人の体は，すごい仕組みで作られているのだと思いました。いっぱい話が聞けてよかったです。

・今日の話はとても勉強になりました。とても楽しく聞けました。初めて知ったこともたくさんありました。自分のことが知れて良かったです。

・1 時間という短い時間でしたが，とてもわかりやすくて楽しい話でした。さまざまな模型や

実験で授業を受けられたのでよかったです。興味が持てるようにと学べる配慮がすごいと思いました。

・8時間じゃなくて，自分の月経のリズムでもっと短い時間でタンポンやナプキンを取り替えようと思いました。それと，CMを信じすぎるのも危ないとも思いました。まさに，自分だなって。自分自身が一番自分の体や心を大事に守れるようにしたいな，ってすごい思いました。

・今日は，なんか，小中学校の時ぶりに性の話を聞いてみると今までと違う聞こえ方というか，今までよりとても頭に入ってきやすかったです。正直下ネタとかも好きじゃないし，性のことにあんまり興味も持てなくて，なんか始まる前までは恥ずかしいな，と思っていました。でも，授業を受けているうちに大事なことなんだと思えたし，結構知っていると思っていても，知らないことがほとんどだったので，これから注意できることがあるなと思いました。

・心の話もすごくためになりました。袋の重さを持ったのと同じように，自分の気持ちは，重いんだなと思いました。イライラするし，自分は結構頭が混乱するので，今日のタッピングなど試して紛らわそうと思います。それから，自分の生理をちゃんとチェックしていこうと思いました。

・今まで性のこといろいろ経験してきたし，今日そうだったんだ，とか気づいたり今迄のことで間違っていたことも発見したり，これから参考にしようと思いました。これからちゃんと生かして，安心して生活できるようにしたいと思いました。心もちゃんと大事にしていきたいと改めて思いました。

（國分聡子）

女の子白書 （コラム） 彼女たちの苦悩

4　性産業で生きる

2つの名前を持つ私

「久しぶり，元気してる？」先生から笑顔で声をかけて来てくれた。この一言でどんなにか，あたしの気持ちが救われたことだろう。

先生は，本当はすごく怒りたかったんだと思う。でも，何も聞かずに笑顔でそう言ってくれた。久しぶりに会う先生は，相変わらず明るかった。お母さんと同じ歳なのに，全然若く見えた。そういえば，お母さんともずっと会っていなかったな。同級生の皆んなを見て思った。「眩しいな」って。

あのころ

卒業してすぐに離職して家出をした。先輩を頼って家に転がり込んで，仕事も紹介してもらった。でも，話に聞いて想像してたのとは全然違った。一人暮らしだと思った先輩の家は，部屋が2つしかないのに，先輩のほかにあと2人の女の人がいた。私が入ったから4人になってしまって，すごく窮屈だった。それでも，私にとっては，ありがたかった。もう，帰る家はなかったから。

小学校の時に，お母さんが再婚した。本当のお父さんの記憶はない。そのお父さんは，体も声も大きくて，怒鳴ったり叩かれたりして，怖かった。お母さんは，そういう私のこと，知っていても庇ってくれなかった。家に帰るのが恐怖だった。学校の先生に相談したら，私は児童相談所に保護された。家族から離れて，私はやっと安心して生活することができるようになった。

卒業前に，将来のことを決めていくときには，どこに住んで，どこで働くか。私も先生も必死だった。いい大人になりたかった。学校では生活のこと，働くことを学んだ。自分の人生を考えたときに，夢が決まった。自分の家族を持つこと。子どもを産んで，今の私よりも幸せにする。子どもに

も，幸せだなって思ってもらえるお母さんになりたい。本気でそう思ったから，卒業式に先生に手紙を書いた。先生は涙を流して喜んでくれた。

現実

社会人になって，お給料をもらう生活は嬉しかった。でも，学校で行っていた期間限定の実習とは違って，終わりがない日々だとわかると，強い疲労感に襲われた。グループホームと会社の往復はつまらなかったし，疲れて帰ってきても私の話を聞いてくれる人もいないし，だんだん働くことが辛くなってきた。決定的に嫌になったのは，職場で仲良くしてくれていたパートのおばさんが辞めてしまったこと。「私も辞めたいな，こんな生活嫌だな。2年間もよく働いたよ」。

翌日，私は会社とは逆方向の駅に向かっていた。ここから出よう。伝手はあった。児童相談所で保護されたときに仲良くなった年上のAちゃんのところだ。

Aちゃんの住んでいる所は，駅からずっと離れたところにあった，よく見かける系列のアパートだった。小さなところに，私を含めて大人が4人だけど，不思議と皆が一度に揃うなんてことはほとんどなかった。ただ，それぞれがつけているんであろう香水の強い匂いが存在感を出していた。

私は，Aちゃんに紹介してもらって，夜の店で働き出した。「キャバだよ。できる？」

夜のネオン街に自分が立っていること自体最初は信じられなくて，興奮した。でも，私のお店はテレビで見たことのあるキャバクラではなくて，煌びやかなドレス姿のキャバ嬢とは程遠い，少しかがむとお尻が見えてしまいそうな（見えてしまう）短い丈のスケスケのワンピース。これが私の衣装であり商売道具だった。基本的に決められた

ルールの中で，相手の言うことに従う仕事。

　お店の人から本名ではなくて，違う名前を考えるように言われた。Aちゃんは，アリスだった。私はリオにした。二文字の名前って可愛くって憧れだったから。でも，心ないお客さんから言われた「リオって柄じゃねえな，その面は」。嫌な言い方。でも，上から目線でいろいろ説教したり，支配的だったりする人よりはまだいいかって思う。「はい，はい，ああ，そーね」って聞いてるフリをしてる。なんだかんだ言っても，男の人ってやること同じじゃんって。

　体には，プライベートゾーンっていうのがあって，自分で守らなくちゃダメ，自分しか守れる人はいなんだよ。学校で勉強したけど今の私は，そのプライベートゾーンを武器に生活の足しにしている。だって，生きていかなきゃならないんだから。

　もう一つの名前は，本当の私じゃない。だから，プライベートゾーンの約束を守っていないのは，私じゃないんだ。そう思わないとやっていけない。でも，以前働いていた会社の給料には比べ物にならないくらいの給料をもらえる。だから，我慢する。今まで通り先のことは考えない。

それから

　あの子が，家出をしたと聞いたとき，これまでの努力はなんだったのだろう，激しい徒労感と悲しみと怒りが満ちてきた。虐待の親から離し，話し合いを重ね，誰よりも時間とエネルギーを費やして関わってきた結果がどうだろう。しかも，家出してから性産業に携わっているようだ。知的障害の女の人は騙されやすい，性産業に従事させられて，相談もできない中でDVにあったり不当な働き方をさせられたりして苦しんでいる人が多い。

　卒業を前に，ショックを与えてしまうかもしれない，しかし現実を見つめてもらおう，と悩んだが情報番組を録画して観せた。予想通りの感想だった。「困ったら，相談しながら生活していく」「自分の気持ちに負けずに，しっかり働いて騙さ

れないようにしたい」。ああ，やっぱり見せてよかったと思った。こういう危険な社会もあるのだ，それを知ってケアしてもらいたい。

　卒業を前に，あの子は，学校で学べたこと，世話になったことへの感謝，これからの自分について立派な文字で手紙をくれた。決意文のようで力強かった。3年間育ててきたことの達成感すら感じた。しかし今はもう，脱力感しかない。

あなたへ

　「それはねえ，そのときは本当にそういう気持ちだったんですよ」。ずっと，私を支えてくれているスーパーバイザーが語りかけてくれた。

　「先生，この子に今度あったらどういう態度を取ったらいいでしょう。私正直わからなくて」

　「こういう人はね，何気なく呼ばれてもいないのに同窓会にぽーんと現れますからね。そこで一言『元気してた？』ニッコリ。これだけですよ。「ハイ，元気ですう」って間違いなく言いますからね，そしたら言葉は入りません。親指を立ててグーサイン，ニッコリですよ。

　「えー，先生本当にそれだけでいいんですか？あんなに心配かけておいて！」私が口を尖らせると，続けた。「それも，あの子の生き方だと捉えてあげましょう。そういう生き方をしている人は確実にいます。「その生き方はダメ」と言われても，ほかの生き方は極めて困難ではないでしょうか。あの子は，そういう生き方の方が生きやすいのでしょう。あの子の生き方自体は否定せずにいてあげましょう。学校時代，性に関して起こりうるリスクを最小限にするべくできる限り教えてこられたでしょう。次は，あの子のすることに一喜一憂しないこと。そうでないと，あの子の立つ瀬がありません」

　ありがたかった。こうしてスーパーバイズされなかったら，きっと私はあの子に説教の一つ，二つしてしまっただろう。私のことを熟知しているバイザーには，お見通しだったのだ。

第Ⅲ部

介入

第1章 教育と介入

　本書で取り上げる「性的逸脱行動」とは，加害性のある性行動，すなわち性犯罪と，不特定多数の相手と性交渉を重ねてしまうような，未成年者の抑制を欠いた性行動を指しています。そこでさっそく，「性的逸脱行動」の説明をしたいところですが，その前に本章で，教育と介入の違いを述べておく必要があるのです。

　なぜなら，従来のテキストでは，「教育と介入」を不可分なものとして取り扱っているものが多いからです。つまり，「介入」も「教育」の一環であるという立場で書かれているものが多いということです。

　こうした書き出しをすると，あたかも従来のテキストを批判しているかのように聞こえるかもしれません。ただ，思わせ振りをしたようで申し訳ないのですが，実は私も従来のテキストに書かれていることは正しいという立場なのです。いかなる介入であろうとも，教育的でなければならない，これは当たり前のことだからです。それでは，私たちは，ここで何を言いたいのでしょう。つまりこういうことです。

　教育も介入も目的は働き掛けたことの「教育的効果」によって，支援対象者の成長を促すことにあるのですが，「両者はやり方が違う」ということを言いたかったのです。そのことを単刀直入に書いてみましょう。

　要するに教育とは，あらゆる場面で「育てる」ための働き掛けであるのに対し，少なくとも性的逸脱行動が起こっている人への介入は，まずは当該行動を「止める」こと，つまり育てる（増やす）のではなく，「減らす」ことを目的にした働き掛けになるのです。

　もちろん，教育的環境で行われる介入ですから，いかなる場合であっても「特定の人に不足しているところを育てることで，特定の（不適切な）性行動を自制できるようにする」ということなのでしょうが，この書き方に，何か不都合な点でもあるのでしょうか。そうなのです。残念ながら不都合があるのです。そこを説明しましょう。

　私たちも，「教育的であるべきだ」ということには賛成です。ただ，この本来の在り様を示した言葉の陰に隠れているものも忘れてはいけないと思うのです。

　それは，この性行動には「被害者」がいるということです。百歩譲って，その迷惑行為（というより犯罪行為）が，「駄目だよ」と諭されることで停止するような，一回性のものであればよいでしょう。しかしながら，そもそも性的逸脱行動というものは，往々にして後述するように反復性があり，一部の例外を除けば，諭されたことで停止するようなものではないのです。

　繰り返しになりますが，教育することで抑制力を育てる，それによって誤った性行動を自制できるようにする。それは望ましい教育の姿であると思います。しかし，それだけでは性的逸脱行動が起こっている人が育ってくれる間に，新たな被害者を作ってしまうかもしれない。

　要するに，この場合の介入には，教育的であることは当然としても，いま目の前にある困った事態に直接手を下す介入が必要になるということです。

　とは言いながら，第4章で明らかになるように，ここでまかり間違うと選択されやすくなるのが，懲罰的な手の下し方になってしまいます。ところがこれを用いると，それは効果への期待可能性が余りにも低いので，はっきり言えば懲罰的であることは，教育の名を借りた暴力になってしまうことが多いのです。

　というところで，本書でいう教育と介入の違いは説明できていると思います。というより，この第Ⅲ部を読み進めていただければ，そのことは繰り返しお伝えすることになるので，一度に詰め込むより，その方が望ましいと考えています。

（小栗正幸）

第2章

性差

　私は性の領域において，男と女は別の生物だと思っています。その性差は大きく，思考にも，行動にも，多大な影響を与えます。それを提示するのが本章のテーマです。

1．男と女

　性を語ろうとするとき，男と女の間には大きな隔たりがあることを認識しなければなりません。そこを押さえていないと，性が絡む領域での支援は，とても難しいものになってしまいます。たとえば，この歌のように……。

　「男と女の間には　深くて暗い河がある　誰も渡れぬ河なれど　エンヤコラ今夜も　舟を出す」。(作詞：熊吉利人，作曲：桜井順)

　もっとも，私はこの歌にあるような，おどろおどろした情緒の中で性を語るつもりはありません。しかし，この歌の終わりに出てくる，「それでもやっぱり　逢いたくて　エンヤコラ今夜も舟を出す」というところ，ここは本書にとっても大切な道理の一つだと思っています。

　さて，最初から脱線してしまいました。でも性のお話には，最初のインパクトが大切だと思っているので勘弁してください。そしてこの歌の底に流れる，男と女の間には「深くて暗い河がある」「誰も渡れぬ河なれど」というところ，そこの風通しをよくし，「エンヤコラ」と力まなくても『渡る瀬を見つける』ということ，それが本章で取り扱う「男と女の性差の理解」だということ，最初から脱線し，ここまで遠回りして，ようやく本章を展開する下準備が整いました。本章で取り扱うことは，次章以降のテーマ，すなわち男と女の性的逸脱行動の違いや，それへの対処法の違いを理解するための出発点なのです。

2．性差の構造

(1) 怪しからぬもの

　まずは，性差を論じる前に，「そもそも怪しからぬことをするのは男だ」というお話をしましょう。私はその証拠を握っていますから。

　考えてもみてください。ドロボウ，ギャングは言うに及ばず，そもそも犯罪と呼ばれるようなことをするのは，だいたい男と相場が決まっている（世界中どの国へ行っても，主義・主張，文化・宗教，生活習慣の違いを超え，男性の刑務所は女性の刑務所の少なくとも10倍は多い）のです。まあしかし，そうした犯罪一般の話はともかくとして，ここでは性のお話です。

　そう，女性に比して男性の犯罪率が高い云々の話ではなく，性犯罪については，それ自体がほぼ男の独壇場になるのです。のぞき，盗撮，露出，痴漢は言うに及ばず，強制わいせつ，強制性交などみんなそう。ストーカーには若干女性も含まれますが，数のうえからすれば，加害者はダントツ男が多いのです。

　もっとも，例外的なところで言えば，女性も，強制わいせつ系，強制性交系の犯罪にかかわることはあります。しかし，それはほぼ，非行少女たちの仲間内で起こるリンチという，特殊な状

況での犯罪行為に限られます。それは，そもそも性的な目的というより，被害者をさげすむ目的
で行われるものであり，本書で取り上げる性的逸脱行動とは，発現の機序が異なります。

　これは，専門家の皆さんがあまり書いてこなかったことの一つですが，女性の非行グループ内で
行われるリンチでは，昔から被害者を裸にするような「嫌がらせ」が，ときどき起こる，そんなこ
とは，少年非行の専門家であれば，みんな知っていることだと思います。そうした場面では，リン
チの被害者に自慰行為を強制するとか，ときには非行仲間の男を呼んで来て，強制性交が行われ
ることすらあるのですが，ここでは加害者たちの性欲を満たすためというより，被害者を「さげす
む」ことの方に，より大きな意味と比重がかかっている。こうしたことが，女子の非行，殊に仲間
内でのリンチとして，ときどき行われる性犯罪類似行為の特徴だと，私（小栗）は思ってきました。

　そうした中で少し気になるのは，最近，男子の非行少年でも，リンチの被害者を裸にする行為
が散見されるようになった（以前なら罵声を放ち，恐喝，殴る，蹴るが多かった），と思われる
点です。その挙句，川や池，ときには海に飛び込ませ，泳ぐことを強要するようなことも起こっ
ています。昔の非行少年がよく口にした「顔や頭は殴るな」という抑制はなく（外観から発覚し
やすい部位は傷つけるなという，不埒な抑制ですが，全くの無抑制ではない），その結果，被害
者が溺れ死ぬという，悲惨で取り返しのつかない結末に至ることも現に起こっているのですが，
それの前段にあるリンチの加害者を裸にしてさげすむところ，これを私は，もしかすると男子の非
行少年の感受性や感情表出のトーンが，女子モデルのリンチに接近しているのではないか，と勝
手に思ってしまうのです（というところで，また脱線してしまいました。話を元に戻しましょう）。

　それにしても，性犯罪は男の独壇場，なぜそんなことになるのでしょうか。文字通り「男は怪
しからん」のでしょうか。ここまで，ひどく男性をこき下ろしてきました。しかしご安心くださ
い。男は怪しからぬ性行動をするということ，それは「結果的にそうなっている」ということで，
背景にはもっと重要な（謎解きが必要になる）事情が隠されていると思われるのです。

(2) 性衝動

　男性の性衝動は，女性のそれより，少し高めにセットされています。そう言われれば，たしか
にそうだと思うけど，なぜ？？　ですか？　もう少し説明しましょう。

　雄（おす）という個体と雌（めす）という個体が，陸上で生殖行動を行い，それでもって子孫
を残すようになった大先輩，おそらく，それは恐竜だと思われます。そして，再びおそらくです
が，その恐竜の昔から，雄の性衝動は雌のそれに比べ，高めにセットされていたようです。誰
が，何のために，そんなことをしたのでしょう。それは，再々度おそらくですが，神様ではない
でしょうか。でも，たとえそうだとして，どうして神様はそんなことをしたのでしょう。

　私には神様の気持ちがよくわかります。それは，どちらか片方の性衝動を高めにセットしてお
かないと，だれも，あんなに面倒な，性的デモンストレーションなどしなくなり，生殖行動の低
下によって，下手をすると種が絶えてしまうおそれがある。神様はそれを避けたかったに違いあ
りません。それでは，神様はどうして雄の性衝動を高くしたのでしょうか。それは（もう一度だ
け）おそらく，神様の雌への心遣いからだと思います。

　つまり，動物において雌は，明らかに役割全般が忙しいのです。考えてもみてください，両生

類や爬虫類に限っても，雌は卵を産むという大仕事を課されています。またそれだけではなく，爬虫類であれば砂場などに卵を埋める穴を掘る，産卵後はその穴を埋め戻す，というお仕事もあるのです。これは鳥類になると（雄も協力するようですが），抱卵という仕事が加わりますし，もちろん，卵がかえれば餌運びという仕事も。これが哺乳類になると，産卵後の抱卵は必要なくなりますが，出産直後からの授乳，これは雌にしかできない大仕事になります。

　たとえば雄ライオンをごらんなさい。雄ライオンは，雌ライオンへの生殖行動はしますが，「後はねえ，ゴロゴロしているだけで……」という雌ライオンの声が私には聞こえてきます（「人間も似てない？」というささやきもね）。さて，それは冗談として，私が言いたいのはここ。

　授乳はもちろん，一族の食糧調達のための狩り，そして子どもへのしつけに至るまで，雌はともかく雄より忙しそうに見えます。これを見たら神様も，これ以上雌の仕事を増やそうとはなさらないでしょう。

　ということで，神様は暇（そうに）している雄の性衝動を高めにし，子孫を積極的に残すという大切な仕事を雄に課したのではないでしょうか。と考えて私はスッキリしたのですが，一つ疑問が残りました。

　それは，子孫繁栄のために性衝動を高めるとしたら，神様はどうして雄だけではなく，雌の方もそうしなかったのかという点です。でも少し考えれば，この点も腑に落ちて，さすが神様だと感心しました。つまりこういうことです。もし雌も雄も同じ程度に性衝動を高めてしまうと，雌雄双方が生殖にばかり目を奪われ，それこそ巣作りや産卵，抱卵や授乳，子育てに集中しなくなるのではないか。そんなことになれば，これもまた種の保存の危機に繋がりかねない，不都合の可能性を高めるのではないか，ということなのです。

　何しろ私は，本来であれば親の責任と役割を果たすべき男性と女性が，（恋の）パートナー同士の関係に目を奪われ，子育てへの無関心を募らせ，悲惨な結末を招いてしまった児童虐待の事例を多く見てきた者の一人として，生殖一本槍は問題だろうと……。

（3）男性の事情

　さて，ともかく人間に関して，性の領域で怪しからぬことをするのは男だと断言しても構わないと思います。ただ，それは「男性には怪しからんやつが多い」というような理由ではなく，種の保存という，より深い意味が関与している，ということを言いたかったわけです。それがどうして性的逸脱行動に結びつくのか。その理由も，生物学的というか，とてもわかりやすいものなので，もはや説明の必要はないようにも思うのですが，せっかくここまで述べてきたのだから，最後までお話しすることにしましょう。

　そう，皆さんもよくご存知のとおり，生物，というより，動物の中には，「群居性」といって，集団で生活することに「決めた」種族がいます。身近でわかりやすいのは猿の類いでしょうが，かく言う私たちもその類い，その辺りをもう少し説明しましょう。

　たとえば群居性を獲得した動物の雄は，自分のテリトリーの中から，自分以外の雄を追い出すとか，自分に従わせる行動を示すことがあります。これも猿の群れを思い浮かべるとわかりやすいですね。なぜ雄はそんなことをするのでしょうか。これは，決して意地悪をしているわけではなく，この行動にも，雄の性衝動の高さと同じように，丈夫で健康な子孫を残すための「種の保

存」というメカニズムが関与していると考えられます。それが人間の場合には、どうして犯罪性という不都合を呼び込んでしまうのでしょう。

　そこで話を動物から人間へと進めますが、人間といえども生物であり、動物であるのですから、私たちの本能には種の保存に関するエネルギーが引き継がれていると考えられます。そうすると、人間の雄である男の子は、思春期に到達する時期になって、性衝動の高さに晒されることになります。ところが、人間は生物学的な群居性というシナリオ（多くの場面でセーフティだという筋立て）以上に、高度な社会を作ってしまった動物なのです。したがって、人間の男の子は、元々高めにセットされている性衝動を、社会的に制御しなければならないという、女の子より難しい宿題を背負い込んでいるのです。

　また、さきほど指摘したように、群居性を獲得した動物の雄は、自分のテリトリーの中から自分以外の雄を排除するとか、自分に従わせるという行動を選択しやすいものです。したがって、他の雄を追い出すとか、従わせるという、直接的あるいは間接的な攻撃衝動についても、雄は雌より高目にセットされていると言っても、あながち間違いではないでしょう。

　当たり前のことですが、課題に随伴する条件が複雑化すれば、当該課題にはエラーが起こりやすくなる。そして、世の中の男性は、既述の生物的課題と人間的課題、すなわち性衝動の高さとそれの制御という板挟み（ジレンマ）の渦中で生きていかねばならない。それは性衝動のみではなく、攻撃衝動のところでも同じようなジレンマが起こってしまいかねない、まさに「やれやれお疲れ様」というのが、男性ということにしかならないのです。

　これが、性の領域で、男性に犯罪的な逸脱が多くなり、性的逸脱行動といえば、必然的に男性の独壇場になってしまうことの理由です。世の中の女性の皆さん、ぜひここのところはご理解を‼　世の中の男性は、あなた方が考えている以上に、「男はつらいよ」なのです。たまには「そんな状況の中で、よくやっているわね」という励ましのお言葉を。私も含め、その言葉に救われる男性は意外に多いのです。

3.　まとめ（次章以降に向けて）

　性差として本章で述べておきたいことは、だいたいこんなところですが、本章を閉じるにあたって、次章以降に向けてのキーワードを示しておきたいと思います。

　それは、そもそも本章自体が、今後の展開を円滑に進めるための、準備性を高める目的で設けたものなので、次章以降に出てくる「性的逸脱行動」の読み解きを容易にする、男女別のキーワードを提示したいと考えたからでもあります。それは以下のようなものになりますので、詳細は次章以降をお読みいただくとして、まずは男性の性的逸脱行動、続いて女性の性的逸脱行動について、以下のキーワードを覚えておいてください。

　男性における性的逸脱行動は、非行や犯罪のように、周囲からすると「迷惑極まりない行動」として示されやすい。一方女性の性的逸脱行動は、男性のような他者への迷惑度はあまり伴わない反面で、不特定多数の人と性関係を結んでしまうような、周囲からすると「心配極まりない行動」として示されやすい。

　それでは次章以降へお進みください。

（小栗正幸）

第3章
男性の性的逸脱行動

1. 総説

　本書で取り上げる「性的逸脱行動」とは，加害性のある性行動と，不特定の相手と性交渉を重ねてしまうような，未成年者の性行動を指しています。このうち，加害性のある性行動については，本章および次章のテーマですが，不特定の相手と性交渉を結んでしまう女性の性的逸脱行動については，第5章と第6章のテーマになるものです。

　それでは，まずは本章の内容を一通り説明してから，男性における性的逸脱行動について，特に彼らの内面で起こっていることを中心に詳しく解説したいと思いますが，それについては，最初にお断りしておかねばならないことがあります。つまり，男性の性的逸脱行動とは，ずばり「性犯罪」と呼んでも，差し支えのないものばかりなのですが，その性犯罪中の性犯罪である，強制性交等罪については，本書の中でほとんど触れていないということです。

　その理由は，この本が少年院や刑務所で行われている，性犯罪への処遇技法に関する解説書ではない，ということによるものです。

　つまり，プロローグでも触れたとおり，本書は学校や施設の先生方，あるいは，地域にあるサポートセンターのように，司法介入が行われる前の段階で，特別な設備や専門スタッフの配置もなく，いわば丸腰で青少年の性的逸脱行動に対処せねばならない，おそらく性への対応について，一番苦労されている方々を対象にした本だからです。

　そこで強制性交等罪ですが，この犯罪は，少なくとも青少年と呼ばれる年齢，あるいはそれ以上の年齢に達した人が関与した場合，事件が発覚し，容疑者が特定されると，通常は逮捕状の執行，続いて勾留に代わる観護の措置（対象者が未成年の場合，成人と同じ場所への勾留を避け，少年鑑別所を勾留場所に定めて犯罪捜査を行う措置），その後多くの場合は観護措置（少年審判に備え，少年鑑別所に収容し，心身鑑別と家庭裁判所調査官の調査を行う措置），その後家庭裁判所での少年審判，強制性交等罪の場合その多くは，収容保護として少年院送致，事件の内容や対象者の年齢によっては成人と同じ扱いが相当とする審判結果を受け，検察官送致，地方裁判所での裁判，その推移によっては刑務所での受刑，といった具合に，どこを探しても，学校や地域社会が主体的にかかわる舞台が用意されていない，これが強制性交等罪なのです（以上，たたみかけるような書き方になってごめんなさい）。

　いかがでしょうか。強制性交等罪に本書で触れない理由をおわかりいただけたでしょうか。

　かといって，ここで切ってしまうのも身も蓋もない話ですから，本章の末尾で少し補足することにしました。この犯罪は，読者の皆さんにとって，対岸の火事ではありませんので，どうぞよろしくお願いします。

　また，同じような理由で，青少年以上の年齢の人（特に成人）が加害者となる，小児に対する強制わいせつ行為も本書では取り扱いません。しかし，年少者による，年少者へのわいせつ行為

については，児童養護施設や，特別支援学校の寄宿舎，さらには学校においても，関係者がそれへの対応に苦労されることがありますので，わいせつ行為とし次章に詳述してあります。

　なおストーカー行為等の規制等に関する法律，これに抵触する行為は，いわゆる性犯罪ではなく，刑法でいう強要罪や脅迫罪，ときには暴行罪や傷害罪に触れる行為になるわけですから，これも本書では取り扱いません。とはいえ，ストーカー行為を理解するには，本章で取り上げる以下の記述がとても役に立つと思われるので，ご活用いただければありがたく存じます。

　ということで，いよいよ男性の性的逸脱行動の世界へ，皆さんをご案内しましょう。

2．性的逸脱行動

　性的逸脱行動には性差がある，ということを前章の末尾でお話ししました。

　つまり，男性の性的逸脱行動は，たとえば性犯罪のような，他者に著しい迷惑をかける加害行動として示されやすい。女性のそれは，他者への加害性は少ないものの，特定の女性が，不特定の人と性交渉を重ねるような，保護者や支援者を，著しく心配させる行動として示されやすい，と述べたところです。

　このうち男性に関してはまさに本章で述べるわけですが，女性については，その詳細を次章以降で述べる前に，一言説明を要します。つまり，性行為それ自体に関しては，双方が成人の年齢に達し，かつ，お互いの同意があるのであれば，売春のような企てでもない限り，あくまで当事者の意思であり，他人がその行為を止め立てする筋合いはない，と私は思っています。

　もちろん，賛否両論はあるでしょう。しかし私は，性行為の対象選択に関して，倫理性の課題は残るとしても，犯罪に抵触しない限り，人は自由だと考えています。したがって，たとえ不特定多数の人を相手に性交渉を行い，その結果，性感染症に見舞われたとしても，それはご自身の問題（自業自得などという他人事のような言い方はしません），「だから気を付けなさいよ」以上の介入を行い，特定の人の性行為を止めることなど，できるものでしょうか。ともかく，いろいろな意見はあると思いますが，倫理性と犯罪性を同列に論じることには，出発点の段階から無理がある，とうのが私の意見です。

　しかしながら，未成年者ではその辺りの事情が全く異なります。健全育成という，国家的な政策論を振り回すつもりは毛頭ありませんが，やはりどう考えても，未成年者は健全に育ってほしいもの。これに反論する人は，おそらくいないと思います。そこでは，「不特定の人を相手にする性交渉は，倫理的な問題もあるし，第一危険だ」ということを教えねばならない。とはいえ，「危ないから止めなさい」でうまくいくのであれば，誰も苦労はしない。

　繰り返します。「安易な性交渉は控えなさい」という，見方によっては野暮な説教でも，未成年者には行う必要があるのです。だから本書では，未成年者の不特定の人を相手にする性交渉を，「性的逸脱行動」の範ちゅうで捉えているのです。

　そして，特に第5章でお話しする介入法は，既に成人年齢に達した人であっても，性行動の抑制が課題になる人が支援対象者である場合には使っていただきたい。それは「ダメ」という，型通りの禁止対応に頼るより，本書で述べる方法を採用された方が，支援者（あなた）の心配事を少しでも減らす可能性がある，ということを，まずはこの段階でしっかり押さえておいていただきたいと思うのです。

（1）すさまじさ

　さあ，今から男性の性的逸脱行動について述べていきますが，とにもかくにも，のぞき，盗撮，露出は言うに及ばず，かつて矯正施設に勤務し，未成年も成人も含めて，その「すさまじさ」に接してきた私には，「嗚呼」というため息しか出ません。おそらく，読者にもおおよそ見当はつくと思いますが，男性の性的逸脱行動はともかくすさまじい。なにしろ，この加害行動は，学歴，職歴，家族や友だち，地域社会における絆のすべてを投げ捨て，いわば当事者の人生を台無しにするような行動を，「あえて」やってしまうことなのですから。

　つまり，性犯罪の世界では「自分に守らねばならないものがある人は，取り返しのつかない愚かなことはしない（だろう）」という不文律が通用しない（かのように見える）人がいるということ。それも高校や大学からの中退，職場からの懲戒解雇にとどまらず，成人であれば，実名や居住地域までが公表されかねない性行為と，健全な生活を天秤にかけ，あえて，まともな生活に大打撃をもたらす可能性の高い性行為の方を選択している。それどころか，ときには命の危険をさえ顧みず，というより，あえて命をかけているとしか思われない行動が，現実に選択されているのです。

　たとえば夜中，ある公園の雑木林，その中の大木によじ登ろうとして滑落し，大怪我をした男性は，暗視赤外線撮影が可能なビデオカメラに大型の望遠レンズを装着し，野外セックスをしているカップルを，複数撮影していました。たとえば，ある街の坂道に設置された自動販売機。その前にコンクリート造りの下水道があり，ちょうど自動販売機のところに，鉄格子になったマンホールの蓋がある。その鉄格子の間から，自動販売機でジュースを買う女性のスカートの奥を盗撮する。この下水道はそもそも，上流にある溜池の水がときどき放流される仕組みになっている。そうした下水道へ潜り込んでの盗撮。これ，私には命をかけた盗撮だとしか思われません。なぜにそうまでして？　その理由をお話しする前に，ここで取り扱う性行動の全容を整理しておきましょう。

（2）痴漢

　男性による犯罪的な性行動は，強制性交とか，強制わいせつ，あるいはストーカーを別にすると，刑法などにある罪名で呼ばれることは少なく，「痴漢」と総称されることが多いと思います。

　ご覧ください。痴漢の「漢」という漢字には，かつて漢と呼ばれた中国で作られた文字，という意味のほかに，男という意味があります。これは，この犯罪が，ほぼ男性の独壇場だからです。

　まあそれはともかくとして，この痴漢という呼び方は総称なので，行為の内容を理解した上で用いないと，何を指しているのかがわからなくなってしまう点に注意してください。

　たとえば，一口に痴漢と呼ぶのではなく，直接相手の身体に触れることを目的にした行為とか，見せたり，のぞいたりはするが，直接相手の身体に触れない行為とか，相手の身体に触れることより，相手や相手に関連する物を汚すことを目的にする行為，といった具合に，行為内容を見分けながら読み進めてほしいのです。

　そうすると，私たちが痴漢の代表であるかのよう思いやすい，満員電車の中で異性（あるいは同性）の身体に触る行為は，むしろ特殊な痴漢であって，痴漢の世界という氷山の一角に過ぎないことが見えてきます。ともかく，痴漢の実態像は皆さんが思っている以上に複雑だと思いま

す。そこで本章では，性的な迷惑行為全体をまとめて痴漢と呼ぶのは避け，加害者が行う痴漢行為の具体的な内容に従って，以下の順序で解説を進めます。

　　落書き
　　汚染
　　下着（衣類）盗
　　のぞきと盗撮
　　露出
　　電車内等での痴漢行為

　ざっと見ていかがでしょう。そのほとんどは，特別な説明を要しない迷惑な行為だと思います。ただ，次章で性的逸脱行動への対応を考える段になると，ここは「さらり」と通り過ぎるわけにはいきません。

　ここから先は，いずれも「怪しからん」という以外，適当な言葉を見いだせない行為の記述が続きます。もしかすると，読み進める間に気分が悪くなってしまう読者もいるかもしれません。しかし，以下の解説をとおして，行為者の内面に思い切って踏み込みますので，特に支援者と呼ばれる立場にある読者には，じっくり読み込んでほしいと思います。

　①落書きと汚染
　最初に紹介するのは，公衆トイレへの性的落書きと，女性の衣類などを，自分の精液などで汚す，いずれも汚染（汚すこと）に関連する性的逸脱行動です。
　このうち前者（落書き）は，公共物の汚染は伴いますが，当事者が落書きしている自分の姿を他人に見られることを避けますから，基本的に対人的な被害はありません。
　これに対して，後者はまさに他人（通常は知己関係のない不特定の女性）を汚す行為であり，加害者は，できるだけ被害者に気付かれないよう，慎重に事を運ぶため，多くの場合身体に触れるのは一瞬です。とはいえ，両者を比べてみると，後者の方が明らかに悪質で，被害者に与える迷惑度も深刻です。したがって，ここでは前者と後者を別々に解説します。

　・落書き
　公衆トイレへの落書き行動を理解することは，すべての痴漢行為を理解するための入門編になると思います。したがって，ここは本腰を入れたお話をします。
　さて，皆さんは男女の公衆トイレを見比べたことはありますか。以前に比べると，公衆トイレもきれいになりましたが，ここで言いたいことは，男性の公衆トイレは女性のそれに比べ，いかに汚いか，ということです。
　既述のとおり，最近はかなりきれいになったものの，それでも男性の公衆トイレには，決して少なくない頻度で，稚拙な女性器や男性器の落書きや，「やりたい」といった走り書きがあります。そもそも男性の公衆トイレは，性的落書きのメッカのようなところで，昭和の時代を色濃く残した古い公衆トイレへ行くと，あるわ，あるわ，という名所になっているところすら，あるのです。

　また先程「稚拙な落書き」と書きましたが，どうして，どうして，個室トイレの四面の壁に，「この人木炭デッサンをきちんとやった人ではないのか」と思えるほどの写実的名画（？）が油性マジックインクを使って描かれている場合もあります。

　洗っても落ちないので，掃除の人も大変だと思いますが，一面描くのに１〜２時間かかったのでは，と思わせる大作もあるのです。

　公衆トイレは公共の施設なので，いかなる理由があろうと，落書きを決して褒めているわけではありません。いずれも卑猥な汚染に過ぎず，はた迷惑な話です。たまに女子トイレにも同種の落書きがあるようですが，そのほとんどは落書き男が勝手に忍び込んでやった仕業に違いありません。

　さて，この種の性的な落書きをする人は何を感じ，何を考えているのでしょう。落書きをする人の社会的階層はさまざまですが，ときには，立派な社会人として活躍しておられる人の中にも，せっせと公衆トイレへ足を運んでいる人がおみえのようです。また，稚拙な描画表現や，書かれた文字，文章の内容から推測して，軽度（ときには中度）の知的障害の人ではないかと思わせるものまで，いろいろあります。

　私は，いろいろな人と対話を交わす機会に恵まれた者の一人です。その多くが罪を犯した子どもや大人との交流でしたが，いろいろな人の人生模様について，その人が知らず知らずのうちに，偏った「考え方」や「感じ方」を身に付けてしまっていることを，自分から気付いてもらえるよう，さまざまな配慮や工夫を凝らした対話を進めるのがお仕事だったからです（その配慮や工夫については，第４章男性への対応と，第５章女性への対応を参照願います）。

　そうした中で，公衆トイレでの落書き癖があった人と対話していると，落書きの隠れた動機について，いろいろ教えられる機会が多かったことを思い出します。本当に人生はいろいろであることを痛感しますが，たとえばこんなお話です。

　だいたいにおいて，特定の公衆トイレの個室は，落書き者にとって，一つのリゾートのようなものです。そこへ入るとホッとするという感想をいろいろな人から聞きました。

　これはある意味，自分の居場所へ入った安心感のようなもので，自空間の中での，軽い子ども返り（退行）が起こっているのだと思われます。それがホッとするリラックス感に繋がっているのでしょう。なぜこうした軽い子ども返り様のリラックス感が起こるのでしょうか。その謎を解く鍵は，公衆トイレという「空間」の中に隠されています。

　それは，自分以外にも，いろいろな人が落書きをしているという事実です。人間には「自分と同じようなものを求めている感性の持ち主」に対して，認知的に協和しやすい（ホッとして落ち着く）傾向があります。仲間がいることへの安心感のようなものですね。

　もちろん，トイレに落書きをしている人同士は，顔も名前も知らない，要するにあかの他人なのですが，ここで見知らぬ人への認知的な協和が起こると，それは不思議な「一体感」に繋がりやすいことが知られています。

　少々難しい言い方をすれば，非現実的（幻想的）な対人関係を，現実的な対人関係に置き換え，あたかも共有空間を得たかのような錯覚が起こる，ということです。もちろん，これは当事者の感覚を理屈っぽく（思考過程風に）書いているわけで，当事者は思考して（考えて）いるわけではありません。早い話が感覚的に，ふと安心し，ホッとしたと「感じる」，あれなのです。

　ここは，非常に大切なポイントですよ。これは犯罪的な性行動に「一部の人はなぜ固執するのか」を読み解く大きな鍵のようなものです。何かと似ていませんか？　そうネット依存。ネット上のバーチャルな人間関係と現実のそれとの違いがわからなくなり，非現実的なものを現実的なものと錯覚し，そこから抜け出せなくなる，あれと基本的には変わらない，対人関係エラーのメカニズムなのです。

　こうしたネット上の出来事を何と呼びますか？　そう，それは対人関係エラーのメカニズムであると同時に，「ネット依存」のメカニズムでもあるのです。まずここをしっかり押さえておいてください。そして公衆トイレ空間の非現実性，それはこれから何度も触れていく，「依存」という怪物を目覚めさせる刺激（餌）の一つになっているということです。

　はっきり申しあげますよ。トイレへの落書きを「怪しからん」の一言で済ませていては，私たちの仕事に明日はありません。ぜひとも彼らの背中を押している「怪物」への着目を。これから後は，この怪物を明るみに出していく旅程でもあるのですが，それはたとえば，無敵のゴジラを紹介することではありません。ゴジラはゴジラとして認めながら，次章で行う「凍結」という手法を探る旅程として，ということです（2〜3年前に観た映画からの受け売り）。

　そこでお話を元に戻します。実年齢より少し退行（子ども返り）し，ホッとできる空間の中で，自己表現を活性化させる。ここまでは，対象が子どもであろうが，大人であろうが，通常の「遊びの楽しみ」と何ら変わらない心のメカニズムです。ところがこの遊びでは，「ここは公共の場だ」という意識が欠落しています。その瞬間から，落書きの犯罪化が起こる，というわけです。

　大切なことなので，もう一度繰り返します。仮想的現実と現実との関係に混同が起こる，次にはそうした望ましくない錯覚を起こさせる場所へ，足しげく通うようになる。つまり仮想的現実と現実との揺らぎ，これは痴漢行為の背後でうごめいている「依存（ズバリと名付ければ痴漢依存）」という怪物を呼び寄せる餌そのものだと思いませんか。

　それに加え，公衆トイレの落書きには，もう一つ強力な後押しがあります。依存を刺激しやすい，非現実的な人間関係からの虚ろな（実体のない）安心感のみではなく，それが現実の出会いの場にもなり得る，というところです。

　落書の中には，必ずといってもよいほど，「○月○日○時ころ待っています」とか，「そこで僕のアレを舐めてほしい」といったメッセージが書かれているものです。

　これは，はっきり言えば，ゲイの人に向けられたメッセージなのですが（詳しくは第Ⅳ部LGBTのところでお話ししますが，公衆トイレはゲイ指向のある一部の男性の出会いの場になっていることを，この段階で少しだけ頭の隅に留めておいてください），相手が本当に現れるのか，現れないのか，そんなことはさして大きな問題ではありません。しかし，ときどきではあっても，実際の出会いが起こるという事実，あるいは「出会えるかもしれない」という，期待可能性が少しでもあること，ここが問題なのです。そしてこれも，「依存」という怪物を呼び寄せる最強度の餌になるということです（同じような状況は，パチンコ依存の人にも起こっています。もちろん，パチンコ依存の人にとっては，出会いへの期待可能性ではなく，玉が出ることへのそれですが……）。

　さあ，ここまでの知識を共有していただければ，後の理解は少しずつ楽になります。それでは，非常に気分の悪い，異性への汚染行為について解説しましょう。

・汚染

　おそらく，本書で取り上げる男性の性的逸脱行動の中で，最も質（たち）の悪いものの一つがこれ！

　そうしたこともあって，お読みいただく前に一言お伝えしたいのですが，この質の悪い性的逸脱行動をする人は，数の上からすると決して多いものではありません（直観的には痴漢と呼ばれる人の50人に1人くらい？）。しかし，少数ながらも，一定不変の数で出現が認められることと，この行動のメカニズムには，痴漢と呼ばれる人の根底要素，すなわち落書きのところで指摘したような，背後でうごめいている怪物（依存）を呼び寄せる餌の一つが，とてもわかりやすい形で顔を出しているという経緯があり，あえて取り上げることにしたものです。

　したがって，特に女性の読者の方々，これを読んで神経質にならないでください。以下の一文が，あなたの「手洗い強迫」の引き金にならないことを祈念しながら，慎重に（けっこう大胆に）お話を進めます。おわかりでしょうが，中途半端に隠すより，大胆（具体的）にした方が，イメージの誤った暴走は防げるのです。

　さて，この人たちはなにをやらかすのか。自慰で射精した自分の精液を容器に溜めておき，それを女性の公衆トイレの個室ドアの取手に塗り付ける。あるいは満員電車の中などで，女性の衣服に塗り付け，素知らぬ顔でその場から立ち去る。被害に遭った女性は，その場では気付かず，後で「何が付いたのだろう」と思う。これは本当に質の悪い迷惑行為だという以外に言葉がありません。

　そして，この汚染男の多くは，その後公衆トイレへ立ち寄り，そこで自慰をなさる。しかも，トイレの壁に射精の痕跡を残してお帰りになる。ともかく汚染することが好きなのです。もっとも，それをするのは汚染男だけではありません。そもそも性的落書きの多い公衆トイレの壁には，射精の痕跡がいっぱいある。痴漢と呼ばれる行為をなさる人は，だいたいにおいて公衆トイレが好きなのです。というところで，話を汚染嗜好の男に戻しますが，あの人たちは，どうしてこのような劣悪行動を繰り返すのでしょうか。

　昔から言われるのが，憂さ晴らし仮説です。挫折体験が云々とか，愛情欲求不満が云々とか，被害者がほぼ女性ばかりなので，母性に恵まれなかった人が云々とか，女性への間接的な攻撃性が云々とか，専門家がいろいろな仮説を提出しています。

　まあ，何らかの憂さ晴らしであることは間違いないのでしょう。しかしその一方で，何の憂さ晴らしかということになると，諸説紛々になってしまいます。そうした中で，私が「多分これだろう」と思ってきたのは「恨み」です。何の恨みか，もちろん女性への恨み。どんな恨みか，その答えは多分これ。

　世の中には，性に関する聖人君子のような人など，ほぼいません（実は，それに近い人もいるのですが，それは第Ⅳ部 LGBT のところをご参照ください）。

　要するに，皆さん，することはなさっているのです。でも，だれも「私はしています」などとは言いません。それは，言わないことが社会的なマナーだからです。これは対象が男であろうが，女であろうが，同じことだと思います。

　ところが，ここでの主人公たちは，やっているのに，やっているとは言わない，ときには，そんなことは知らないと言う女性を，意地悪だと感じます（意地悪なのは自分の方なのに）。だか

ら，やっているのに素知らぬ顔をしている意地悪な女性が許せない。私は，本気でそういうことを口にする人とたくさん出会ってきましたが，屈折していますね。本当に嫌な感じですね。

でも，このピント外れな恨みを持っている人は，そもそも痴漢と呼ばれる人の中には多いのです。

しかも，自分の精液を女性に塗り付けると，罪悪感ではなく，ホッとした緊張緩和を味わうと，加害者は口をそろえておっしゃる。この安堵感こそが，既に触れた依存という怪物を呼び寄せる餌，ということなのですが，いかがでしょう。

さあ痴漢行為の背後でうごめいている，依存という怪物を呼び寄せる餌，もうこの段階でいろいろ出てきました。でも怪物の餌になるものはまだまだあります。というところで下着盗です。

②下着（衣類）盗

さて，下着盗というと，フェティシズム，すなわち女性に対して自信欠如的な男性が，代替的な性的満足を求めて，女性の下着に固執する行為だ，と解釈されてきた歴史があります。たしかに，そうしたこともあるとは思いますが，下着盗には物質嗜愛だけではなく，もっといろいろな要因が絡んでいることをお話ししましょう。

下着盗は，男性の性的逸脱行動では古典的なものの一つです。しかも，洗濯する前の下着に希少価値があり，けっこうなお値段で買ってくれるお店がありますし，陰のネット販売でも，汚れた下着は高値取引の対象になっています。こうした，何でもござれというか，批判なき価値観の増幅というか，現代は困った時代でもあるのです。

そして，古典的な下着盗の人は，盗んできた下着を，自分で履く。これをトランスジェンダーなどと言ったら，LGBT の人に叱られますよ。正真正銘の女性下着愛好家は，他人の下着を盗むようなことはしません。高級ランジェリーをお洒落な一品として購入されるのです。もちろん，このお洒落には性的興奮が伴いますが，性的興奮もお洒落に高めれば，人を輝かせる魅力になるのです。

これに対して下着盗をする人の多くは，排泄欲求に近い性的興奮のみを得るため，盗んだ下着を，自分で履き，さらに自慰をする。それだけではなく，自慰で汚した他人の下着を公衆トイレへ捨てる人もいる。これは，捨てる場所に困って，ということもあると思いますが，それだけの理由ではありません。

なぜなら，その捨てられた（他人の精液が付着した）下着に刺激され，トイレの中で自慰をする，公衆トイレ愛好者もいるのです。下着盗の常習者は，その辺りの事情を，自らの体験を通して心得ており，これがまた自尊心をくすぐるのです。

いかがでしょうか，なぜか性的逸脱行動の領域では，密室空間である公衆トイレがよく登場しますが，その理由は落書きに伴う依存性のところを読み返してください。

ともかく，下着盗は，当事者の色と欲の両面を満たします。そうした意味でも，この性的逸脱行動は，依存形成の要因を理解するための，登竜門の一つだと思います。

実務家の立場で言えばこういうこと，アカデミックに言えばフェティシズム，どちらをお選びになるかは，読者のお立場によって違うと思いますが，私は実務家ですから前者の立場でやってきました。

③のぞきと盗撮

「のぞき」といえば風呂場のぞき。これは下着盗と並ぶ古典的な性的逸脱行動の一つで，その
エピソードたるや江戸の昔から，掃いて捨てるくらいあります。

　もっとも，お風呂が庶民の家庭に作られ始めたのは，比較的最近のことで，江戸時代のそれ
は，今でいう銭湯です。それも明り取りの窓が小さく，薄暗い浴場内での混浴，これには幕府も
淫靡にならないよう神経を使ったという苦労話が伝わっています。そして，明るかろうが，薄暗
かろうが，衆人環視の環境における「のぞき」など，面白くも可笑しくもない。ということで，
江戸時代の風呂場のぞきとくれば，「夏の行水のぞき」のエピソードになります。

　これは浮世絵にも頻繁に描かれていますが，のぞかれた女も，のぞいた男も，ぎくしゃくした
感じではなく，どことなくユーモラスに描かれていて，本当に江戸時代の芸術家は，粋な性表現
を大切にしていたのだなと感心します。

　浮世絵といえば，春画のジャンルになると，他人のセックスをのぞく，他家の寝室をのぞく，
野外セックスをのぞく，この辺りまでなら，江戸時代の人も現代人も，感覚的にさしたる違いは
ないような気がします。とはいえ，いわゆる古典的な「のぞき」は減ってきているようです（あ
んな「忍び込み」のような面倒なことを今の人はしなくなった，というより，建物の密閉性が当
時とは比較にならないほど強固になった）。それに代わって，現代に登場した新種の「のぞきも
どき」，それが盗撮です。

　これは，本当にところかまわず，油断も隙もなし。それこそ，何度も登場する公衆トイレは言
うに及ばず，電車の中，階段，エスカレーター，エレベーター，商品売り場，その他諸々，観光
地，温泉の脱衣場，ともかく女性の方々，ご用心に，ご用心を。

　しかも，盗撮していたことを発見されるや，加害者は口をそろえて，「つい魔がさして（出来
心で）」と言い訳をしますが，そのほとんどはウソ。数え切れないくらいやっているうちに，悪
運尽きて見つかったというのがほとんど，それが盗撮なのです。

　ところで，のぞきの背景にあるもの，それは他人の秘密を見てみたいという好奇心です。この
レベルであれば，誰でも大なり小なり持っているものだと思います。しかし，思うのと実行する
のとでは大違い。それも，既に触れたように，自分の学業や職業をかけてまで手を付けてしま
う。この執念は，いったいどこから出てくるのでしょうか。

　そこで押さえておかねばならないことは，「危険を伴う，秘めたる楽しみ」ということです。
これは盗撮常習者の話には必ず出てくるのですが，あれは一種の狩猟のようです。

　今日の獲物をものにするワクワク感，デジタルカメラは，フィルムカメラと違って，撮影した
ものを即座に確かめられるので，撮影の成功も，失敗も，すぐにはっきりします。電車の中で居
眠りをしている女性のパンツがうまく撮れたときの達成感は何物にも代えがたい，と彼らは言い
ます。そのとき，撮影したパンツにシミや陰毛が写ってでもいようものなら，それこそ，ボーナ
スをもらったような気分になる。

　一方，街を歩いているジーンズが似合う女性のお尻も魅力的で，身体の線にフィットしたデニ
ム素地の食い込みや，はっきりしたパンティーラインが撮れた，さらにＴバックのパンティを
履いていることが確認できたときの達成感は，これまた何物にも代えがたい，といった具合なの
です。私は，そうした盗撮を繰り返す人の心に，投棄性の高さ，つまり博打の心理とよく似たも

のを感じます。退屈な日常，その中で自分の存在を自覚できる得がたい一瞬，それがここにある。そこに投棄的な報酬として，「やった！」という達成感が絡みます。これは既にパチンコを通して説明した，ギャンブル依存のメカニズムにも繋がるものなので，なかなか意志による抑制は難しい，ということなのです。さらに，ここから先は，上記した依存という「怪物」の餌を例証するようなエピソードが続きます。

④露出

　これの被害者になるのもほぼ女性です。ともかく，夕暮れどき，あるいは夜半，駅の連絡通路，駅裏の小路，繁華街の裏通り，人通りが途絶えたアーケード街，ちょっとした曲がり角，ガード下の薄明りのある窪み，街路樹のある石畳の歩道，水銀灯の光，歯科医の看板の下，公衆トイレ（また登場）の前，そこにしゃがみ込んでいる男。トレンチコートを羽織る男。しかも，帽子を真深く被り，マスクをしている男。ここまで舞台装置がそろったら，そういう場所，そういう男には，絶対に近付いてはいけません。ろくなものを見せようとはしていないからです。

　あなたが通り過ぎざま，男は立ち上がる。ズボンから勃起したペニスを出し，あなたが驚いた顔をすれば，これ見よがしに自慰を始める。または，突然トレンチコートの前をはだけると，膝まで下げたズボン，自慰をしている姿，それを見せつける男。ときには「いいことしない？」と声を掛けてくることも。これはゾンビか!!　ゾッとする気味の悪さ。こんなことをして，何が面白いのでしょう。

　そこで，今までのところをもう一度振り返ってみましょう。落書き→汚染→のぞき→盗撮→露出，これは漫然と並べたものではなく，徐々に対象関係の密度が高まるような順序の組み立てが工夫してあります。

　そして，盗撮と露出，ここに至って，初めて生身の被害者が登場。しかも盗撮より露出の方が，対象関係における被害者との接触密度は，段違いに高くなります。

　それはそうです。盗撮は「できるだけ気付かれないように」ですが，露出は「できるだけ気付かれるように」ですから。

　それでは，露出について説明しますが，そもそも，露出には学習経過があることをご存知でしょうか。痴漢行為の多くは，たまたま偶然に訪れた経験が，大きなきっかけになることもあるようですが，露出については違います。

　考えてもみてください。いくら何でも，ある日ある時，突然，女性に自分の勃起した性器を見せたくなって見せました，そんなことは，通常はあり得ないのです。

　それは自慰を覚えたころから徐々に始まっていて，たとえば，クラスメイトの女子が自慰をする姿を空想する，これくらいの経過はどの男子にもあると思いますが，その次あたりから，多くの男子と違った道筋を辿るようになってきます。

　つまり高校生くらいになって，女子も自慰くらいはするだろう，やることはやっているのに，「私には関係ない」というような顔をしている。本当は女子にも性欲があるし，セックスも好きなのに，それを隠している，という堂々巡りの幻想，その中での自慰の反復，頭の中では強制わいせつや強制性交の空想も，この辺りになると，多くの男子とは違う，現実と乖離したイメージの一人歩きが始まっています。

　そして，たとえば塾帰りの夜道，一人で帰宅するとき，性器を出して，衣服で隠し，人通りの少ない道を歩くと，性的に興奮してきて，性器がこれ以上にはないほど，固くなって勃起する。こうした（あるいはこれに近い）経験を繰り返します。まるで反復強迫のように。

　そしてある日，たまたま前の方から，若い女性が歩いてくる。ついつい隠していた衣類をはだけて，性器を見せたところ，女性は悲鳴を上げて逃げ出した。何となく，本当は知っているのに，素知らぬ顔をしていた女性の一人を「やっつけた」かのような興奮を味わい，帰宅後さっそくその場面を思い出し，自慰をしたら，すごく気持ちが良かった。

　モデルケース風に書けば，こうした経過によって，露出行為の常習化が開花し，その行為には，盗撮のところでお話しした狩猟的なワクワク感と，危険に伴うスリルが捨て難いものとなり，たとえば，もう最後にしよう，やめにしよう，と思いつつ，それでもパチンコ店へ通ってしまう，ギャンブル依存の人と類似した，露出の習癖行動化が定着した，というわけなのです。

　よろしいですか。ここでの固着は依存の完成を，それまでに散在している，いろいろなエピソードは，依存という怪物を呼び起こす餌を意味しています。誘因（餌になるもの）と，それにより学習された結果事象（依存）の違いを覚えておいてください。それはそのまま，電車内での痴漢行為にもリンクします。

⑤電車内での痴漢行為

　さて，痴漢と言えば，まずイメージされるのがこれ。しかし，既にお伝えしたとおり，これは痴漢行為の中では，かなり特殊なものです。なぜなら，今まで取り上げてきた痴漢行為を考えてみてください。落書きや人以外を対象にする汚染は，被害者が目の前にいません。下着盗も基本的には同じです。人を対象にする汚染行為で初めて目前に被害者が登場しますが，できるだけ被害者には気付かれないようにする細心の注意が施されています。露出の場合は，被害者が大騒ぎをしたとしても，加害者には逃げるチャンスがあります（百花繚乱事変の痴漢をご覧ください）。盗撮も野外であれば，たとえ気付かれても，逃げるチャンスはあるでしょう。それに対して，乗り物内での盗撮と痴漢は，周囲に乗客がいるし，被害者に騒がれれば，次の駅で車両のドアが開くまで，逃げようとしても，逃げることなどできません。つまり加害者側のリスクがあまりにも高いのです。盗撮がなかなか止まらない理由は既にお話ししましたが，電車内での痴漢行為はどうなのでしょう。

　まず，電車内で痴漢行為をする人について興味深いのは，電車の中で意図的に被害者の身体に触れたら，何が起こるのか，という結果予想がおかしいことです。

　通常であれば，被害者は嫌がり，それでも続ければ，被害者が大騒ぎをするだろう，というのが正答だと思います。もちろん，こうした結果予想ができれば，だれも電車内での痴漢行為などしない，ということになりますよね。

　ところが，電車内で痴漢をするような人は，この結果予想が違います。つまり，被害者は嫌がっても，大騒ぎはしないかもしれない。あるいは，被害者は嫌がらず，大騒ぎもしないかもしれない。こうなると，痴漢行為へのハードルは非常に低くなってしまうのです。

　なぜそんなことになるのでしょう。その理由は簡単，痴漢をする人が，自分はそれほど「悪いことをしている」とは思っていないからです。

　「そらごらん！　やっぱり痴漢をするようなやつは怪しからん！」といきり立たないでくださ
い。ここのところをわかっていないと，電車内で痴漢をする人の心を読み解くことができなく
なってしまいます。

　読者の皆さんは，電車内での痴漢行為にどんなイメージを持ちますか？　お尻を触って，徐々
にパンツの中に手を入れて，「えっ，私の方が，えっ！」ですよ。

　たしかに，そこまでやってしまうツワモノもいるとは思います。でも多くの痴漢はその数段階
手前，お尻とか太ももに，触るか触らないか，微妙な感じで触る。少し止めてまた触る。段々大
胆になってくるので，被害者も意図的なお触りに気付く。被害者が人混みをかき分けて痴漢から
逃げる。

　だいたい半数近くの痴漢はこのパターンです。しかし，中には図々しい痴漢もいる。身をよ
じって逃げた被害者に再度接近する。たまりかねた被害者は次の駅で車両から降りる。これが，
しつこい痴漢の一般的な姿でしょう。これでも十分すぎるくらい「怪しからぬ」行為なのですが，
痴漢の側はこう思っています。

　「手の甲がお尻に触れたので，手の甲を手の平に替えて触ったが，そんなに悪いことをしたと
は思っていない。それが証拠に，彼女は何も言わずに離れていった。やめてくださいと言われれ
ば，自分もすぐにやめた。しかし彼女は少しもそんなことは言わなかった。恥ずかしかったのか
もしれないが，それほど嫌ではなかったのだと思う」。

　この言葉，どう思いますか。自分の考えは大いに語っていますが，被害者に配慮した言葉は全
く出てきません。

　これを，自己中心的だと言ってしまえばそれまでですが，ここでこの人たちを批判していて
も，それは時間の無駄でしょう。まずはこの痴漢行為によって，彼らに何が起こっているのか，
それは他の痴漢とどこが違うのか，といった彼らの内面を，さらに描き出していこうと思いま
す。

　まず，露出のところで紹介したような経験，たとえば強制性交とか強制わいせつをイメージし
た，加虐的な頻回自慰の経験などは，そもそも痴漢行為のある人がよく語るエピソードの一つで
す。その一方，ここでの主役たちが，痴漢に目覚めたきっかけは意外に単純です。それは，たま
たま満員電車の中で，女性のお尻とか胸に手が触れた，そのときの柔らかな身体の感触が忘れら
れない，というものなのです。

　私はこの言葉を，抑圧されたトラウマが云々とか，複雑には捉えず，素直に「ああそうか」と
思うことにしています。ここのところの大切さも次章でお話ししますが，要するに支援状況とい
うものは，支援者が複雑に捉えれば複雑になり，単純に捉えれば単純になるということです。

　さあ，話を元に戻しますよ。彼らが語るような，痴漢行為のきっかけ（誘因）になった経験と
も関連するのですが，電車内での痴漢行為の中で，女性の身体に手で触れることもさることなが
ら，ズボンの中で勃起している自分の性器を，女性のお尻などへ押し付けることに執着する人も
いるのです。そうした話を聞くにつけ，私はこれが電車内での痴漢行為の一つの到達点ではない
かと思うことがあります。

　なぜなら，少し考えればわかることですが，恋人同士が満員電車内で，痴漢もどきの性的遊び
（痴漢ごっこ）に興じる場合ならいざ知らず，見ず知らずの相手との間で，これ以上の発展が電

車内で起こることなど，通常はあり得ないからです。

　もっとも，刑務所内のわい談というのがあって，ときどき「実は相手も乗ってきてね」という話で，中にいる人同士が盛り上がることはあるのですが，それはポルノ映画かポルノ小説からの受け売りのようなものだと思います（事実は小説より奇なりとは言いますが……）。

　さて，電車内での痴漢については，私の話が刑務所のわい談に及ぶほど，「痴漢」というアイテムの中で話題が豊富なところです。そのため，話が少々拡散してしまいました。この辺りで大切なことをまとめておきましょう。

　まず私は，この痴漢と呼ばれる行為ほど，特定領域（本書では性）へ依存の病理を呼び寄せやすい刺激（餌）に溢れ，しかもそれが落書きとか，汚染とか，盗撮とか，露出とか，きれいなパッケージに包まれ，陳列棚に整然と並べられている情況を，痴漢行為以外に知りません。したがって，私たちはこれを，学ぶべき反面教師にすべきだと思っているのです。

　たとえば依存を形成する刺激に限っても，密室空間，仮想的現実，期待可能性，緊張緩和，投棄性，色と欲，女性への逆恨みからの解放（仇討），危険性を秘めた楽しみ等々，まさに満員電車状態，そこでの痴漢行為は性への依存性の表現型たり得る所以だと思います。

　しかも，痴漢と呼ばれる行為には，依存誘因の多層化が認められ，それぞれの行為に，複数の依存誘引が，大なり小なり含まれています。換言すれば痴漢とは，落書きとか，下着盗とか，盗撮とか，露出とか，個々別々の独立変数が並ぶのではなく，一人の人がいろいろやらかしている現実があるのです。つまり，区切りのない連続体であって，重複が起こるのがむしろ自然，すなわちスペクトルから構成されているということです。そして，ここも学ぶべきところ，つまり性の世界はスペクトラムであり，おそらく，逸脱的であろうがなかろうが，みんなが，どこかで，繋がり合っている，ということだと思うのです（スペクトラム，これが次章以降，第Ⅳ部 LGBT をも含めたキーワードになりますので，記憶しておいてください）。

　というところで，電車内での痴漢を締めくくりたいのですが，最後に一言だけ，電車内での痴漢がその他の痴漢と異なる点に触れておきたいと思います。

　それは，どの痴漢行為にも随伴する，起承転結の「結」の部分が，電車内での痴漢行為では弱い，ということなのですが，その意味はおわかりになりますか？

　たとえば，落書きには「落書きした」，汚染には「汚した」，下着盗には「盗んだ，使った，捨てた」，のぞきや盗撮には「見た，撮った」，露出には「見せた」，それのいずれもが，一方通行のやり取りで「事（こと）」が成立しています。

　これが電車内での痴漢は「触った」なのですが，この「触った」には，もっと触りたいと思う加害者と，それを拒絶したい被害者という，他の痴漢場面では起こらない正反対のやり取りが介在するので，他の痴漢のような一方通行での終結（満足）が起こらないのです。

　他の痴漢の中で，電車内での痴漢に最も近い，被害者とのやり取りがあるのは露出です。しかし露出については，加害者が見せた，被害者が逃げた，これだけでも，痴漢の側に（女性をやっつけた）という満足感が残るのです。これに対して，電車内での痴漢には，どこからが終結点なのか，どこまでが終結点なのか，そうしたことすら，痴漢本人にわかりづらい，それが満員電車内での痴漢の姿なのです。

　さて，現実問題として，いろいろな専門家が，痴漢を働く人たちへの対応の難しさを指摘して

います。私もそのとおりだと思います。それは痴漢には，「依存」という怪物が潜んでいるからですが，それに加え，満員電車内での痴漢には，到達点が加害者にもわかりにくい，というややこしさがある。したがって，この痴漢には，「依存」という怪物からの呪縛に加え，やっても，やっても，満足感が得られにくく，しかも加害者が求めている（と思われる）欲求や行為を電車内で完結させることは，土台実現不可能。後に残るのは，空しい幻想とそれの残影のみ。もともと，痴漢という犯罪行為はそうしたものではありますが，特に電車内での痴漢の犯罪形態を見るにつけ，彼らに私が唯一同情できるとしたら，この一点のみになるのです。

（3）補足

①強制性交等罪と強制わいせつ

　本章の総説でお伝えしたように，強制性交等罪や年長者による（小児を含む）強制わいせつ罪は，本書の守備領域から外してあります。その理由も総説の中で説明したとおりです（そうした性犯罪は，厳しい訴追の対象になるため，その多くは刑事裁判の手続きの中で処遇され，本書の主眼である，学校や寄宿舎，児童養護施設，まして家庭での支援対象にはならないからです）。

　しかし，たとえそうだとしても，対岸の火事だと安心しないように。そうした人たちは，いずれ地域社会へ復帰します。しかも，配慮が必要な人であれば，地域の支援センター等の方々，そして保護司の方々，社会復帰後の対応は，まずは皆さんのご協力から始まるのです。そのときにこそ本書を役立ててください。

　なお，社会復帰した彼らが，本当の意味で待っているのは，むずかしい論理の世界ではなく，さりげない日常の一コマ，その中でのちょっとした対話だからです。まずは次章を参照いただき，彼らとの対話のコツを学んでください。支援対象者が女性の場合には，第5章を紐解き，彼女らとの対話のコツを身に付けてください。

　さて，本書の守備領域中の守備領域である，学校や寄宿舎，児童養護施設，そして家庭での子育て，そこに性の課題があるときには，ぜひ本書をお役立てください。性の学習法については第Ⅱ部を，そして男子への対応は本部の第4章を，女子に起こる性的な心配事の理解の仕方や女子の性課題への対応は第5章にあります。

②年少者同士のわいせつ行為

　年長者による強制わいせつ罪は，本書の守備領域外だとお伝えしました。まあ，それはそうなのですが，私がお受けする相談には，年少者による年少者へのわいせつ行為に関するものが後を絶ちません。したがって，これはまぎれもなく，本書の守備領域中の守備領域だと思っています。これへの対処法は次章にありますが，「そういうことはやめなさい」という説諭にはほぼ効果がありません。それには立派な理由があるからです。

　そうしたことも含め，次章は無批判に繰り返される誤った指導法に対して，宣戦を布告した章でもあります。懐疑の念を失った観念の暴走，これの怖さを描き出しますので，都市伝説に満ちた周囲の世界の地ならしに，読者の皆さんもご協力ください。

③ストーカー，その他いろいろ

ストーカーは性犯罪ではないということは，総説（第 3 章　1. 総説）の中でお伝えしたとおりです。したがって，これも本書の守備領域から除外してあります。

ただし，学校からの相談には，男子生徒の女子生徒への付きまといがあり，それへの対応に苦慮している。注意しても一向に改まらず，女子生徒やその保護者からの苦情も入ってくる。どうすべきか，というストーカーもどきの事例が含まれています。

一方，男子生徒にやたら接近する女子生徒がいて，男子の方はさして困ってはいないようだが，放置することもできない，注意しても一向に改まらないが，どうしたものか，という相談も入ります。

さらに，交際している男女の生徒が，教室内でイチャイチャする。注意してもなかなか改まらない。極め付けは，登校途中の駅で，ホームの端に設置されているベンチに座り，キスしたり，愛撫し合ったりすることがある。どう指導したらよいものか，という相談が入ってくることもあります。こうした生徒に，学校の先生方がたいへん困っておられるのはよくわかるので，この状態への介入法についても次章では紹介します。

（小栗正幸）

第4章

男性への対応

1．総説

　ここでは，男性の性的逸脱行動への対応（介入法）についてお話ししますが，最初に大切なことをまとめておきましょう。

　まず，今まで何度も触れてきたことではありますが，ここで取り上げるのは，病院や矯正施設のように，特別な設備と，専門スタッフの配置がある場所での介入ではなく，学校や寄宿舎，あるいは児童養護施設，ときには家庭でも使えるような方法を紹介したいと思っています。

　そして，それと関連するのですが，ここで用いる方法は，ユニバーサルザインによって組み立てられています。

　ユニバーサルデザインについては，既に本書の冒頭で，7つの原則を紹介しました。それを私なりにまとめると，「誰にとっても受け入れやすく，どのような人とでも共有でき，安全で合理的な思考に繋がる発想，そこから得られる環境整備，工作物，そしてサービスの総体」ということになると思います。

　そういうことなので，もちろん本章には「環境整備」や「工作物」の話題も出てきます。しかし私が主にやっているのは，対話を通した支援対象者への「サービス」ですから，話の中心はそこへ置きたいと考えています。

　いずれにしても，「誰とでも共有できる」ということが前提になりますから，ここで取り扱う介入は，むずかしい論理を背景にするものではありません。いわば，言われてみれば「当たり前」と思われることが，ずらりと並んでいく，大切なのは「私」と「あなた」の対話，それを「あなた」と「支援対象者」との対話へ広げていただく，それが本章のすべてです。

　さて，私は学校や施設など，いろいろなところから相談を受ける立場ですが，出向いた先でケース会議等に参加し，「それでは，この辺りからやってみましょうか」と助言をすると，「そんな簡単なことではなく，もっとむずかしいことで困っているのです」と，問われることが多々あります。それに対する私からの返答は，「そんなむずかしいこと（たとえば性的逸脱行動）を直ちに消去する方法などありますか？」ということになります。

　そして総説の最後に，本当のことを申し上げます。学校や寄宿舎，あるいは児童養護施設のような環境で，性的逸脱行動への対応を考えるとき，私が一番むずかしく思うのは，少年院でなら簡単に行える，集団指導が実施できにくいことです。

　なぜなら，少年院のような場所であれば，同じような問題を抱えた人が何人も送致されてくるので，集団指導のプログラムを組むことは容易です。しかし学校や寄宿舎，児童養護施設などでは，性的逸脱行動を行うような人は基本的に一部の人になるため，集団指導の体制を組みにくいのです。集団指導の効果を知る者の一人として，これはとても残念なことですが，ここでそれを嘆いていても始まりません。したがってここでは，できるだけ集団指導と近似した指導効果を意

識しながら，対話を通した個別指導のお話を展開したいと思います。

本章の論点は以下のとおりです。

治療と支援
性的逸脱行動
事実確認
頑張り
反省指導
反省指導の効果
対話による指導
性器いじり
わいせつ行為
人目をはばからず
上から目線

2．治療と支援

まず言葉の整理から始めましょう。

少し前まで，この2つの言葉を上下関係で捉える人がいて，とても困りました。

これは方法論の違い，つまり「やろうとしていることの違い」を表す言葉です。

まず「治療」という言葉，これは医療的な言葉の用法です。次に「支援」という言葉，これは教育的な言葉の用法です。

してみると，「治療」の基本は医療の基本，つまり休養に繋がります。

「支援」の基本は教育の基本，すなわち動機付けに繋がります。

この用語の違いを理解していないと，双方の言葉は噛み合いません。

たとえば，治療においては，クライエントの言語的あるいは非言語的な表現を保証する，保護された空間を用意することがあります。これを典型的に用いるのが心理療法の手続きです。

心理療法の大きな狙いは，そうした保護された空間の中で，クライエントがその空間から現実場面へ帰ったとき，自力で元へ戻れる程度の，軽い子ども返り（退行）を起こすことです。この保護された空間は，クライエントにとって安息空間でもあり，その中で起こる退行は，クライエントによる，クライエントのための退行だと受け止め，セラピストはそこに「行き過ぎ」が起こらないよう配慮しながら寄り添います。

この退行の中で，クライエントの現実場面における抑圧が少し緩み，創造的なエネルギーが（調節的に）備給されていく，それが内面の統合，そして自己実現への道を開く，これが心理療法の基本的方法論です。

これに対して，支援はやることも，考え方も違います。まず，クライエントには，これ以上の退行が起こらないように配慮し，「おっ」と目を引く刺激で覚醒水準を少し高めます（これ以上「お寝んね」してもらったら困るからです）。次に保護された空間ではなく，支援者との間でお互

いの利害一致（双方が同じことで困っている情況）を計画的に提示します。

　支援が必要な人と対峙するとき，避けた方が無難なのは，「今から支援を始めます」と宣言することです。支援が必要でない人には，宣言（たとえば，今から挨拶の練習を始めましょう）をすることが動機付けになりますが，支援が必要な人に型通りの宣言を行うと，かえって引いてしまうという，困った癖のある人が多いからです。

　意図的に利害一致を起こさないと，なかなか動いてくれない，それが支援を必要とする人，まずはそう考えてください。もちろん，支援対象者に支援を受けるスキルが育ってくれば，宣言が有効に機能する場面を少しずつ増やすようにします。

　次に「自分のことですから自分で考えましょう」というメッセージは与えません。自分で考えることのできる人なら，それは支援がいらない人だからです。その代わり，あたかも自分で考えたかのような気になっていただくこと，そのための手続き（動機付け），これが支援になります。

　また，情緒的刺激はなるべく取り扱わないように工夫します。というのは，支援が必要な人には，情緒的刺激に息苦しさを覚える人が多いからです。特に愛情欲求という媒介は避けます。その代わり承認欲求という媒介は積極的に取り入れます。

　決して愛情を否定しているわけではありません。しかし，愛情はスケール化が困難ですが（スケール化できる愛情とやらがあったとすれば，むしろその愛情とやらは怪しい代物だと私は思います），これに対して承認はスケール化が可能です。支援は働き掛けの効果に対する責任を負いますから，スケール化できない刺激は，効果予測にも効果測定にも，支援の媒介としては用いにくいのです。

　それもあって，支援はウエットにせず，ドライにします。メリハリ，起承転結，リズムを大切にします。そして最も大切なこと，支援という働き掛けは，透明性を高める作業です。クライエントも，保護者も，支援者も，皆が共有できていること，それだけではなく，多職種連携ということが不可欠な要件になる，それが支援です。

　したがって，「守秘義務が」とおっしゃると，途端に支援の並足が止まってしまいます。誤解なさらないでください。守秘義務を否定するものではありません。守秘義務に抵触する領域があるときは，それ以外の領域でのアプローチを工夫すれば十分です。

　支援はポジティブであることを前提にしますが，守秘の必要な領域は間違いなくネガティブです。守秘すべきことは，たいてい過去の出来事ですが，それが本当にあったことなのか，なかったことなのか，そんなことは誰にもわかりません。とはいえ，支援が必要な人は，ネガティブなことをよく口にします。支援者としてそれにどう関わったらよいのか，それをこの後お話ししていきますが，ともかくここでは，治療と支援の違いを押さえておいてください。

3. 性的逸脱行動

　私は長いこと，本書に出てくるような人を相手にする仕事に携わってきました。しかしその中で，たとえ性的逸脱行動があるからといって，その逸脱行動だけを標的にした介入が功を奏した，という話は聞いたことがありません。これは少年院のような専門施設においても同じことなのです。

　つまり，性的逸脱行動とは，それが原因ではなく，何かの結果だと思うのですが，いかがで

しょう。ともかく私は，性的逸脱行動が原因の性的逸脱行動など，見たことも聞いたこともありません。いろいろな要因，たとえば物の見方や考え方の偏りとか，抑制力の弱さとか，抑制力を低下させる出来事とか，もっと言うなら，コミュニケーションの力とか，社会性の程度とか，性的逸脱行動に先立つ要因があり，それに加えて，当日の天候とか，当事者を取り巻く，たまたまの偶然とか，流動的な要素も絡み，その結果として当該行動が起こった。こう考えた方が，論理構成としても無理がない，要するにそういうものなのです。

　したがって，性的逸脱行動だけを対象にした介入が成立するのは，おそらく司法手続きにおいて「罰に処する」と言い渡すことくらいで，この言い渡しにしても，情状全般に関する深い考察の上で判決されることなのです。

　学校や寄宿舎，児童養護施設，そして家庭，私たちの守備領域において，司法手続きの真似事（罰に処する）など，間違ってもなさらないように。これは私からの切なるお願いです。それではどうすべきか，それが今からたくさん出てきますのでご安心ください。

　さあ，いよいよ指導の本論に移りますが，性的逸脱行動とは要するに「非行」ですので，もう一つ言葉の整理が残っています。

4．事実確認

　そうなのです。性的逸脱行動といえども非行ですから，指導を学校で行うにしても，施設で行うにしても，まずは事実確認のプロセスを通さないと，指導には入れません。つまり，いつ，どこで，誰が，誰と，何をしでかしたかを明らかにする仕事です。

　ときどき，事実確認も教育の一環だとおっしゃる方がいて，たしかに教育のプロセスだという意味では，教育の一翼を担っていると言えそうな気もします。

　しかしながら，私は，事実確認は教育の準備段階だとは捉えても，教育とは一線を画するものだと考えてきました。なぜならこれは，事情聴取であり，犯罪捜査の中で，警察官が供述調書を作るために行う，取り調べと同じやりとりになるからです。

　誤解されないように。私は警察官の取り調べを批判しているのではありません。これは良いとか悪いとかの問題ではなく，必要な手続きだからです。しかも，争いのない事実確認ができなければ，その後の教育は十分な効力を発揮できないからです。

　その一方で，事実確認は方法も目的も，教育とは異なります。それは事実を事実として明らかにすることであり，教育のように，流動性のあるやりとりを，特定の目的に沿って，計画的に発展させることなど許されない，もちろん「やる気を高める動機付け」その気にさせる操作など一切ご法度。要するに事実確認と教育は，役割を異にする手続きなのです。

　ところで私は，医療少年院とか少年鑑別所などの矯正施設に勤務していました。したがって，事実確認が必要な出来事にはよく遭遇したものです。そうしたとき，ケースによっては，事実確認の仕事を担当する人と，教育的介入の仕事を担当する人を，別にするよう配慮してきました。理由は簡単，警察官の役割と教師の役割，これを同じ人が担当すると，どうしても取り調べと教育という，相矛盾した状況が起こり，担当者の仕事がやりにくくなる，ときには担当者が苦しくなってしまう，ということが起こりやすいからです。この双方がともに必要な仕事であるからこそ，私たちは双方の仕事をこなす人に気遣いを持つべきだと思うのです。

そこでエピソードを一つ。私も個別の面接を行う機会は多かったのですが，個室で面接するより，ときには庭の草むしりをしながらとか，地面にしゃがみ込んでアリの行列を見物しながらとか，散歩しながらとか，面接場面を工夫された方が，教育的対話は促されやすいものです。さほど守秘性が高くない話題とか，世間話とか，愚痴話とか，リクエストとか，今後の打ち合わせとか，これは支援者の立場にある読者にはお勧めですよ。

5．頑張り

よくある指導の一つに，「もうやってはいけません」と，指導者の思いを加害者に伝える助言があります。

しかし，この対応でうまくいくのであれば，私たちは誰も苦労しません。少し見ればわかることですが，この助言は，もう二度とやらないことを，加害者の努力（つまり頑張り）に委ねるやり方で，なるほどそれは，美しい支援（というより指導）の姿なのかもしれません。

ただ，この助言を行う人たちは，加害者の頑張りで，性的逸脱行動を抑制できると，本気で思っておられのでしょうか。もしそうだとすれば，それは何たる楽観主義なのでしょうか。

はっきり申し上げますよ。私には，性的逸脱行動が，本人の心構えや頑張りで制御できる課題だとは，とても思えないのです。

おそらく，この「二度とやってはいけません」という助言は，私たちが加害者に行う社交儀礼的な挨拶に過ぎず，本当に必要な指導の実際は，この助言とはかけ離れたものになります。そこで，いよいよ性的逸脱行動への教育的介入に入るわけですが，どちらに転んでも周囲に迷惑や心配をかける行為への対応です。まずは反省指導でしょう。

6．反省指導

今までは○○支援でしたが，ここからは「指導」という言葉を使います。そもそも「反省支援」とは言いません。それは彼らが何かをやらかしたからです。また，口が腐っても，性的逸脱行動支援とは言いません。これは日本語の用法としても変です。しかも，反省指導での集団対応は，集団リンチ事件のような，よほど特殊な事例でない限り，それも指導過程の一部においてしか，通常は用いません。

さあ，反省指導，皆さんはどんなことをされていますか。もう二度とやらないように反省させますか？　でも，残念ながら視点を過去（やらかしたとき）に向ける反省指導では，ほとんど反省は深まりません。

反省指導を行うなら，視点は必ず未来へ向けましょう。そして，そういうこと（たとえばクラスメイトの女子への抱きつき）をまたやった場合と，もうしなくなった場合とを比べ，あなたと，あなたの家族との関係は，あなたがまたやったらどうなりますか，もうしなくなったらどうなりますか，と結果の違いを考えるように促します。

同じ質問を，あなたとあなたのクラスメイトとの関係，あなたとあなたのクラスメイトの女子との関係，あなたとあなたの学校（あるいは施設）の先生との関係，あなたの進路（進学・就労）との関係，あなたの将来の資格取得との関係を考える，これが反省指導であり，それを反省文（課題作文）として書くように指示しましょう。

　そして，反省指導で最も注意してほしいのは，口頭指導（説諭）に時間を掛け過ぎないことです。

　ときどき，説諭を１時間行ったとか，２時間行ったとか，あれは絶対に止めてほしいものです。その理由は，説諭に時間を掛け過ぎると，反省の効果は上がるどころか，後退してしまうからです。

　それでは，説諭にかける時間はどの程度が適当なのでしょう。その場合の参考になるのが，反省指導の逆，すなわち口頭で褒めるときの時間です。どうですか，皆さん支援対象者を褒めるのに，どれくらいの時間を掛けますか？

　おそらく非常に短時間，「ありがとう」とか「助かったよ」とか，せいぜい数秒ではないでしょうか。もちろん，反省指導では「どうしてその行動がいけないのか」という説諭が必要なので，褒めるときのように数秒で終わることなどできません。それを計算に入れたとしても，対象者の暦年齢以上の説諭には，ほぼ意味がないと思いますが，いかがでしょう。

　つまり，口頭での反省指導に必要な時間は，おそらく10歳なら10分，15歳なら15分，18歳とか20歳を過ぎれば成人年齢ですから，上限は20分〜30分が目安だと思っています。その後に上記の反省文を書く時間，というのが反省指導に必要な時間ではないでしょうか。

　そして，反省指導で大切なことは，一度に長時間指導するより，度々想起させる指導を行うこと，つまり毎日少しずつ反省を繰り返す方が有効なように思います。ただし，同じ項目で反省させるのではなく，毎日目先を変えて。

　そうすると，これを先程提示した結果を考える練習に当てはめ，初日は家族との関係，２日目はクラスメイトとの関係，３日目はクラスメイトの女子との関係，４日目は教師との関係，５日目は進路との関係，６日目は資格取得との関係，７日目は人生との関係，これが１週間の反省指導になるでしょう。ただし，作文だけでは口頭指導の厚みが不足するので，作文を書く前に10分から15分程度，その日の作文のテーマについて説諭，それを作文にする。これが反省指導のプログラムになると思います。

7．反省指導の効果

　「この子（この人）は，何回反省させても行動が改まらない」という話をよく耳にします。しかし，本当のことなので仕方ありませんが，反省指導に非行を抑制する効果があることを実証したデータは，洋の東西を通してありません。それは性的逸脱行動についてもしかりなのです。

　それは，無理からぬことだ，と私は思っています。なぜなら，周囲に迷惑をかける行動というものは，いろいろな理由が積み重なって起こるものだからです。たとえば，学校の勉強はうまくいっているのか，年齢に期待される語彙力はあるのか，衝動を制御する力はどうか，コミュニケーションのスキルはどうか，異性への歪んだ感情はないか，実際場面での対人関係はうまくいっているのか，親子関係はどうか等々。

　これに対して反省は，「心構え」というただ一点からの働き掛けになりますから，多層な要因の積み重ねで起こっている非行に，反省という単層要因の働き掛けで挑んでも，それは相撲にならない。つまり，そこに反省指導の効果を期待すること自体が無理な相談なのです。

　それでは，反省指導などやっても，意味がないのでしょうか。いえいえ，断じてそんなことはありません。悪事を働いた人が反省する，それは社会的通念を満たす行為です。したがって，反省指導を行うことは，被害者の納得を得られる可能性が高い。それは指導者の納得も，さらに加

害者の（自分の悪事に気付けたという）納得にも波及する可能性があるのです。この「納得」という帰結について，私は反省指導に勝る指導法はないと思っています。

　ということで，反省指導を行うときには，少しでも深い内省に辿り着ける方法を採用したい，そこで「結果を考える練習」を行っていただきたいと思うのです。

8.　対話による指導

　それでは性的逸脱行動のある人への教育的な介入法を紹介しましょう。

　今からお話しすることは，性的逸脱行動のある人との接し方，つまり相互のやりとりを大切にし，対話を交わしながら，支援や指導を行う方法の紹介になりますが，注意していただきたいことが2点あります。

（1点目）

　この「対話」という言葉，通常は言葉による「やりとり」を意味しますが，本書では言語に限定せず，言語（言葉）と非言語（ジェスチャー・表情等）を包括した「やりとり」，つまりコミュニケーションに近い意味で用いていきます。

（2点目）

　会話と対話を同列に扱いません。会話は要するに「言葉を交わすこと」で，もしそれが楽しく盛り上がれば，あなたは素晴らしい会話を交わしたことになります。

　これに対し，対話は出発点が違います。要するに考え方や感じ方の異なった人が「言葉を交すこと」，私はこれが対話だと捉えています。したがって，楽しく盛り上がることは，対話の一義的な目的ではなりません。「お互いの考え方が違うということがわかった」。これは素晴らしい対話ですし，「お互いの考え方の違いがわかった。しかしよく見ると，一致するところもある，まずはそこから話し合ってみませんか」。これはもっと素晴らしい対話が交わされたことになるのです。

　以上の2点を押さえた上で本章のお話へ戻ります。

　さて，本章での展開は，支援対象者の努力に過大な期待をかけません。むしろそういう働き掛けは避けるようにします。その一方で，対話によって，「努力したような気になってもらう」とか，支援対象者はわかっていないのですが，対話によって「わかっているような気になってもらう」という進め方を推奨していきます。ただ，こうした対話を重視する展開法は，今まで用いられてきた，助言とか説論，あるいは傾聴受容を重視する方法とは考え方が異なりますので，支援者には少し練習が必要になるかもしれません。練習には本章でも触れていますが，詳細は小栗正幸著『思春期・青年期・トラブル対応ワークブック』（金剛出版，2019）をご参照ください。

9.　性器いじり

　特別支援学校へお邪魔すると，かなりな頻度で，性器いじりへの対応について相談を受けます。それは男子に多いのですが，女子の相談もときどき出てきます。

　大体において，耳とか，鼻とか，出っ張っているものや，耳の穴とか，鼻の穴とか，指が入るものは，子どもにとって格好の（元手のいらない）玩具なのです。しかも，微妙な「くすぐったさ」を感じる部分ですから，比類のない自己刺激（大げさに言えば，自分が世界内に存在するという証になる刺激）になるものなのです。したがって，暇な時間とか，緊張が高まる時間とかの，行動レパートリーが狭く（何をしたらよいのかわからない），特定の行動がパターン化しやすい子どもの一部は，そうしたとき，せっせと性器いじりをなさるのです。それも授業中に，パンツの中へ手を入れて。

　そこで，「いままでどうされてきましたか」と質問すると，「それは止めなさい」と何度も注意してきましたが，一向に改まらないというような返事が，異口同音に返ってきます。でも，考えていただきたいものです。そうした説論で性器いじりが止まる子どもは支援のいらない子で，そもそもそういう子は，人前での性器いじりなどしません。

　そこで私のやり方を紹介します。まず，「性器いじりの止め方」と，「性器いじりをしないようにする」ことは，やることが違います。

　「止め方」は目の前で行われている性器いじりを止めるよう叱責することです。

　「しないようにする」方法は，性器いじりをする必要性が無くなるよう支援を行うことです。

　まず叱責の方からいきましょう。叱責の目的は，瞬時にその行動を止めることです。そして私ならこう叱責します。

　もしそれが授業中に起こっているとしたら，あなたは授業を進めながら性器いじりをしている子どもの机に近付き，机の上に，そっと手の平を置きます。すると子どもは，手の動きを止め，あなたの方を見ます。そこであなたは子どもに向けてニッコリし，グッジョブサインを送ります。察しのよい子どもなら，この段階でパンツの中から手を出すのですが，中には指の動きは止めても，パンツから手を出さない子もいます。

　自発的にパンツから手を出した子どもへは，グッジョブサインをOKサインに替えると，子どももニッコリ（またはニヤリ）とする場合が多いものです。

　自発的にパンツの中から手を出さない子どもへは，机の上へ手を戻すよう，あなたはニッコリしてジェスチャーでの指示を，それでも手を出さない子どもへは，ニッコリして軽く子どもの手にあなたの手を添え，クレーンのように持ち上げて，机の上へ，そこでグッジョブサインをOKサインに替えて，ニッコリ，そうすると，たいてい子どもからニッコリ（またはニヤリ）が返ってきます。

　これは何をやっているのでしょうか。子どもの不適切な行動を止めたのですから，これは立派な叱責になっています。従来の叱責がうまくいかなかったのはどうしてでしょう。「それはダメです」という，あなたの意思は，言葉として子どもに向けられたのですが，それによって子どもとの間に，肯定的なやりとり（コミュニケーション）が起こらなかったからです。

　それに対してこの介入は，最初から子どもとのやりとり（机の上に手を置く）から出発し，し

かも，口頭での叱責に比べ，「ダメ」という否定的なメッセージが桁違いに弱く，ジェスチャーゲーム（遊び）の要素もあるので，子どもへ支援者のネガティブな姿勢が伝わらなかったからです。

　いかがでしょう。これが私の行ってきた叱責です。通常の学校であっても，たとえば授業中に私語を交わしている子どもがいたら，「授業中のおしゃべりは止めましょう」という口頭の指示ではなく，普通どおりに授業を進めながら，おしゃべりをしている子どもの机の上にそっと手を置く，子どもは瞬時におしゃべりを止めてあなたの方を見る。そこであなたはニッコリして，子どもにグッジョブサインを。すると子どももニッコリ（ニヤリ）とする可能性が高いので，グッジョブサインをOKサインに替える。授業中のボンヤリでも，ボールペンの分解組み立て作業でも，何にでも使え，あとくされを残しません。

　だから私は，このやり方を「子どもの頑張りや努力に依存しない，叱責のユニバーサルデザイン」と呼んでいます。

　ただ，残念ながら，ここで停止させた子どもの不適切行動は，また再発する可能性が高いと思います。

　なぜなら，ここでは子どもの不適切行動を止める手当てはしましたが，その行動を減らす手当ては，何もしていないからです。それを充当するためには，この不適切な行動の背景にある子どものニーズを査定し，不足するものがあれば，それを満たしていく介入が必要になるわけです。

　たとえば，学業成績はどうか，語彙力はどうか，対人認知はどうか，コミュニケーションのスキルはどうか，マナーに関するスキルはどうか，実際の友だち関係はどうか，異性関係はどうか，親子関係はどうか，といった，多層な支援領域の中で不足しているところを満たす，これが不適切な行動を減少させる支援法で，本章でお話ししているのは，そこへ至るバイパス造りの工事のようなものです。ぜひとも本書第Ⅱ部「教育」にある知恵も結集して対応しましょう。

10.　わいせつ行為

　まず，男子のお泊り会でよく起こるエピソードのお話をします。キャンプでも友だちの家でのお泊り会でもかまいません。一晩中時間の拘束を受けず，邪魔する者もいない。そうした状況での雑談，一定不変の確率で出てくる話題がこれ。「お前，あれしてるか」「週何回くらいするのか」もちろん自慰の話です。みんなしているけど，普段は「あからさま」にできない話題は，こうした場面で盛り上がるものです。

　まあ，たまのキャンプやお泊り会なら，この程度でよろしい。しかし，寄宿舎や児童養護施設のような場所で，この話題に火がつくと，普段は「あからさま」にできない話が，「普段の話」に近付いてしまいます。よくここで「あってはならないことだ」と大騒ぎをする支援者がいます。でも，それが人情というものですから，仕方ありません。そもそも施設では，キャンプのような状況が日常的になりますからね。

　この場面で，リーダーシップを発揮する支援対象者がいると，それが決定打になることもあります。たとえば，勢いに乗って，皆で自慰を見せ合う希少体験とか。しかし，ここで知っておきたいのが，次のような発展です。

　興味津々の友だち二人が相互自慰を実験してみる。これがキャンプのエピソードとして単発したくらいなら許容範囲だろう，と私は思います。仮にこれが友情の発露として，持続的に繰り返

されるようになれば，それは全く異なるエピソードの可能性があるので，性的逸脱行動だと決め付けてはいけません（第Ⅳ部をご参照ください）。

　問題になるのは，全く別の要素がある場合，つまり力関係において弱者にあたる年下の仲間とか，断るスキルの弱い仲間に，力の強い誰かが，自分が興味津々になっている行為を強いる。ここからが本章の守備範囲になります。そして，この相談が寄宿舎や児童養護施設，ときには学校から私のところへ寄せられます。それへの対処法は，前項までにお伝えした対応を。エッわかりませんか？　私の方がエッですよ。

　まずは，「そういうことはダメです」という禁止を振りかざさないこと（既に触れた社交儀礼的な挨拶として使う程度なら大丈夫です）。どうしてもダメという指導をしたいのなら，そうした行為が出てくる前に，マナー教育として全体指導の中で（年中行事として）実施するようにしましょう。マナー教育の方法は，一方通行の講話ではなく，参加型のワークショップによる展開を企画してください。

　次に，支援者は支援対象者の頑張り（自制心）に無闇な期待を寄せないこと。これに頼るから，「またやった！」と叱らねばなりません。

　それではどうするか。たとえば食後の自由時間，テレビ鑑賞くらいならまだしも，居室内での雑談はできるだけ避けること。避け切れない場面があるとしたら，談話室での雑談を含め，職員もその場に加わること。監視するのではなく，グループワークの場面だと捉え，危ない（怪しい）雰囲気が出てきたら，職員が全体をリードすること。ときには，あなたが大好きな人生訓話も大丈夫（これを楽しく発展させる工夫は今からたくさん出てきます）。

　ともかく，性器いじりの挿話で提示した，グッジョブサインやOKサインを通したやりとりは活発に行ってください。そして何よりも，前思春期（小学校高学年くらい）になったら，できれば居室は個室にすること。それが無理なら，寝台ごとにカーテンを付け，入り口のドアを少し開ける（ゴムのストッパーを付ける）配慮を。

　もちろん，見通しの悪い物置には鍵を，必要なときは職員の許可をもらって鍵を開けるようにし，見通しの悪い通路のコーナーにはカーブミラーを（衝突防止にもなります）。共同トイレの上履きは入り口にきちんと並べる整理整頓のルールを。ここまでやって事故が起こったときは，反省指導での対応を，ということです。

11. 人目をはばからず

　さて，これも困ったものです。

　教室内や学校の廊下でイチャイチャする。登校途中の駅のコンコースで抱き合っている。ときには駅のホームにあるベンチでキスをしたり，身体を愛撫したりする。

　不特定の人に見られたいのでしょうか。それとも見せたいのでしょうか。まあ，そういう青年もいるかもしれません。しかし，実際に彼らから話を聞いてみると，見られたいとか，見せたいはおろか，そもそもそんなことは「何も考えていない」人がいて，学校や施設の先生方がびっくり仰天され，私のところへ「人間として何かが欠けているのではないでしょうか」という相談が舞い込む，私は「そんなことではないようですよ」と応じていく。まあそんな図式です。

　何かが欠けているとすれば，羞恥心が弱いということでしょうが，それにしても社会適応を阻

害する致命的な欠陥，といえるようなものでもなさそうです。この不思議な行動の謎を解く鍵は，「相手がいる」ということなのですが，答えを出してしまう前に，指導としてやってはいけないことからお話ししましょう。

この状況，正論として行うべき本来の指導は，「そんなことは人前ですることではない」という説諭だと思いますが，これはお止めいただきたい。

この指導の問題点は2つ。まず1つ目の問題，それは「人前ですることではない」というところです。なぜなら，この二人，人前だから，まだ抑制が働いている。「そうか，人前ではだめなんだ」と素直（？）に思い，公園の多目的トイレへ移動されたら，それこそ誰の目も届かず，抑制が消失する可能性があるので，まだ人前でしていただいた方が安全なのです。

そして2つ目（こちらの方が重要），この説諭をもう少し子細に読み取ると，「そんなことは人前ですることではない，ということを『きみはわかっていない』から，そこを教えてあげます。だから私の話を聞きなさい」というメッセージであり，この『きみはわかっていない』というところ（たしかにわかっていないのですが），ここが好ましくないのです。

なぜなら，これは完璧に正しいと思われるメッセージだからです。エッ？ ですか？

もう少し説明しましょう。完璧に正しいと思われる答えというものは，それ自体で完結してしまう傾向が強いので，後に含みを残せない，つまり対話を発展させる余地がないのです。

支援対象者に，どうしても完璧に正しいと思われるメッセージを伝えたいときは，せめて「きみがわかっていないから，そこを教えてあげます。だから聞いていなさい，『と私が言うと思いましたか？』」と質問を加えてください。そうすることで，ほんの少しだけ対話の余地が広がります。

それはともかくとして，最初に少し触れた「相手がいる」ということが，この望ましくない行動の「答え」になる，というところへ戻りましょう。つまりその男子が好きになった女子の登場です。ともかく引き合う相手がいるのですから，この女子は対話を発展させる強力な助っ人になってくれる可能性があるのです。

ここで，救いの女神である女子に対して，支援者がよくやってしまう失敗は，恋人同士を別々に指導しようとすることです。なぜなら，二人は付き合って（好き合って）いるのです，これを別々に指導するということは，「望ましくない交際だから別れた方よい」というメッセージになりかねない。それが伝われば，「人の恋路を邪魔する奴は馬に蹴られて死んじまえ」という，人類の歴史始まって以来，恋仲を引き裂かれようとした恋人同士が発する，最強度の反発を，あなたは指導場面へ招き入れることになってしまいます。あなたには，これと一戦交える自信がありますか？ ともあれ，好き合っている二人なのです。そういう男女交際はダメという指導は控え，二人を（望ましく）応援するあなたの思いを伝えましょう。そうすると，その男子が好きになった女子はあなたへの心強い味方へと変貌します。

おわかりでしょうか。こうした危なっかしい男女交際をしてしまう女子から話を聞くと，彼女らは異口同音に，同じことを言い始めますよ。「あの人のこと好きだし，一緒にいると楽しいし，腕を組んで散歩したいと思うし，ときどきはホッペへチュッとしてほしいけど，人前でのディープキスは（本当は）恥ずかしいし，嫌なのです。だけど断ると付き合ってもらえなくなるかも，と不安で，我慢しているのです」と。

　ぜひ，二人にあなた（指導者）を交えて恋バナ（恋の話）を盛り上げ，その中で，彼女の本音を話しやすい雰囲気を作り（これが対話です），彼女の口から，彼氏に本音を語っていただく。これは私が知る限りで，最も美しい恋愛指導になるのです。もし女子の方がこれを口にすることに抵抗を感じるのなら，あなたが代弁してあげ，そのとき深くうなずくよう打ち合わせましょう。

　そこであなたは，男子に向かって「○○くんも，このことはよくわかっているのだけど，キスはしてあげたいし（ここでキスはしたいしと言わないよう要注意），少しモヤモヤした気持ちの中でキスを交わしていたのですね。彼女が言ってくれたように，『ここはホッペへのチュッくらいにしておいて』の方が彼女は嬉しい，だったらきみもそうしてあげたいと思うでしょう。彼女のこと大好きなんだからね」というところへ落していく対話を試みてください。これって，本当に美しい恋愛指導だと思いませんか。

　もちろん，対話ですからシナリオどおりに事が運ばないこともあるでしょう。たとえば，男子の方が「そんなことオレらには関係ないし」と言い出すとか。

　そういうときあなたは，男子の方を向いてニッコリし，「また心にもないことを」または「そう言うと思ったよ」と伝え，すぐに女子の方を向いて，ニッコリ「彼氏はあなたのことが好きだからあんなことを言うんだよ」とサポート。だいたいこれで男子の方もニヤリとします。

　ここで男子に対する２つのフィードバックの言葉をお伝えしましたが，これはその場の雰囲気や，男子の性格に合わせて使い分けます（迷うときは前者の方が無難）。

　おわかりでしょうか。それはダメというところへ落さないよう，人を好きになることの素晴らしさ，彼氏は彼女のことを心配しているし，彼女も彼氏のことを心配しているよ，というところへ持っていく対話を工夫しているわけです。その中で，人前でやってよいこと，控えた方がよいことを，彼氏と彼女の恋愛関係を前提に話し合いましょう。あくまで二人の人間関係を大切にして，その中で本書の第Ⅱ部に出てくる教育的な事項も伝えるようにしましょう。

　と，崇高な雰囲気で二人を持ち上げましたが，最後に少し覚めた目でこの話を締めくくります。つまり，それでどうなっていくのかという後日談です。ある意味不思議なこのラブラブ状態について，いろいろ相談を受けてきましたが，この恋が長続きしたという話はあまり聞きません。だいたいは夏の夜の夢というか，季節が変わるくらいか，せいぜい半年くらいのスパンで，恋が終わることが多いようです。しかもラブラブに見えた二人がケロリとしているので，指導に当たった先生方が，「あれは何だったのか」と首を傾げる。まあ，そんなものかもしれませんね。

　なお，このやり方を支援者に伝えると，「最近は女子の方が積極的に男子へ抱きついたりすることが増えましたが，そうしたときはどうしますか？」と質問されることがあります。「そのときは，男子と女子の立場を逆転させたらいいのではないですか」と答えています。嗚呼‼

12. 上から目線

　ここからは，人目はばからずの奇行ではなく，具体的な性的加害行動のある人，たとえば女子に抱きつく，更衣室から女子の衣類を窃取する，女子トイレをのぞくなど，前章で取り上げた痴漢と類似した行動，はっきりいえば，既に性犯罪圏内にある性的逸脱行動への対応についてのお話です。

　ところで，犯罪となると，私は少年鑑別所での勤務が長かったのですが，そこへ送致される非

行少年は，だいたいにおいて髪は茶髪，服装は派手，姿勢は悪く，口調はため口，という人が多いものです。ところが，ときどき髪は黒髪，学生服着用，敬語を使い，大人しい印象を与える人と出会うことがあります。ここから先は，そうした非行少年風ではない人が主役になるお話が多くなるということを押さえておいてください。

　ついでに一言，興味深いことに，多くの非行少年たちは，「あの子らは僕らの仲間ではない」と言います。そこで「それではどういう人だと思う？」と尋ねると，「う～ん，よくわからない人だよ」と答えることが多いのです。私は，非行少年たちの見識はある意味正しいと思います。

　まず，彼らとの対話で注意してほしいのは，「どうしてそんなことをしたのか」とか「もうそんなことはしないように」という「やりとり」を増やさないことです。

　前者は事実確認のときには必要なやりとりですが，これは尋問ですね。後者は指導者の思いは伝えていますが，忠告ですね。いずれも，相互性のある「やりとり」，つまり対話になっていないので，指導的な意味合いは薄くなってしまいます。彼らは，せっかく異性との交際とか，恋愛とか，対話にはもってこいの領域で，対人関係エラーを起こしている人たちですから，エラーについて尋問したり，糾弾したりするのではなく，ぜひ異性談義とか恋愛談義を盛り上げる対話をしてほしいのです。

　まず，彼らが共通して持っているものは，異性への興味なのですが，異性のことは火星人のこと以上にわかっていません。また，恋人はほしいと言うくせに，そのためにすべきことは，地底人のこと以上にわかっていません。そんな彼らですから，指導者の皆さんにお願いします。彼らにこそ，異性談義と恋人談義が必要です。ぜひ恋バナ（恋の話）を通した対話を交してください。たぶん，以下にお話しするような対話で交流が進み，指導に役立つ時間を彼らと共有できると思います。

　まず，その対話を深めるため，本書の第Ⅱ部「教育」には素晴らしい宝物が並んでいます。つまりあなたが彼らに伝えたいと思うこと，彼らが知りたいと思うこと，そのほとんどがそこにあります。その中から，彼らに教える必要のある課題を選び，彼等の気付きを促進するような配慮を加え，彼らと対話する，これが「支援を必要としない人」への，あなたが行うべき教育的対話です。でも残念ながら，こういう人は，たぶんここでの主役ではありません。よろしいでしょうか。彼らに気付いてほしいことを，実は彼らも気付いているかのように扱い，それは自分の考えとして，既に自分の中にあると，彼らが思えるように導く，これが「支援を必要としている人」への，あなたが行うべき支援的対話になります。ここで用いる対話の手続きはもちろん後者の方ですね。

　まずは彼らのニーズに答えましょう。既に述べたことですが，ともかく彼らは異性のことを知りたがっています。ところが，「異性のことを知りたいですか」と問うと，彼らはたいてい「別に」と答えます。エッ！　約束が違うと思いますか？

　でもねえ，これはあなたの聞き方が悪いのですよ。私の話がここまで核心に迫っているのに，あなたは本当に恋バナの仕方をわかっているのですか？

　わかりました。ビギナーズコースで進めなければいけないようですね。そもそもですよ，今から恋バナを始めようとするときに「あなたは恋バナをしたいですか？」なんて聞きますか？

いっぺんにその場が白けます。どうもあなたの感性，今日のお話の主役と似ているような気がしてきました。そんな形式的な問答になってしまうから，彼らには恋人ができないのです。いいですか，そもそも恋バナというものは，「あなたは恋愛に関心がありますか」という出発点は設けないのです。そうではなく，「(興味津々な) 恋愛の話で盛り上がろう」ですよ。そうすると，「別に」と言っている人でも，少し動きます。たとえば，乗りが悪く，一座の隅っこで，われ関せずの顔をしている人もいますが，知らぬ顔をしながら，実はしっかり聞いていることが多いですからね。

　次に指導者としてやってはいけないことは「きみは恋愛をした経験はあるの？」と聞くこと。この質問は野暮の極み。なぜなら，気持ちの通じ合う恋愛経験のできる人なら，女子の衣類を窃取したり，トイレをのぞいたりなどしない。ともかく，まともな恋愛ができないことをえぐり出すような質問は，絶対にご法度です。また「恋愛したいと思いますか？」これも野暮すぎる。よろしいですか，恋バナをしようとしているのですよ。無難な入り方は，たとえば「好きなタイプはどんな人？」からでしょう。あなたがいつもしている恋愛話を思い出して頑張ってくださいね。

　そうすると面白いことが見えてきます。彼らは，実は (人としての女子) のことを知りたいのではなく，メイドさんのような女子のことを知りたいのです。つまり，彼らのお相手として必要なのは，女子という「人」ではなく，彼らのご機嫌をとり，言いなりになってくれる，使役的な「役割」を担う女子のことなのです。そこで，ここでの彼らに対する，支援的対話の方向性が見えてきますが，その前に，彼らのこの目線，何といいますか？

　そうです，あなたもよくご存知の「上から目線」ですね。でも，いわゆるパワーハラスメントにおける上から目線（力関係での直接的な支配性）とは少しニュアンスが違い，彼らにあるものは「わがまま」とか「自己中心的」といわれるレベルでの「上から目線」だと思われます。しかも，そのことに関して彼らは全く無自覚です。

　つまり，この上から目線は，パワハラのような強いものが弱いものを支配する（粗暴な）直接的被害はもたらさない代わりに，セックスハラスメントとか，性的逸脱行動のような，（見方によっては，パワハラより質が悪く卑劣な）被害をもたらすものだ，と私は以前から考えてきました。

　保護者や彼らへの指導者は，彼らが持っている上から目線に，薄々気付いておられることが多いのですが，一方の彼らは自分のそうした傾向に，全く気付いていません。したがって，これは彼等に，ぜひとも気付いてほしいところです。とはいえ，この「上から目線」を説論するだけでは，彼らはそれを他人事のように聞き流すか，反発的にしか受け止めないことが多いものです。先程，ここでの支援的対話の方向性が見えたと書きましたが，その方向性とは，この上から目線対応そのもの，これを恋バナ対話の中で展開したらどうなるか，それが次のお話になります。

　私にだまされたと思って，彼らに「きみが求めている女子って，メイドの仕事をしている人のことかい」と聞いてみてください。彼らは「違う」と答えますよ。そこで間髪入れず，「そうだろうね。もし仕事としてメイドをしている人がきみのお相手なら，きみはその人に，お金を払わないといけないからなあ」と返答，そうすると，彼らはかなり高い確率でニヤリとします。

　この「お金を払う云々」のところ，たぶん彼らは，私がその話を持ち出すまで，全く考えていなかったことだと思います。でも私は，彼らも考えていたことだ，という前提で対応しています。彼らにも，おそらくこの指摘はわかりやすいので，（自分の考えとして）こっくりうなずくの

です。

　ここは支援的対話の美味しいところです。私なら，「きみはすごいな，そんなことを理解できる人はあまりいないと思うよ」と補強し，さらに「自分の考え」としての定着を図るため，次のように語りかけます。

　「そうかあ，そういうことになると，きみが求めているのは，仕事とは無関係に，きみのことを大切に思ってくれる女子のことなのだ，と私は理解したけど，それで大丈夫かな」，これを否定する支援対象者はまずいませんから，さらに対話を進めますが，そこで予想される落し処（対話の中で起こるいくつかの山場のようなところ）は，おそらく次のようなものだと思います。ただこれは，あくまで対話の流れの中で起こることなので，その表出順は基本的に順不同です。

　なお，以下の記載には「同意」という言葉が何度も出てきます。これは，支援者の言葉（意見）に支援対象者が反対しないということ，つまり「なるほど」とか，「それはそうだろう」とか，感じ方はいろいろでしょうが，ともかく，支援者が促した気付きに，支援対象者も同意し，それを共有した，ということを意味するものです。

　恋愛は必要だということへの同意。しかも恋愛の相手は自分に必要な人だということへの同意。しかしそれは，自分の使用人のような人ではないということへの同意。

　次に，恋人としての必要感とは，空腹時に何かを食べたいという必要感とは違うということ，つまり生命維持のための必要感ではないということへの同意。それが証拠に，世の中には恋人のいない人などいくらでもいるということへの同意。さあ，いよいよ恋愛の核心へと入っていきますよ。

　恋人の必要感についてもう少し掘り下げます。そのため，たとえば「私たちはどうして恋人を必要とするのか」という疑問を提示することもあります。まさに恋愛談義の真骨頂ですが，この質問は相当に抽象度が高く，見方によっては哲学的な問い掛けでもあるため，彼らが応答に窮する場面が出てくる可能性があります。そうしたときは10秒以上の沈黙は作らないように配慮しましょう。私たちはいま，非指示的カウンセリングを行おうとしているわけではないのですから。

　たとえば，「きみも私と同じことを考えていると思うけど」（と一言添えてから），「一人ぼっちで寂しいとき，一緒に話ができる友だちがいれば嬉しい，それが異性の友だち，さらにそれが恋人だったらもっと嬉しいからね」。ここで彼がこっくりうなずけば同意が成立した証拠，さらに核心へ迫ります。

　「だから，自分のタイプの女性が身近にいれば，僕たちは相手の気を引きたいと思うものだよ。相手の気の引き方は知っていますか？」こう切り出すと，彼らはたいていエッという顔をしますから，「きみもよくわかっていることだと思うよ」（と一言添えて），「その女の子にゴマをすって，何でもサービスすることじゃないのかな」，と伝えます。ここで彼が「そのやり方はおかしい」と反論してくれたら素晴らしいのですが，困ったことに案外コックリうなずく人もいるのです。そうしたときには，間髪を入れず「でも，きみもよく知ってのとおり，そんなことしたら多くの女の子は，きみのことを気味悪いと思うのじゃないかな」と伝えます。つまり，女子にやたらゴマをするような男は，相手から気味悪がられるか，こいつは利用できる男だと卑下されるか，どちらに転んでも，好きになってはもらえない，ということを伝えたいわけです。そこで，もし「それはおかしいのではないですか」と，支援者の言葉に異議を挟む支援対象者が出てきた

ときは，もちろん「ごめん，ごめん，きみが私の間違った意見に気付くかどうか確かめたくてついついテストをしちゃった。でも思ったとおりきみは凄いね。もう恋愛ビギナーズコースは免許皆伝だと確信したよ」ですね。

　これは何をやっているのでしょうか。上から目線の人への「揺さぶり」です。そして「きみもよくわかっている」という前提を作ると，相手を批判する必要がなくなるところがミソですね。

　以上，このセッションでの対話の落し処（彼らに気付いてほしいところ）をいくつか紹介しましたが，これはあくまで，私が必要だと思っている落し処です。読者の皆さんがそれ以外に，彼に気付いてほしいと思うことでもあれば，そこでの対話を試みてください。

　そこで，最後に大切なことを一つ，今までも私たちは，ここで示したようなことを，説諭の中ではけっこう行ってきました。しかしそれは，支援者からの一方的な説教に傾きがちの展開になっていたのではないでしょうか。それを，彼らとの「やりとり」，つまり対話を通して行う，それが私たちの方法なのです。この点をお伝えすることができれば，本章の目的は達成されたことになります。

　さあ，対話を通した性的逸脱行動への対応，いかがでしたでしょうか。もちろん，こうした指導や支援を重ねても，性的逸脱行動が止まらないことは十分に考えられます。だとしたら，こういう介入を試みること自体が無駄になるのでしょうか。私は違うと思います。

　それは，「この人には避妊の仕方を教えても避妊しない可能性が高いから，教えることは無駄だ」と言っているのと同じです。やっても無駄だから教育は必要ない。これこそ本末転倒した考え方ですね。たしかに，こうしたやり方では解決に繋がらないこともあると思います。しかし，このやり方は，従来の叱責や説諭に比べると，支援者と支援対象者との人間関係を歪めたり，損ねたりする可能性は限りなく低いと思います。私には，人を相手にする仕事の中で，一番大切なことはそこだろうと思えるのですが，いかがでしょう。

（小栗正幸）

第5章
女性の性的逸脱行動とそれへの対応

はじめに

　女子の性行動に関して一般的に男子のような被害者を作りません。つまり，女子は加害性というより不特定多数の人との性交渉や売春への親和性を高めやすいところがあります。したがって，そうした性的逸脱行動に対処する必要性が出てくるわけです。これは，男子とは対処法が全く異なります。

　女子の性的逸脱行動には，性的虐待の被害が絡んでいる場合が多いことをご承知おきください。ここでいう狭義の性的虐待は，家族または，その代理者たとえば母親の恋人や内縁の夫のことを指します。広義の性的虐待はいわゆる「ナンパ」を隠れ蓑にした性暴力を指します。ここでは，広義の性的虐待を扱い，その深刻さについて述べていきます。

　恋愛関係以外の女性への性行為には，だいたいナンパが絡んでいます。ナンパは，性的な下心のある男性の誘惑です。ナンパのお相手に交わされる会話に，まずもって相手を傷つけるような言葉は使いません。

　「かわいいね」「めちゃタイプ！」など，自尊心の獲得に課題を抱えている女子にとっては，とてもとても甘い誘惑となってしまうのです。さらに，飲食代等すべて男性が支払います。これも快体験そのもので，男性の下心の部分は巧妙に隠されています。そうすると，被害を受けた女性は，その被害の認知が生じにくい状況が形成されてしまいます。ここまでの段階で，ナンパの被害にあっている女子は，たとえそれがナンパであることに気づいても，ナンパ者の言葉に逆らいにくい状態になっています。なぜなら，自尊心の獲得に課題を抱えている女子にとっては，性を通して「初めて一人前に扱ってもらえた」という微妙な状態に陥ってしまうことが多いからです。

　さらに，自分が受けた性被害の認知が希薄な状態で盛り場へ足を運ぶ行動が増え，誘惑に乗る行動が増える深刻な状態に陥ります。仮に，ことが終わった段階で「変なオヤジにやられた」と気づいたときには，時すでに遅し。「ダメな自分」という，さらなる自尊心の低下を招き，否定的自己同一性と言われるような，ダメな自分としての行動が増えてしまう。

　ナンパで傷ついている自尊心の回復は望めず，その傷をより広げることにしかなりません。この経験は，当該女性にとって人生観や価値観に長期にわたって悪性の影響を与え続けます。悪影響の長期化という点では，広義の性的虐待は狭義の性的虐待に比べて遜色のないものだと私は思っています。この事態は，深刻そのものなのです。

　では，このような女子へどのように対応していったらよいのでしょうか。一般的に男子の逸脱行動への対応には，加害性に対する非行対応が必要ですが，女子の場合は，被害に対する性についての学びが必要になってきます。ただし，学校で行われているいわゆる性教育の中核をなす啓発的な性の学習とは，やり方には違いがあります。特に，妊娠や性感染症に対して，よく用いられている方法（たとえばセックスすると妊娠するかもしれないし，性感染症になるかもしれな

い，今妊娠しても育てられないでしょう？　とか，性感染症にならないように，不特定多数の性行為は怖いことよ，など）危険性を指摘し安易な性行為の自制を促すようなやり方を実施すると，それは彼女らにとって威嚇として認知されやすくなります。ただし，女性や男性の生殖器の名称や仕組み，月経の仕組みや周期の割り出し方，月経痛への対処など基本的な性の知識については，きちんと教えていきます。彼女らと関わってきた私の経験から，この辺りの基礎，基本的な性の知識が驚くほど無知なことが多いからです。基礎基本といえば，日々の生活である「衣食住」。ここにも眉を潜めるほどの脆弱性が現れています。たとえば，清潔感。毎日入浴して清潔な下着をつけているか，自分の月経に清潔，安全，安心の観点（専用の下着やナプキンの準備や失敗しない取り替え方，月経痛への対応など）で対応ができているか，周囲から見た自分をイメージし，身だしなみがきちんと整えられているか，「男の人とあんなこと，こんなこと，そんなことしているのに」自身の体のことについては無頓着であることが意外にも多いのです。

　そこで，学校でよく行われることが，できていない項目を列挙して表にし，できたかどうかを確認していく「チェック表」というもの。課題が見える形でわかりやすく，1日のうちに何ができていて何ができていないのか，一目瞭然でわかりやすいものではありますが，これだけで終わらないようにしなければなりません。確かに，このような小さい約束を守れないような人が，大きな約束（この場合は，性の逸脱行動をしないということ）が守れるだろうか？　という疑問が出てきますが，いわゆる「管理」すること以上に「素敵な女性」（大人の女性イイオンナという言葉の方がピンとくる女子もいる）をイメージさせることの方が，ずっと未来に向けた学びになると思うのですがいかがでしょう。たとえば，対象者が好きな（興味関心をあらかじめリサーチしておく）芸能人やアニメなどの写真や記事を切り抜いてボードにしたり，スケッチブックにコラージュしたりして，毎日見えるようにしておく。「どんな自分になりたいのか」そこに想いを馳せ，宣言する，すぐにできそうなことをピックアップしてみる，など彼女らの主体性をくすぐる支援の方が実は，ずっと効果的なのです。

　前述した基礎基本的な自身の体についての学びや，性行為から起こりうる可能性について個別でじっくりやってもいいでしょう。しかし，個別学習だけですべて完結はできません。集団の学びにも参加し，周囲の考えや意見を聞く，ということを行い「他者の感じ方」を知る，自分とは異なった感じ方，考え方や，いわゆる一般的な意見や考え方に触れておくことも大切なことなのです」。

　彼女らから性行為の話を耳にすることがありますが，その際に大切なことは，彼女らの性行為を否定してはいけないということです。なぜなら，それは，彼女らを否定することに繋がってしまうからです。ここでの支援者のポイントは，「性に対して開かれた態度」であることです。それはどのような態度かというと，「一度に複数の相手と性行為をした」「不特定多数の性行為をした」「アナルセックスをした」「もっとしたい」などなど彼女らが，性を感じることを否定しない，性行為のいろいろなバリエーションを求めていることを否定しない，性対象の選択に関して否定しないという態度のことです。このやりとりがうまく行き始めると，彼女らは，性の話題に対して非常に饒舌になることが多いものです。支援者は傾聴し，話しやすい雰囲気を作り，ときにはユーモアを交えることもやりとりの雰囲気を助けます。ときには，彼女らの口から語られることに驚愕することがあるかもしれませんが，事実は事実として批判的にならず，しっかり受け止めましょう。それによって，彼女らには，初めて安易な性行為への用心深さが生まれます。

威嚇による禁止と内発的用心深さ，どちらが指導効果として優れているのか，それは言うまでも
ないことです。ただし，指導者は女性であることが大前提になります。この場は，男性立ち入り
禁止領域なのです。なぜかわかりますか？　性の話の対象を男性にしないことは，「性は秘め事。
こんな話，同性の，しかも一部の限られた相手にしかできないのよね」という認知を形成してい
くためでもあるのです。これは，不特定多数の男性とあんなこともこんなこともしてきた彼女た
ちだからこそ，厳守したいことなのです。

　さて，以下に記すのは，彼女たちへの具体的支援の方略です。なにをどのように，どんなふう
に進めていったらよいのか，すぐに使えるやり方で示しました。

1．面接

　本人と保護者と面接するところからがスタートです。面接は，行動上の問題が発覚し，本人の
事実確認をした上で保護者と行います。事実確認については，彼女（以下：対象者）とは既に話
をしているので，保護者とは別々で面接をします。場所は，学校，放課後に設定します。

　ここでのポイントは事前に対象者の，性のアセスメントをしておくことです。

　プライベートゾーンの名称や仕組み，性交により起こる可能性やその意味など性に関わること
について「どのくらい知っているのか，経験しているのか」を簡単に聞いておきます。ここでは，
ほとんどの対象者は，特に性行為に関わることに関しては，本当のことは言いませんが根掘り葉
掘り聞かなくても，学習が進んでくれば自分から話すようになるので，あまり詮索しなくてよい
でしょう。ただし，対象者へ一問一答で答えさせるような野暮な聞き方はご法度です。今回の
行動上の問題を切り口に，「ふーん，では，○○って知っている？　へえ，ではしたことあるの
ね？」などサラリと聞いてほしいものです。対象者が答えやすい雰囲気作りも大切です。間違っ
ても，聞き取った内容を一言一句逃すまいと，躍起にならないでください。聞いたことは記
憶して面接後に記録に残すようにしましょう。

　面接では，保護者に事実を伝え，必要であればまず産婦人科に通院を依頼します。目的は，性
感染症に罹患していないか，もしくは妊娠の有無を診察してもらうためです。私のこれまでの経
験から，レディースクリニック（産婦人科）への受診を怖がって拒否をする対象者たちがほと
んどです。これまで受診した経験がないため，見通しの持ちにくさが不安に繋がっているからで
す。対象者の持っている情報では，股を広げて「あそこ」を医者に見せなければならないといっ
た程度で，あるのは恐怖と不安だけ。

　そこで，少しでも対象者が安心できるように地域のレディースクリニックの情報を集めて，提
供できるようにしておきましょう。クリニックの特色を始め，どのような診察をどのようにする
かなどを具体的に伝えたりするようにします。また，そのクリニックは，「緊急避妊（モーニン
グアフターピル）」を処方できるところであるようにしましょう。

2．目的確認

　次に，今後の個別の学習の目的を確認します。このとき，保護者からこのような言葉が聞かれ
ることがあります。「先生，教えたことでうちの子『また（性交）やっちゃう』『やって（性交）
もいいんだ』と思わないか？」と。これは，「性教育を教えたら，性行動に走らないか？」とい

うよくある支援者や保護者からの疑問と同様です。そして続きます。「もう，休みの日とかには，厳重に家で見ますから。どこにも，遊びにも行かせないようにしますし，スマホも取り上げました」と。

　即座に答えます。「教えたことで，（性交）やっちゃわないかって？　お父さん，お母さん，もうお子さんは既にやっちゃってますよね（ここは，保護者の言葉に合わせて，あえて「やっちゃっている」を使用します）。しかも，私たち大人の想像をはるかに超える行為をしていますよ。スマホを取り上げても今のご時世，ネットカフェに行けばすぐに誰かと繋がれますし，ゲーム機からでも容易に見知らぬ相手とコミュニケーションを取ることができます。もっと言うなら，友達のスマホを借りて，繋がることもできるのです。休みの日に自宅から一歩も出さないなんて，そんなことできるでしょうか。卒業後，社会人になれば確実にお子さんの世界は広がります。現実的なことを考えましょう。今，正しい知識も情報もないお子さんが安易に性行為をしていることが危険だと思いませんか。健康に生活していくための正しい知識と情報をきちんと学ぶようにしていきましょう。女性ですから，性交していたら妊娠する可能性も十分あります。予期せぬ妊娠をしない，させないための学びも必須だと思いませんか。もちろん，お子さんがわかるように学び方には工夫をします。学びの内容はこのように考えています」と学習プログラム一覧を見せながら伝えます。

　また，「いまどきの高校生なら，みんなやってる（セックス）でしょう。なんでうちの子ばかりがこんなこと言われなくちゃならないのか？」とおっしゃる保護者に対しても有効な語りかけにもなります。

　最近では「高校生で付き合っているんだから，当然でしょ，ハグハグ，チュッチュッもバレないところでやればいいのよ」などということを子どもに伝える保護者もいらっしゃるようです。

　「みんなって，誰ですか？　本当にやっていますか？　思春期の男女が二人きりになってブレーキかかると思っているんですか？　めちゃくちゃ考え方が甘いですよね？　雰囲気に流されて挙げ句の果てに娘が妊娠したら，どうするんですか？　自分の娘だけは妊娠しないと思っているんですか？　出産するか，中絶するか？　そんな重量級の選択を娘にさせるんですか？　中絶手術を選択したとしても体や心にどれだけの負担がかかるのかわかっていますか？　出産を選択したら子育てが始まるけど，ほぼほぼ子育てを引き受けるのは，おじいちゃん，おばあちゃんになったあなた方ですよ」。

　そう言ってやりたくなるという支援者の声をたくさん耳にします。皆さんの心情，お察しします。しかしながら，若者の安易な性行為の結末をイメージできない保護者もいるのは事実ですから，伝え方にも一工夫が必要だということなのです。

　大変悲しいことですが，嬰児の遺棄致死という事件が実際に起こっています。10代や20代の女性が自宅の風呂場やトイレ，ホテルで出産し，困って畑に埋めたりごみ箱やロッカーに放置したりする事件は，年間を通じて必ず起こっています。

　「困ったら相談するっていう手があるのよ」「ヘルプの出し方を練習してみよう」特別な配慮を必要としている人の抱える課題の一つに「相談を依頼する」ということが挙げられます。一人で困って抱えてしまうことが多いからです。「誰に，何て，言えばいいかわからない」「そもそも，『困っていること』がわからない」といったことすら耳にします。

　対象者の脆弱性は，知的能力，発達特性，衝動性の高さなど，対象者自身が行動のコントロールに弱さを抱えているところ，またその行為によって，何が起こり，何を失うかといったイメージできないところにあります。事件化された嬰児遺棄致死を思うとき，すべての事件とまでは言い切れませんが，前述した脆弱性を持ち合わせていたのではないかと，頭を過ぎりますが，いかがでしょうか？

3．個別の学習プログラム

　対象者にも保護者にも「どんなねらいで，何を学ぶか」学習プログラムを提示します。学習した内容は，必ず紙媒体で残していきますのでファイルを用意してもらいます。毎回必ず目を通してサインをするなど学習への協働を促すためです。また，これには，裏ミッションがあります。それは，毎回学習した内容を保護者も見ることで保護者にも，性の学びを促す，ということです。保護者世代も，ほとんどこれまでに，いわゆる性教育を受けてきていません。親子同時にまとめて，支援者が繰り広げる性の学習に誘ってしまいましょう。「お母さんも，知らなかったことがあったって言っていました」対象者が報告してくれることがあります。「そう！　お母さんも知らなかったことを学べたあなたはすごい！」とここでも，肯定的フィードバックをしてあげてください。

　時間については，1 セッション，45 分が適当です。60 分では長いのです。しかし，学習に対象者がのってきて，「もっとやりたいです！」ということが，少なからずあります。しかし，「もうちょっと！」のところで終わるくらいがちょうどいいのです。その言葉が聞かれたら，支援者みょうりに尽きるというもの，しめたものです。学習プログラムが終了した際に，面接で保護者と本人に，45 分，集中して取り組んだことを大いに称賛してあげましょう。

（1）私のこと

　学習のプロローグです。私の好きなものやこと，夢中になって取り組んでいることを聞いて紙面に起こしていきましょう。強みや，いいところさがしは，どうしても対になる弱みやダメな部分が出てきてしまいます。これから始まるこの学習は，いわゆる自分の生き方に繋がる「生き方の学び」ですから，より未来に繋がる未来思考を育てましょう。もしかして，「私の好きなこと？　そりゃセックスに決まっているじゃん」。そう，彼女が答えたらなんと返しましょうか？　そうしたら，こう答えてください。「そう，なかなか言いにくいことをはっきり言えるあなたって，貴重な存在よね」と肯定的フィードバックをしてあげましょう。その上でさらに，「すてきなセックスができる大人の女性を目指して」を目標に，PATH の手法（Planning Alternative tomorrow with Hope「希望に満ちたもう一つの未来の計画」）を用いて，この目標を達成するための必要な力，必要な人などを明確にしていきましょう。まさか，PATH の手法がこんなことにも使えるとは夢にも思わなかったかもしれませんが，対象者への肯定的フィードバックを徹底的に心がけると，このような方略が生まれてきます。

　＊PATH の手法とは，カナダで開発された手法。日本では，「障害のある人と関係者が一堂に介し，その人の夢や希望に基づきゴールを設定し，ゴールを達成するための作戦会議」として紹介されています。

個別の学習プログラム（＊毎週1回45分）

回数	学習内容
1	私のこと～どんな大人になりたいか～
2	私の気持ちとそのコントロール法
3	プライベートゾーン
4	女性器
5	月経について
6	男性器
7	性行為について（性交，妊娠，出産，中絶手術　性感染症）
8	避妊
9	メディアと性
10	性被害の現状と相談先
三者面談	

この学習プログラムの大きな特徴は，ストーリー性があるところです。どの学習でも大切にされることの一つであると思いますが，基礎基本から学び，次時に繋がる必然性を持っています。

(2) 私の気持ちとそのコントロール法

「ぴえん（悲しい）」「まじおこ　げきおこ（怒）」「キモ（きもち悪い）」若者の感情を表す言葉は，年々短縮，簡略化され，大人のわれわれにとっては，もはや解読・理解不能になりつつありますが，バラエティに富むそれらからは，若者の感性の素晴らしさを感じるものも少なくありません。このように，感情をコントロールする方略もバラエティ豊かにしておきたいものです。

このセッションでは，自分の気持ちの「晴らし方」リラクセーション，発散方法を支援者と体感し，「自分で自分の気持ちのお世話ができる人」を目指します。

こういったセッションでは，支援者の「引き出し」が試されるときでもあります。事前に，自身のリラクセーション方法を洗い出して，手持ちが少ない！　と感じたら周囲の支援者から情報を集めてみましょう。

思春期の若者が日々穏やかに過ごすことは，とても難しいことです。自分ではどうしようもできない，ホルモンの仕業なのですから。ただ，イライラしてから対処しても皆さんご承知の通り，ほとんど効果はありません。なので，日々落ち着いているときからの習慣として身に付けていけるものがベストなのです。

たとえば，自分のお気に入りの香りを持っておく，ラベンダーやローズなどのオイルやハンドクリームを塗って嗅ぐ，香の効能を一緒に調べてみる，ゆっくりと深呼吸をする，鎖骨の周辺を渦巻き状にぐるぐる摩る，頬やおでこ，こめかみ，口回りなど軽く指でタッピングする，といったすぐにできるやり方を教えてあげましょう。

(3) プライベートゾーン

この子たちに，今さらプライベートゾーンを教える意味があるのか？　なんて言わないでください。案外知らないのです。3カ所，全部答えられる子は，実はとても少ないことに気づかされ

るでしょう。知っていても，2カ所が関の山。「胸とあそこ？」「おまたと胸？」正しい名称で答えられる子も少ないのです。そこで，正しい名称で教え，ついでになかなか出てこない「口」を付け加えてあげるのです。なぜ，口もプライベートゾーンに入るのでしょうか？　それを伝える

皮膚と粘膜の違いを実験で提示する

には，「皮膚と粘膜」の違いを実験を通して体感させることが一番です。実験といっても，なにも大掛かりではありません。バケツと水の入ったペットボトル，それから皮膚に見立てた合皮と粘膜に見立てたフェルトを準備します。対象者に，合皮とフェルトに順に水をかけてもらい，その違いを口にしてもらいます（第Ⅱ部第4章「一回性の教育」（P.91）も参照してください）。

　「皮膚（合皮）はどうなっていますか？」「弾いている」
　「では，こちらの粘膜はどうでしょうか？　粘膜は口と性器のことですよ」
　「あ，染み込んでいる！」
　「正解！　そうね。見ての通りですね。汚くしていたり，汚い手や物が入ったらどうなると思う？」
　「バイキンがそのまま，体に入るってこと？」
　「ご名答。付け加えると，口は唇だけじゃなくて口の中，喉も同じですよ。これをよく覚えておきましょう」

　このようなやりとりができていればOKです。ここを押さえておくと後に行う性感染症の学習の際，役立ちます。
　この学習プログラムの第2回目にプライベートゾーンの学習を行うことには，意味があります。体の学習に入っていくプロローグがこの時間にあたるのです。そこで，きちんと「性器」という言葉を使い，向い合せること。そしてこの話をできる間柄の「私とあなた」に気づかせることなのです。

（4）女性器

　自分の性器に3つの穴があることを知らない女子たちは，本当にびっくりするほど多いのです。男性と違って，女性器は体に張り付いているので，なかなか目で見ることができません。小さい頃に母親から「お部屋で自分ひとりの時に自分の体の一部である『あそこ』を見るように」言われた経験のある人なんて，皆無ではないでしょうか。なかなか母親も，言いにくいものです。そういった保護者が口に出せないようなことを支援者が語ることが，大いに必要なことだと思うのですがいかがでしょうか。

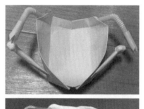
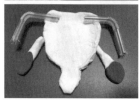

尿道口，膣，肛門，これらをリアルすぎず「思わず可愛い」と対象者が口に出してしまうくらいの性器教材を使用して教えてあげましょう。これは，身近にあるもので簡単に作ることができます。支援者と一緒に作成しても，もちろんよいのです。性器の名称，仕組みを学ぶことは，科学的に自分の体に介入したことに

おり紙やフェルト，紙粘土など手軽に作れる女性器（内性器外性器）

なります。この性器を学ぶことは，自分ごととして捉えられるリアルな学びです。今まで知らなかったことをたくさん知ることができ，モチベーションも上がります。そして，こういうときに，これまで語られなかった性体験をポツリポツリと話し始めることが出てくるのです。

（5）月経

「初めての月経はいつだったか覚えてる？」「前回の月経の始まりと終わりを知っている？」この発問から始まります。多くの対象者は，初潮は覚えていても，前回の月経について答えられないことがわかります。そうです，かなりの割合で自分の月経には無頓着なのです。

最近では，スマートフォンのアプリで，月経までをカウントダウンをしてくれる機能がついていたり，浮腫みやすい時期や便秘しやすい時期など自分でも気づきにくい体調を教えてくれたりする機能まで揃っています。まさに女子にとっては，体調管理の強い味方。これを教えない手はありません。しかし，周期の数え方は，ダイアリー手帳を使ってカレンダーで日にちを一緒に数えて割り出し方を教えることも忘れないようにしましょう。ダイアリーは，もちろん自分で使いやすいものを選んで購入して，毎日携帯するようにします。このように体調管理ができるようになったことを喜ぶ対象者は，少なくありません。わかって，できるようになることのサポートこそが，私たちのお仕事なのです。

複雑な月経の仕組みを伝える時は，タブレットを持ち込んで YouTube を使用します。学びの内容が難しくなると対象者は途端に嫌悪感を抱きますから，スマホやタブレットを持ち込んで，操作性を含んだ学習にしていきます。なかなか正しい性情報を入手できにくい現在ですが，正しい性情報の入手先も教えるよいチャンスです。そうすると，何が起こるかというと，次回のセッションの際に「先生，『シオリーヌ』の YouTube で，勉強してきたよ」と。なんと学びの復習や予習をしてくるようになるのです。このセッションが終了してからでも，何度でも見ることができ，しかも正しく，新しい情報も入手できるのでまさに一石二鳥です。

月経痛の予防だけでなく，女性の体の健康には「温活」と呼ばれるように温めることがとても大切です。自宅でできる温め方法や外出中にできる温め方法を一緒に話し合ったり，調べたりしてもよいでしょう。また，月経痛を和らげる効果のあるピルの服薬についても紹介しましょう。

卵子（女性の持っている命のもと）について触れておくことで，次時のセッション（性交）に繋がっていくのです。

　＊シオリーヌとは，助産師，看護師の資格を持つユーチューバー。若者向けに性教育の情報を定期的にYouTube で配信している。

（6）男性器

　このセッションでは，「愛しいペニス」と嬉々とした表情の対象者と，相手にあんなことこんなことされていても「一度もペニスを見たことがない」という対象者と二極化します。科学的に学ぶ，という一貫性を持たせながら，対象者の呟きにも耳を傾けましょう。科学的に，というのは，正しい名称に加えて機能面を伝えることです。排尿や月経血の出

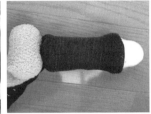

手軽に作れる布製，男性器（内外性器）

口が分かれている女性器とは違って，尿と精子の出口が同じであるけれど，混ざらないようにできていることなど，体の不思議さや巧みさにも気づかせる，ということです。ペニスを生殖器として認識させる学習です。

　男性器も，女性器同様に身近なもので簡単に作ることができます（『学校でできる！　性の問題行動のケア』（東洋館出版社）参照）。

　精液（精子とその他の分泌物）については，形状や量を個人差とともに伝えて，その上で，目に見えない精子（男性の命のもと）を紙面に起こして（おたまじゃくしのような形状）「こんなかんじ」を教えてあげましょう。おたまじゃくしの形状の頭部は，その男性の「遺伝子」があること。ここまで触れておしまいですが，次回のセッションの性交を科学的に伝えるときに，必ず役立ちます。

（7）性交とその可能性

　これまでに女性器と男性器を学んできているので，性交も科学的に教えることができます。

　対象者は，鏡張りのラブホテルの一室で自分と相手の性器の結合を見ながら性交している者から，「膣」という名称すら知らず，どこに相手の「なに」が入っているのかさえわからない，とかなりの温度差があります。自分の体に「なに」が起こっているのかをきちんと把握させましょう。このときに，男性と女性の合体の人形など持ちいらなくても，これまでの学習の流れから性器の模型を提示して話すことで理解できます。わかりますか？　これが，この学習プログラムのストーリー性です。

　卵子と精子との出会いのシーンは，実際に DVD で見せましょう。NHK の「人体の驚異」がわかりやすく，集団の学びでも活用している 1 枚です。卵子と生死の合体から生命のダンスを踊りながら子宮内膜に付着する，この科学的かつ神秘的な様子を見て「あなたがここにくっついたのね」とサラリと伝えましょう。時々対象者の中には，「勝手に親が産んだ。本当は，生まれてきたくなかった」となんとも切ないことを訴える子たちがいますが「そうかなあ，ここにくっつ

いたのは，この映像から見ても一目瞭然，『私（あなた）』だと思うけどね」とだけでよいのです。

性交から起こる可能性についてはホワイトボードを使用し，「どうなると思う？」とやりとりをしながらチャート形式に記入していきます（巻末付録「性交した後におこるかもしれないこと」（P.220）ダウンロード可能）。

妊娠したら，どうするか？　2つしか選択肢がないことに気づかせてください。そして，現在の自分はどちらを選んだらハッピーになれるか？　考えさせてもよいでしょう。

出産，中絶の話の際には，体や心の負担だけでなく，経済的な負担，「親」になることを事実として伝えますが，同年代の「声」を届けることも効果的です。それは，若年妊娠をして，出産，子育てをした人や中絶手術を経験した人の体験談です。

性感染症については，性交のバリエーションに触れていきます。ここでは，きっかけを作ると，対象者の方がかなり饒舌になります。学習プログラムの学習の中でも最大の山場になっていることを支援者は実感することでしょう。

膣とペニスの合体だけでなく，ペニスを口で舐めたり噛んだりするフェラチオ，膣を舐めるクンニリングス，口の中で射精する口腔内性交，アナルセックスと呼ばれる肛門性交，肛門を舐めるアニリングスなど，経験した，または，関心があるといった性行為が，対象者の口から飛び出すかもしれません。そのような性行為は，粘膜であるということをここで，再度思い出すようにしましょう（ファイリングが役立ちます！　ファイルをめくって，性器のページを押さえて「皮膚と粘膜の実験」の振り返りをしましょう。その上で，性行為に関わる病気，性感染症は（対象者によっては，「性病」の方がピンとくる人もいます），非常に種類が多いということに触れて，罹患率の高い病気を伝えましょう。このときに，性感染症に罹患した人の映像や写真などを提示する必要はありません。そうするすることは「脅し」として機能してしまいます。

「いやあ，とても，この病気の画像はここでは見せられないのよね」とだけ伝えておけば十分です。そうすると，こちらで画像を見せなくても，対象者は，セッションの後に自分で調べます！

罹患したら，自分の体を守るため，また他の人に感染させないようにするために女性はレディースクリニックに，男性は泌尿器科に受診することを伝えておきましょう。対象者のしてきた行為を（「あなたがやってきたことは，実はこんなに危険なことだったのよ」）と脅すのでも否定するのでもなく，感染症というリスクの事実を伝えることで，性行為と結びつけるのです。

(8) 避妊

前時のセッションで，性交の可能性をチャート式で伝えました。そのチャートを使いながら，妊娠をしないためには，確かな知識と技術が必要なのだということをきちんと教えましょう。「予期せぬ妊娠を避ける」ということがこの学習の目標であることを，支援者は今一度思い出しましょう。

避妊は，性交してから「すぐに飛び跳ねること」でもなく，「コーラをあそこに入れる」ことでもなく，「同じ血液型の女子とできるだけ一緒にいること（月経が感染すると思っている）」でもなく，膣外射精や相手の「大丈夫」という言葉では断じてありません。これまで蓄積した誤った知識を一気に削ぎ落とす作業が必要になります。

「セックスしても，赤ちゃんができないやり方知っている？」と尋ねてみてください。きっと，

誤った知識や情報が満載です。

　日本には，驚くほど避妊方法がありません。この日本の状況にメスを入れるべく「なんでないの」というプロジェクトも立ち上がるほどです。対象者は，すでに本番（性交）を経験しています。しかもそのほとんどが「ナマ」と言われる避妊なしの状態です。ここで，コンドームを見せて装着をトレーニングをすることに意味があるでしょうか？　トレーニングしてほしいのは，むしろ相手の方です。避妊の学習でコンドームの紹介をしておいて，こんなことを言うのも変ですが，コンドームは避妊の効果は多少あるけれど，完璧ではありません。しかし，一般的な方法として，また男性の女性への「セックスをするときのエチケットとして，こういう物があるよ」と実物を見せることにしています。おそらく，取り出して中までしっかり見たことがある対象者は少ないはずです。「知らなかった。初めて見た」という対象者もいるでしょう。そしてこのコンドームが性感染症を防ぐことができる唯一のアイテムであることも伝えましょう。また，対象者自身が「ゴムアレルギー」であったら，使用できません。自分のアレルギー事情について知っておく機会にもなるでしょう。

　性感染症の予防はできませんが，予期せぬ妊娠を防ぐためには，ピルの服薬が欠かせません。ピルも実物を見せましょう。ピルをきちんと服薬すれば99％は，避妊できるのです。

　緊急避妊（モーニングアフターピル）についても，処方可能な最寄のクリニックと合わせて，72時間以内にかかることを説明し，紙面で渡しファイリングするようにしておきましょう。スマートフォンで，インターネットで調べたページをスクリーンショットにしておくこともよいでしょう。

　対象者のできる避妊を考えたときに，本人に努力をさせるようなやり方を選択しては，難しい場合があるかもしれません。たとえば，清潔感や身だしなみに無頓着な対象者は，決まった時間に忘れずに服薬していくこと，定期的にクリニックに通院するなど，こういったことが「きちんと」できないかもしれません。保護者が管理を徹底してくれるようならよいのですが，それも望めそうになかった場合，どうしましょうか。

　IUD（子宮内装着リング）という方法も，選択の余地にしてもらいましょう。対象者の性交は，止められない，でも予期せぬ妊娠は避けたい場合です。

　＊「なんでないのプロジェクト」日本でも，特に若い人たちがSexual Health（性の健康）を当たり前に守れる社会になってほしいとの思いで立ち上げたアドボカシー団体。

（9）メディアと性

　大人であれば，アダルトビデオやアダルト本は，見るものを戸惑わせるくらい刺激的に描く意味がわかっています。これらは，消費者の購買意欲を煽り，そそり，お財布の紐を緩めてやろう！という意図が隠れていることで，虚構と理想の世界が描かれているということだと知っています。

　要するに，アダルトビデオの世界は，ドラマであり，演技であり，作られているものなのです。しかし，アダルトではないティーンエイジャーは，その区別がついていません。対象者も同様です。ですから見たことのある対象者，まだ見ていない対処者にも，「あれはね，作り話の世界」であること，「『男性目線（男性の好みで）』で作られている世界」であることを理解させたいところです。

スタッフと俳優，女優の間で綿密に打ち合わせがされて「撮影」されているものであり，お芝居だから「誰がここでセリフを言って，この時にこっち向いて，アップにするかどうかとか，台本があることを話して，非常に驚いた対象者がいました。

もう，お亡くなりになりましたが，紅音ほたるさんというアダルトビデオの女優として活躍していた方がいました。その方が，「そんなセックス本当はないんだよ」というコラムを書かれています。支援者が，「これは，実際に演じていたアダルトビデオの女優さんが言っている話だよ」と読み聞かせをしてあげるのもよいでしょう。アダルトビデオ＝ファンタジーであり「あれが本当ではないということを覚えておいてね」と。

　＊（松本俊彦・岩室紳也・玉川潤哉編『中高生からのライフ＆セックスサバイバルガイド』 日本評論社）

（10）性被害とその相談先

都内にある，婦人保護施設の利用者の80％以上に知的障害があったり，障害者手帳を所持していたりする，という現実を知れば，目の前にいる対象者の予後を心配せずにいられなくなるのは当然のことでしょう（婦人保護施設における“生と性”をめぐる今日的課題〜婦人保護施設に辿り着く女性たち〜女性の健康学校〈ジョイラボ〉講演：横田千代子）。

学校に通学している間は，保護者や関係機関と連携したり，対象者と顔を合わせて話をしたりして，繋がっているからこそできる支援があります。しかし，卒業後に家出をして，消息不明になってしまった場合，これは手の打ちようがありません。それすらも見通して，正しい情報を提供しておく，それがこの学習の目的です。

威嚇や脅しとして捉えられないように，現実に起こっていることを淡々と伝えていきます。こんなふうに話し始めるとよいでしょう。

「学習プログラムが最終段階に入りました。ステップアップしてここでは，女性と社会のことにも目を向けてみましょうか。それは，実際社会で起きている女性の性の被害のことです」。ここからが始まりです。

「あなたも，わかっているように（この言葉はとても大事です）女の子が家出をするということは，とても危険なことですね。どういうことが起こっているのか，ニュースで見てみましょう」。

タブレットで，ニュースのページを開いて一緒に読んでいきます。そこで，「泊め男って知っている？」と質問してみましょう。このキーワードで覚えていないかもしれませんが，ほぼほぼ「家出のときに，泊めてくれる人」だと認知していることでしょう。「泊め男」は，家出少女らから以前「神」と崇められていた時期もありました。行き場のない自分たちの救世主とでもいいましょうか。しかし，責任のあるいい歳をした大人が，判断能力の未熟な少女を言葉巧みに誘い出し，自らの監視下に置くなど言語道断。しかし，ここで「泊め男」に向けて支援者として罵詈雑言を浴びせ，餌食になってほしくない，と訴えたところで効果は期待できません。それよりも，「家出ではなくて，『あたし，困っている！』とヘルプを出せるところがあるよ」と困っているときに手を差し伸べてくれる適切なサイトを紹介します。相談窓口まで，なかなかたどり着けない女の子たちが，気軽に立ち寄れる安全なサイトです。

　特定非営利法人が困難を抱えている女子や女性が，搾取や暴力に行き着かなくて良い社会を目指して活動している団体があります。その団体のラインやツイッターを支援者が取り込んだスマートフォンを見せて紹介しましょう。そこには，対象者が望む，同じ年代の女子のリアルな声，何を考え，どう，感じて生きているのかを聞くこともできるからです。このような情報は，対象者からその友達へと拡散されていくことも期待しているところです。

4．約束

　個別で進んでいく性の学習の際に心がけたいのは，指導的にならずにもちろん感情的にならず，支援者自身の性の価値観は，そっと横に置いておくことです。彼女たちと向き合う中で，ジャッジしないということが支援者にとって，求められることなのです。そして，否定せず，共感せず，同調しながら雑談にならず，ざっくばらんに学習を進めていくことです。「ざっくばらんに？　でも雑談ではない？」少し，難しいことを言っているでしょうか。いえいえ，私と彼女の間に「境界」を作ればいいのです。具体的に言いましょうか。それは，「約束」を取り付けることです。具体的には，「教育」でも記述したように学習の事前に行う，あのことです。

　・発言や質問があったら，話が終わってから聞きます。
　・誠実に取り組みます。（ファイリング，サインをもらう，筆記用具を持ってくる）
　・プライベートな話に先生は答えられないこともあります。

　同性での個別の学習は，学習が進んでくる中で非常に濃密な時間となります。生徒の方から思わぬカミングアウトが出てくることもあります。自分の詳細を吐露したとたんに，「先生は？」と聞いてくることもあります。学習の始まりに毎回，ファイルを開き約束を書いた紙面を一緒に確認します。学習中，約束を忘れそうなときは，ファイルを開いてそっと指で示します。

　しかしながら，「リアルが知りたい」と思っている彼女らの気持ちをそのままにしておいてよいでしょうか？　支援者の本気度の高さ，温度はこういうところに現れます。「私の性交は，プライベートなことだから伝えられないし，伝えたくない。でもね」の続きです。

　私は，若者のリアルを映し出しているエバンジェリストたち（もちろん女性）のブログやツイッターなどを紹介しています。彼女たちは，今時の女の子たちの心をくすぐる時代にマッチした材料を豊富に持ち合わせているし，女の子たちを危険な目に合わせたりしません。さらに，「いくとこなくなったらここに連絡してね。泊め男（家で少女に群がる下心まるだしの男のこと）の餌食にならないようにね」と救済してくれる安全なシェルターに繋がるSNSもあり，「万が一，もしものために」伝えています。

5．多層モデルでかかわる

　支援を要する生徒に対して個別の学習だけ行っておけばよいのでしょうか？　いいえ，違います。個別の学習さえしておけば，問題をどうにかできるということはありません。

　個別の学習のほか，担任からの生活習慣についてのアプローチ，集団で行う学習（校内の授業すべて），他機関との連携などそれぞれと情報共有をし，支援の方向性を探っていくことが求められます。それぞれのビジョンを明確にすることです。

　集団の授業では，個別では実現できない，同年代の他者の意見を聞く経験を大切にしていま

す。自分とは異なった感じ方，意見があることに気づくことがポイントとなります。

　さてここからは，よく支援者の皆さんから寄せられる相談を事例にして，具体的な介入の仕方を示しました。私は，第Ⅱ部「教育」のQ&Aの「Q6」性的なトラブルが発生した場合，「外部機関との連携の重要」性について記述をしました。確かに学校だけでは対応しきれない，という案件も多々あります。しかし，学校「教育」の領域でギブアップしたから他機関に委ねるという意味では決してありません。学校は，学校の役割である「教育」というお仕事を果たさねばなりません。ここから先の支援は即，指導に活かせる内容になっているので，参考にしていただけると思います。

　くれぐれも，「教えたって，どうせやるんだからやっても意味がない」などと口にしてはいけません。それは，単なる教育の敗北宣言にすぎないのだから。

A子の場合

　特別支援学校の教員をしているM先生は，未知なる領域への挑戦に，少しばかり興奮していました。何しろ担任しているA子が出会い系サイトにハマっていることがわかり，指導することになったのだから。

　A子は，入浴や下着の取り替え，清潔が定着していない不衛生な子。彼女の妹の話で発覚したのだけれど，出会い系の相手のことを「みんな，優しくて私の話を黙って聞いてくれるいい人ばかり。学校の先生はだめ，いつも怒ってばかり。セックス？　好きだよ」と言っているなかなかの強者。自分が被害者であるという自覚なんてまるでない。

　A子は，遅刻や早退の常習犯だし，忘れ物や提出物の期限も守らず，問い詰めれば嘘をついたりごまかしたりもする子なのだ。保護者に個別学習を進めていくことを話したら「先生，それはありがたいとは思うけど，避妊なんか教えたらあの子は，逆に『ああ，大人はオッケーしてくれているんだな』って思ってますますヤルようになってしまわないかな」なんて言っている。ああ，この指導はきっと一筋縄ではいかないだろう。しかし，「この事案は，M先生だけが抱える問題ではなく学年，学部全体のこととして捉えてチームとして対応していくものであり，指導，相談，連携など役割分担をしながら取り組んでいく」と，学部主事からの心強い指針がありました。そして，この問題が発覚してから，M先生は事前にかなりA子のような子への指導について情報収集し，学年の先生方に会議で次のように指導の組み立てをし提案したのでした。その意気込みは，熱いものがありました。もちろん，他の先生方からの意見も総合して，次のように指導方針を立てたのでした。

- 性の正しい知識の理解を確認するためにA子の性についてのアセスメントを行うこと。この際，一問一答式で性についての質問を行うのではなく，日常的な話を中心に進め，性の話が出てきたら爽やかにさりげなく聞いていくこと，A子の答えに否定をしないこと。
- 個別学習の始めには，「学習のきまり」（先生の話を最後まで聞くこと，質問は，話が終わってからすること，先生へのプライベートな質問に答えられないこともあります）。
- スマホやパソコンの操作はお手の物。メカが好き，というA子の強みを活かした指導，パソコンやタブレットを使用して学習を進めていくこと。

・学習終了時は，タブレットで好きなボカロを聞くことができるお楽しみを取り入れること（ボカロ：ボーカロイドとは，ヤマハが開発した音声合成技術，およびその応用製品の総称で，メロディーと歌詞を入力してキャラクターに歌を歌わせる音楽ソフトの名称）。
・ワークシートにもこのキャラクターを散りばめて作成し，興味を惹きつけること。また，学習の積み重ねがわかるようにワークシートを入れていくファイルを使うこと。さらに，ワークシートには，保護者の欄も設けて，ワークシートを見てもらうこと。

　性のアセスメントでは，Ａ子とのやり取りを記憶して紙面に起こしていました。それを見た主任は，「性の正しい知識が全くないのに，ほとんどの性行為をしている，にもかかわらず自分の体にも避妊にも無知であるがゆえに無頓着，これは危険。健康の観点から正しい知識と情報を伝えていくこと，それとＡ子さんが望まない妊娠をしないということを目標にＡ子と家族にアプローチをしていくいこと」と指針を示してくれました。
　学習は，自分ごととして捉えることができるように，まず女性である体の学習からスタートしていくことにしました。女性の先生たちと，相談した結果でした。「Ａ子に，自分を大切にするという気持ちを持ってもらいたい，しかしそれをそのままＡ子に伝えるというのは，野暮である。そう，思ってもらえるためには，「私（自分）」を作っている，私そのものである体について知ってもらおう。そう，考えたのでした。
　性器の名称や働きの学習では，案の定「尿道口と膣口が別々にある」ことを知りませんでしたし，「ペニスの挿入口が，後に赤ちゃんの通り道になる」など，驚きを隠せないようでした。知らないことが「わかっていく」ことの喜びと「生理痛」など実は抱えていた悩みが学びを通して解消されていくことやすぐに相談に乗ってもらえるという安心感から，Ａ子は，これまで感じていた疑問や知りたいことを自分から聞くようになってきました。
　さらに，否定されない，叱られないことがわかったからでしょうか，話好きな子だなという印象に変わるくらいよく話すようになりました。時には「この時間楽しい，もっとやりましょうよ」という積極的な言葉も飛び出しましたし，Ａ子は，こちらが聞いてもいない自分の性体験を語るようになりました。
　『小学校の時に，自分のビロビロ（性器）は，他の人と違うのか？　どうなのか気になったよ。で，エロサイト動画を発見してビロビロを確かめたかった。その時に女の人のオナニーを見てから真似してするようになったよ。その女の人は，野菜を使っていたけど，私はそれはできなかったな。だからスプーンを代わりに使ったよ』
　『先生，イクってどういうことですか？　男の人がさ，ぎゃあぎゃあ私の上でわめいていたけど，意味がわからなくって』
　『先生，どうしてAV女優は，セックスしているのに妊娠しないのかな。ビデオは，ホテルで相手の男の人と一緒に見ているんだよ。たまに同じことするんだ』

　「正直，返答に困りましたよ」。学年会で報告するＭ先生も，今回ばかりは恥ずかしそうでした。しかし，今回のことで彼女のカミングアウトから誤った知識や情報があることが判明。まさしく個別学習のだいご味，ここにあり！

『もし，妊娠したら？　おろせばいいじゃん。おろすからいいよ』

「おろすって簡単に言うけど手術するってことって知ってる？　妊娠の時期によっては，あなたが言う『おろす』ができないこともあるのよ」

『え？　まじで？　えー，手術って痛いんですか？　それは嫌だな』

「全身麻酔，手術前後入院するかもしれないし，体にも心にもダメージがあることなんだよ」

このやりとりから，主任が言いました。「個別学習の限界も見えるね。やはり，集団で学習してトップダウンではなくて『友達とのディスカッション』から他者の意見や考え，感じ方を取り入れなければね。避妊や中絶のことも個人完結型にならないようにしましょう。これは，A子さんだけに限ったことではないですしね」。個別学習の強みと弱みを確認できたことは大きく，今後の集団での保健学習についても，考える機会となりました

M先生から質問があがりました。「学習中に，ふとした間ができることがあります。そんなとき，どうしたらいいでしょうか？」先生方はそれぞれ感じたことを呟きます。

「シーンという感じ？　やりづらくなる？」「そうね，自分に置き換えてもなんとなく，やりにくさを感じてしまうかもね」

男性のB先生が言いました。「あえて言葉を掛なくていいんじゃないかな。むしろ，その間さえも楽しむくらいで。個別学習をA子さんと重ねてきているM先生には，その余裕も持てるのではないかな。彼女の自発性も，そういったときにこそ現れるのではないですか」。B先生，さすがでした。次の個別学習から「その間」を楽しむようになったM先生に，A子さんはさまざまな自発性を見せてくれるようになりました。

『先生，見てみて！』学習で使用しているミニホワイトボードに彼女が絵を描きました。

さまざまな様態をした男性器の絵でした。またある絵については，自分から説明してくれました。

『これはね，うちと，未来のうちの彼氏の絵だよ』

『これは，未来のうちの夢。優しい彼氏と暮らしたい，思いやりを持って生活したい。怖い人はダメダメ』

A子さんの，自発生の中に「未来」のキーワードが出てきたことや，それが「自分自身と相手の生活」に思いを馳せるものであることに，M先生は心の中でガッツポーズしました。

さて，重要な避妊の学習についてですが，ピルの学習をすれば，「ピルを飲んでみたい」，コンドームの学習をすれば「やるときは，付けたほうがいいことがわかりました」と言ったり，ワークシートに感想が書かれますが，「そのとき，そう思ったのだから」と前置きしておきましょう。何しろ実際には，毎日の入浴，下着の取り替えが課題であったり，コンドームのパッケージも指先の不器用さで噛み切ったりといった様子から考えると，「予期せぬ妊娠を避ける」ためには，本人の努力によらない方法も考える必要があるかと思いました。保護者との面談でも話しあった結果，ピルについては，本人からも希望があり，月経痛の緩和にも一役かうこともあり産婦人科で購入することになりました。「予期せぬ妊娠を避けるために」もちろん，ピルは必須アイテムですが，「本人の努力によらないやり方」を考えた時に「子宮内装着リング」の情報も婦人科で聞いてみることを提案したのでした。

B子の場合

「ええ，結構悩んでいるんですよ」。就労移行支援事業所に勤めてかれこれ10年になりりますけどね，事業所内でラブラブな二人のことでね。

2カ月前に受け入れた（B子さんとしましょうか）この方，私立の高校を卒業して就職したものの，どこの会社に行ってもうまくいかずうつ状態になり，通院先で軽度の知的障害が認められ障害者手帳を取得したのだけれど，この事業所に来て環境にも慣れ，自分から話したり笑顔も見られるようになって，うん，いいな，順調順調，と思いきや……。そしてY男さん，この事業所でも問題児，ああ，もう児ではないですね。出身校からの情報も，なかなかのものでした。この方の目に止まったらしく，猛烈なアプローチの末カップルに。Y男さんは特別支援学校を卒業して4年経っているからもう，22歳。企業に一度就職したけれど，離職して福祉事業所を転々として，ここに辿り着いた。仕事はまあ，そこそこできますよ。でも感情のコントロールが苦手なんですよね，ちょっとのことでカーッとしたりヘソ曲げたり。そんなこんなで対人関係もうまくいくはずありません。女子とトラブルを起こしたという情報も入っていたから，心配していたんですよね。でもね，どちらかというとB子さんの方が免疫がないっていうか，今まで誰とも付き合ったことがなかったようですし，アプローチを受けて舞い上がっているように見えて心配でしたよ。もちろん，いいんですよ。恋愛禁止なんてそんな時代錯誤で野暮なこと言いやしませんし，思ってもいませんから。ただね，なんていうか，人目くらい忍んでほしいわけですよ。ここは，仕事する場所ですよ。二人の世界を作り出しちゃって，いちゃいちゃべたべた。作業場所を完璧に分けましたよ，環境設定って大事でしょ，でも休憩時間になると，あっという間ですよ。ああいうのを，「よりゃあ，さわりゃあ」っていうんでしょうか。それは，出るでしょうね，ミスが，集中してないんですから。呼び出して注意したものの，効果なし。でもね，本当に，なんとかしなくちゃいけない自体になってしまったんですよ。

B子さんのお母さんから連絡があって，「帰宅した娘のズボンのおしりが血で真っ赤に染まっていて驚いた。本人に聞くと生理ではないとは言うがそれ以上のことは黙ってしまってわからない。一体何があったんでしょうか？」と。嫌な胸騒ぎ。毎日二人は一緒に帰っているんですから。何かあったに違いありません。あれや，これやで迷っている暇もなく，B子さんを呼んで話を聞くことにしました。そうしたら，でるわ，でるわ……。「ねえ，あなたそれ，なんで言わなかったの？」と聞いたら「だって，聞かれなかったから」と言うではありませんか。「相談」という言葉を知らないようでしたので，「困ったな，どうしようかな，というときに，身近に話せる人に伝えることって大切だよ」と教えてあげると，ひゃあひゃあ，泣き出すもんだから，「決して怒っているわけじゃないのよ，一緒に一番いい方法を考えたいんだよ」そう，伝えると少し安心したような表情を見せました。

「そのお尻の血っていうのは，生理だったわけね？」確認する私の言葉にB子さんは，コクリと頷くものだから，「なあんだ，そうか。何かあった訳ではないのね？」と安心したのもつかのまB子さんから，『帰り道，駅のトイレで彼が一緒に入ろうって言ってきて，何するんだろうって思ったら，セックスしようって。私生理だから嫌って言ったんだけど「大丈夫」っていうから。でも，生理痛もあったし，とにかく痛かったんです。体に何が起こったのかよくわからない。

でも，嫌って言えなかった。彼，怒るとちょっと怖いなって思うところもあったし。嫌われたくなかったし』と聞き，頭が痛くなった。これって，DV の走りじゃないのか？　彼に支配されかかっている B 子さんを救いたくなったし，体に何が起こったのかわからない？　それじゃあ，困るから性教育やらないと，って。今からでも遅くないかな。

　それから B 子さんは，私にいろいろ話してくれるようになりました。

　『彼のこと好きなんだけど，やめてほしいことがある』

　「たとえばどんなこと？」

　『帰りに別れるときに駅で，みんながいるところでキスしてくる。おでこにチュくらいならいいんだけど。舌を入れてくる。嫌だっていうと怒る。携帯も私ガラケイなんだけど早くスマホにしろ，ラインができるようにしろ，って。メールもすぐに返さないと怒られる』

　「付き合っているなら，されて嫌だと思ったことや，怖いと思ったことは相手に伝えよう」

　『嫌われないかな。でも，ちゃんと言えるようになりたいな』

　「急に言えるようになるのは難しいと思うから，ここでちゃんとトレーニングしてみよう。どのくらいの距離で，どんな表情で，声のトーンや大きさも一緒に考えてみようか」

　ちゃんと相手に自分の気持ちを言えるようになることを目指して，男性職員にも協力してもらいながら「NO！」の出し方のトレーニング開始。声の大きさのスケールや表情マークをファイリングして，自宅に帰っても思い出しができるように工夫してみました。

　奇跡！？　数日後『私自分で言えました。嫌だって，怖いからやめてって。そしたら彼が「わかった」って言ってくれました。自分でも，こんなにきっぱり言えるようになるなんて思わなかったから，嬉しかったです』と報告がありました。

　B 子さんは，学生時代に教えてもらったという月経の記録は，かなりきちんとつけてあって，「これは，見習わなくっちゃ」と内心，かなりアバウトにつけている私は猛省したのでした。

　B 子さんは，月経周期もきちんと数えて，次時の月経の予想も立てることができているにもかかわらず，避妊や性感染症，性交に関わる可能性の知識については全く知りませんでした。性交の先の妊娠や性感染症に罹るかもしれないという可能性を書きながら説明すると表情が変わり，言いました。『私はまだ，子どももほしくないです。本当は，あれもしたくなかった（トイレでの性交のこと）すごく痛かったし』

　「性感染症にかかりたくなければ，コンドームを付けた性交をすること。子どもが欲しくなければ，妊娠しないように性交をしない，またはピルを飲んだり，相手にコンドームを付けてもらったりして避妊をすることが必要だよね。でも，性交もしたくなかったら，したくない，と相手に伝えて絶対にしないことだね。ほら，この間，彼に言えたんだから，ね！　それから，避妊もしないでセックスされたら緊急避妊っていって，それができる婦人科に行ってすぐに処置してもらうことよ。ここの近くだったら LF クリニックに行くといいわ。でも，その前に避妊が何かを知らなくちゃダメよね」

　コンドームを見せながら，YouTube のアニメを紹介し，どんな役目を果たすのかを説明しました。B 子さんにとって初めてのセックスが，トイレでの背面からの性交だったため，男性器がどんなものか，知らなかった彼女は，驚きのあまり声も出ませんでした。無理もありません，幼少期から母子家庭で育ってきた彼女にとって，日常生活の中で男性との接点が全くない，男性の

下着すら見たことがなかったのですから。

　驚きと半ばショックを受けながらも，それでも『自分の体に何が起こったのか，知れてよかった。ちゃんと知らないとだめですね。もっと，知りたいです。教えてほしいです』と言いました。

　「それからね，私たち大人の女性から伝えたいことは，トイレでの性交はやめてほしいということ。トイレは決して衛生的な場所ではないし，男の人が相手のことをすごく大切に思っていたらトイレでなんか，性交しないよ。ただ，すごくやりたくなっちゃったから，という理由の気がしてならない。犬が電信柱におしっこ引っかけるみたいに，セックスするんじゃないよ，って言いたくなっちゃうよ」

　これには，かなりこたえたようでしたが，周囲にこんなふうに話す大人がいてもいいかと考えました。知識や情報だけでなく，一般的な女性としての見解も，既に社会人になっているんですから，ストレートに伝えたいと思いました。さらに，Ｂ子さんに決定的に欠けていることは，「マナー」でした。職場のマナー，カップルとしてのマナー。初めてできた彼氏で嬉しくなってしまった気持ちはわからないでもありませんが，同じことを繰り返さないように，だって，まずもって絶対こういう人って嫌われますよね，職場で。特に女性は同性に厳しいんですから。

（國分聡子）

第 6 章

性教育再編

1. カオス（混沌）とコスモス（秩序），その狭間で

（1）進まぬ！　日本の性教育　その1

　以前，泌尿器科ドクターの講演で「最近の高校生は，妊娠したらまず女性の体はどうなる？の質問にきちんと答えられる子が少ない」と嘆いておられたので，私も試してみることにしました。

　ある日の教員向けの性教育の講演会で，最前列に並んでいた教員にマイクを向けました。最前列の教員は，大抵どこも年齢の若いフレッシャーズです。

　「妊娠すると，まず体はどう変化しますか？」の問いに「お腹が膨れます」「つわりで気持ち悪くなります」「胸が張ってきます」「体重が増えます」という返答でした。最近ではこのような返答が目立ってきました。さて，いかがでしょう。これでよろしいでしょうか？

　「お腹や胸が膨れる，大きくなる，体が重くなるといった「誰の目から見てもわかる」変化が先でしたか？　あれれ，よくドラマや映画でのワンシーン，女の子（女性）が「あっ！」と気がつく表情をしてから少し考え込んでカレンダー（または手帳）に目をやる，そう，そう，あのシーン」そこまで話すとやっと「生理が来なくなる？」と自信なさそうな回答が出てくるのです。妊娠したら，体はどうなるのか？　まず，もってヒントがないと「生理が止まる」と答えられないとは……。私も真っ青です。

　この現象は，地域性によるものなのか？　そんなふうにも考えて別の会場でもしてみました。しかしながら，結果は同じでした。指導者がこれでは，生徒に教えられるはずがありません。

　案の定，思春期の女子への講演会で，子どもたちに質問した時も同じことがおこりました。彼女たちの中には「お腹が動く」という回答まで飛び出したのです。

　またこんなこともありました。

　特別支援学校の教員向けのワークショップで，「授業作り」をしたときのことです。メインテーマは「二次性徴」。初めにマインドマップ作りからすることにしました。二次性徴のさまざまな「体や心の変化」のマップを書き出す作業をスタート，「では，端から『二次性徴あるある！』を一つずつでいいですよ，言ってください」とペンを持って模造紙に向きあい，さあ，書くぞ！「体型からくるかな？　それともどんぴしゃり勃起や射精？　はたまた月経か？」と意気込んでいた私。しかし，一向に声が上がりません。振り向いた私に，中年の男子教師が言いました。「先生，わかりません」。私，絶句。そして，次の女性教員に交代。この方は20代の初任者でしたが，同じく「わかりません」。聞けば，この先生方は中学部に所属されているではありませんか。これには，私は驚きを通り越えて，「呆れる」も通過し「不安や焦燥感」に着地しました。「二次性徴」という言葉は，教員でなくても子どもも，大人も知らなくてはいけません（と，思うのは私だけではないはずです）。大人が知らずに，どうして子どもに「二次性徴」（大人に向

かっている劇的な体や心の変化）を教えることができるというのでしょうか。

　しかし，誰も彼らを責めることはできません。やはり大人世代も性教育を受けていない現実がそこにあるのです。

　日本に滞在したオランダ人の写真家で造形アーティストのヤンニ・レグニルスさんは，帰国後に著した日本紀行の中で，日本では，海外から輸入されたアートな写真集のなかの作品ですら検閲によって性器部分が塗りつぶされているにもかかわらず，街や書店や電車のなかでは，奇妙なほどの誇張された性描写の漫画が溢れており，そうした漫画を若い人たちが食い入るように読んでいる姿に呆れています。性についてオープンに語る国で育った彼にとっては，こうした性描写やそれを見る若者の姿が，どれほど奇妙に映ったことでしょうか。

　体や心の変化に伴い性の好奇心でいっぱいの日本の思春期の子どもたちが，とりあえずアクセスできるのは，漫画や週刊誌の類，インターネットの情報です。これらは，教育学的な見地からは程遠く，見るものの刺激と興奮を煽ることを目的として過大に，過激に誇張されています。こうした不適切な性に関する情報に接している子どもたちが，避妊や性感染症について正しい知識を持たずに性行為への好奇心だけを膨らませているのは大変危険な状況です。そういうやや異常ともいえる性描写に囲まれて性意識を発達させている子どもたちがいるというのに，学校は，性の問題に，あまり取り組もうとしません。というよりも，こういった子どもの現状に危機感を覚え，正しい性の知識の必要性を伝えたいと考える先生方がいるにもかかわらず，実際に学校で取り組むことは困難な事情があるのです。

　われわれ日本の学校には，正しい性の知識を体系的に，子どもたちが，学びとしてきちんと受け止められるように教えてくれる授業が大変少ないのが現状ですし，それは昔も変わりなく，現在50歳の私の学生時代（小学校～高校生まで）を振り返っても同様でした。

　「あのとき」の性の情報は，自分よりも先に性行動をしている友達や先輩であり，ティーン向け雑誌のアダルトなコーナー。多くの若者が思春期青年期の入り口で「ふれあいの性」に目覚め，性行為をするとき，避妊に関して言えば「初回が本番」。月経が遅れたときに不安と焦燥感にまみれ「今さらながら」の保健体育の教科書を引っ張り出しページをめくったという笑い話を少なからず耳にしたこともあります。しかし，皆一様に「全然，役に立たなかった」と。そこには，「今」を生きる若者にとって本当に「ほしい」知識や情報がなかったのです。そういった意味でも，日本の性教育は昔となんら変わっていないのです。

（2）進まぬ！　日本の性教育　その２

　2007年に教育学者の橋本紀子さんが監修した『こんなに違う世界の性教育』（メディアファクトリー）では，日本で性教育に充てられる授業の平均時間は，中学校の各学年で年間を通じて平均3時間，フィンランドでは17時間，アメリカや韓国では10時間と記されています。いくつかの国と比較してみても，日本は，相対的に短い時間でしか性教育を行っていないことがよくわかります。

　問題は授業時間数だけでなくその内容にまで及びます。学習指導要領の「歯止め規定」と呼ばれるものです。歯止め規定とは，すべての子どもに共通に授業すべき事項ではないという趣旨であり，学校において必要であると判断した場合には，指導することができるものです。

　性に関する指導については，個々の生徒の発達の段階の差が大きいことなどから中学校第 1 学年の全生徒へ共通した内容として「妊娠の経過は取り扱わない内容」となっています。

　この妊娠の経過は取り扱わない内容の中には，性交も含まれています。性交とは何か，セックスとは何か，学校において必要があると判断した場合には，指導ができるという建前はありますが，すべての子ども達が対象ではないということなのです。日本の中学生は，どうすれば受精し妊娠するのか，どんな行為が妊娠を誘発することになるのかは教えてもらえないまま，突然，受精や妊娠について教わる。もしくは，いきなり実体験することになっている。つまり子ども達は，性行為がどんな行為なのかということすら知らないということになります。

　実は，エイズ（HIV 感染）が世界的に問題となった 1980 年代に，世界の国々では，性教育が盛んになっています。日本でも，性教育元年とさえ言われるくらい性教育が一時的に広がりを見せました。ところが，2000 年代以降，日本では「性交」は，オブラートに包まれるどころか，バッシングさえ受け始めました。性教育そのものが「過激なものという扱いを受けはじめました。これが，歴史に残る「性教育バッシング」です。特に養護学校（現在の特別支援学校）における性教育バッシング。

　その引き金の一つは，東京都立七生養護学校の先生方が行った性教育実践でした。

　同校では，在学生である知的障害を持つ女子生徒が男子生徒と性関係をもったという出来事を受けて，教員と保護者が協議を重ね，障害児のための独自の性教育プログラムを作って実践し始めました。ペニスの模型を用意し，子どもたちの特性に沿い，見える形でわかりやすい教材教具を作り，性の仕組みを教えようとしていました。この実践は，周囲から高く評価され多くの教員が研修会に足を運んだものでした。

　しかし，2003 年，都議会議員が「過激である」として教材を没収し，東京都教育委員会（以下，都教委）に対して，同校教員の懲戒処分を要求しました。そして都教委は，この性教育プログラムに関わった教諭と校長を処分します。この処分に不服とした教諭や校長は，その後地方裁判所，高等裁判所に訴えています。裁判所の判決はいずれも，教諭・校長の行為は正当であったというものでした。都教委は，この判決を不服として上告しますが，最高裁判所は受理しませんでした。司法は，どの段階においても一貫して，学校に対する処分を認めず，学校や教員による自主的な教育実践の権利を保護しようとしたのです。

　これは，当時から「七生養護事件」と呼ばれ，各地で性教育に取り組んでいる（いた）教員は，固唾を飲んで行く末を見守りつつ，性教育への信念を持ちながらも，自分の所にも火の粉が降りかかってくるかもしれない，といった不安をも抱えていました。かくいう私もその一人でした。歩みを止めてはいけない，と思いながらも，障害者の性教育に政治家が，国会が，揺れたあの時期，われわれは感じていました。間違いなく，これで日本の性教育は，さらに後退したのだと。七生養護学校のバッシングを通して向けられた矛先は，障害のある子どもたちへの性教育だけではなく，日本の子どもたちの性教育全体にも向けられたのであると。

（3）ここが変だよ！　日本の性教育

　話を元に戻しましょう。あれ？　では，「学校において性教育の指導が必要と判断されるとき」とはどういうときなのでしょうか？　いつなのでしょう？　それは，先生方もご存知の通り「問

題が起こったとき」なのです。ということは性に関する問題については，後手にまわっても，おとがめなしよ，と言われているようなものです。しかも，必要な子どもとそうでない子どもの線引きも，性的な問題を起こしたか，起こさないかでされるということなのでしょうか。

刑法では，性的同意をする能力があるとみなされる年齢を 13 歳としています。13 歳とは，中学校 1 年生，2 年生の時期です。しかし，性教育では，中学生には性交を教えないということは，どういうことなのでしょうか。

性の問題はダイレクトに子どもたちの体や心に影響します。性行為をしたら妊娠するということを知らない子や，彼氏に言われるがままにした行為が，セックスであるということを知らずにいる子や，性被害に遭っていても，セックスを知らないために，被害に遭っていることさえわからない子もいるのです。

小学校の高学年で，女子は月経について学校で習いますが，仕組みやナプキンの使い方については扱っても，何日周期で月経がくるのが正常なのかといったところや基礎体温について教えてもらえていない現状も否めません。そうすると，遅れていることに気づくまでに時間がかかったり，月経が遅れていても妊娠を疑うことができなかったり，誰にも言わずに手遅れになってしまうことにも繋がるのです。

性交が何たるかを教えることもせずに，望まない妊娠をしてしまう，学生時代に，一人では抱えきれない重量級の選択を迫られる，中絶手術を選択したら，体や心に痛手を負ってからの介入となります。果たしてこれでいいのでしょうか？ 性交したら「どうなるか」を知っている大人として，それはかなり無責任すぎやしませんか？

さらに，障害のある子どもたちは，正しい知識や情報の目的や意味を「わかる形」で伝えてもらうことが必要です。成長する体，心，時や場所，年齢によって変化していく関係性や，人との振る舞いやマナーなど，相手の気持ちを汲み取って，感じて，イメージすることに弱さがある，サポートが必要な子どもたちに向けても，果たして同じことが言えるでしょうか？

「そういうことは，自然に覚える」と本気で思っている大人たちよ。

2. 性教育再考

国連教育科学文化機関（ユネスコ）は 2009 年，各国の研究成果を踏まえ，世界保健機関（WHO）などと協力して性教育の指針「国際セクシュアリティ教育ガイダンス」を発表しています。日本では 2020 年 8 月に改訂版の翻訳が出版されました。

5 〜 18 歳を 4 段階に分け，学習内容を提示。5 〜 8 歳で受精など赤ちゃんが生まれる過程を知り，9 〜 12 歳で無防備な性交は，意図しない妊娠や性感染症の危険があり，コンドームなどの正しい使用が有効であると学びます。中学生は健康な妊娠や出産の知識，高校生は性的な接触には互いの同意が必ずいることの理解を重要視しています。生殖だけでなく，家族内の男女平等や性の多様性，メディアが発信する性情報の問題なども幅広く扱い，性は恥ずかしいものや汚いものではなく，生きる上で大切な要素だと伝えています。

さらに，各国の研究では，性教育によって性交年齢が早まったとの傾向はなく，むしろ遅くさせ，慎重にさせる結果も見られています。インターネットなどでゆがんだ性情報が氾濫し，子どもの性を狙う犯罪も後を絶たない中，「無知と誤った情報が生命を脅かす」と教育の重要性を強

調している一方で，日本では文部科学省が学習指導要領で，中学校で「妊娠の経過（＝性交）は取り扱わない」という縛りがあり，性行動が活発になる前に正しい知識を教えることが子どもの心身を守り，性感染症も防ぐという国際的な考え方とは決定的なズレがあります。

　ガイダンス翻訳者の一人で，性教育に詳しい田代美江子・埼玉大学教授は「日本では教えるといまだにバッシングが起こり，国際的な基準から遅れ，極めて深刻な状況。子どもたちが幸せに生きるため，性教育の基盤を整えるべきだ」と話しています。

　現在の日本は，AIなどの技術革新や人口減少時代の到来，グローバル化の進展によって会社勤めや結婚して子どもを持つといった従来のライフスタイルや価値観が急激に変わりつつあります。折しも，私たちが執筆している現在は，世界中が新型コロナウイルス感染拡大により，生活環境の激変に直面しています。今後，ますます予測不能な世の中であることは，間違いないのです。

　この時代に適応するために，主体的な判断を身につけて多くの情報にアクセスしながら，さまざまな出来事を経験しつつ，多様な社会の中で自分を位置付ける力を養わなければなりません。また，多様な社会で他者と協調しながら生活することや時代の変化とともに現れる課題を解決することも求められ始めています。またこれらの課題には，常に正解があるわけではないことが増えてきています。正解がない問題が多く存在することは，これまでの時代にはなかったことです。そのため，これまでの教育ではこの変化の激しい時代には，最適ではないと考えられ始めました。

　さあ，みなさん，少しずつ日本が取るべき方向が見えてきませんか？　日本はどうありたいか，日本の子どもたちにどうなってもらいたいか，願う姿に迫るべき道は，「教育の内容や質」に尽きます。

　文部科学省は，「主体的で自分で判断できる子を育てよう」そのために，これからを生きる子どもたちに向けて「アクティブラーニング」の学習スタイル，「主体的」で「対話的」で「深い学び」を取り入れることを新学習指導要領において提唱しています。

　障害があろうとなかろうと「自ら思考し，考えて自分で決めて行動していく力」をつけておかなければこれからの世の中を生き抜いていくのは，難しい。（そう言っている！）嗚呼，その力は，一人の人間として，誰とどのような関係性を築いていくのか，はたまた誰といつセックスをするのか，子どもを作るのか，作らないのか，産むのか，産まないのか。

　人生の選択を迫られるさまざまな場面に直面した際に，自分の人生を自分らしく生きていくためにより良い選択，決定ができる力が必要でないはずありません。さらに，言うなれば親亡き後，自分で判断し行動し，幸せになる，つまり自立に繋がっているのです。

　一つひとつの決断の積み重ねが「私の人生を作る」。だからこそ，その時そのときに最前の決断を出せる「私」を世に送り出すために学校教育があるわけです。繰り返します。学校は，子どもたちの未来に責任をもつ教育の場なのです。正しい知識と情報をもとに自分で思考し，より良い方法を模索し，自己選択，判断していくことができる力を身につける責任があるのです。が，しかし，ここで一つの矛盾が生じるのが，性教育の歯止め教育なのです。理想に迫るために，子ども達が「知りたい」「わかりたい」「わかろう」とすることや，それに対して指導者が，具体的に「教えようとすること」を咎めてはならないはずです。子どもたちが自ら考え，より良い方法

を模索し，自己選択ができるためには，正しさと真実に満ちた知識と情報は，必須なのだから。子どもたちの幸せのためにわれわれ大人は1歩も2歩も前進しなければ。止まってなんかいられない。

　子どもたちはこれから，「不確実な未来」を生き抜かなければならないのだから。

3．再生

　知的障害者に性教育するなんて，教えたことで，「興味を持ってやってしまったら，どうするんだ」「そういうことについては一丁前なんだから，覚えたらそれこそ，四六時中になってしまう」なんとも，言いたい放題の声が聞こえます。そんな方々に対して，私も一言申し上げたいのです。

　あの子らの誠実さを知っていますか？　あの子らの感性の素晴らしさを知っていますか？　あの子らが学びを通して心を動かされた瞬間に立ち会ったことがありますか？　そして付け加えます。私たち教員の指導は，そんなに頼りないのでしょうか？

　侮るなかれ。あの子らは，「正しくありたい」と思っていますし，「自分のこと，（自分の体に何が起こっているのか，相手の体に何が起こっているのか等）きちんとわかるように教えてもらいたい」と思っています。

　きちんと教えられた子どもたちからは，輝き色のつぶやきと「あらわれ」を垣間見ることができます

　それは，決して，われわれ大人へのおべっかでも，なんでもなく，学びを通して得られた感動や驚き，人間の体の尊さや，周囲への大人の感謝で満ちているのです。

　第Ⅱ部「教育」でも記述しましたが，「先生，ちゃんと教えてくれれば，私にもできるんだっていうことを他の人に知ってもらいたいです」と，かつての教え子で，訴えた16歳の女子生徒がいました。そうして，こう続けました。「だから，性のことちゃんと教えてほしいのです。わかりたいのです」。この生徒に限らず，自身の体と心，人との関係の変化や成長に即した学習を通して，基礎体温の記録ができるようになった，自分の月経周期を数えられるようになった，月経の失敗で下着を汚すことがなくなった，ピルを飲んで自分の体調をコントロールできるようになった，男子では，勃起や精通があっても驚かなくなった，異性のことが気になったりエッチなことに興味を強く持ったりしても，自然で健康的だということがわかって安心した，セックスについて，相手と話し合って慎重にするべきことだとわかりました。これらは，授業の後に寄せられる感想のほんの一部です。いかがでしょう。

　保護者の中でも，性について学ぶことが必要だと思っていても，知ったことで，問題行動に繋がったら困る，と心配される方も少なくありません。しかし，子どもたちの力を信じてほしいのです。

　思春期に入っていれば，ほとんどの子どもたちは，同性，異性の体に関心を持っています。きちんとした学びの場があることで，疑問に思ったことを質問したり，調べたり，発見したことを発言してくれるようになるのです。

　そんな子どもたちの姿を目の当たりにしてきたからこそ，私は性教育をすること，子どもたちに性を伝えることに，こだわり続けているのです。

そこで，「性の学習のサスティナブルな組織の構築」のために，いくつかの提案をしてみたいのです。サスティナブルとは，言わずと知れた「持続可能」という意。性教育が必要だと知りながら，その学校組織の中で，中心人物の異動により消滅してしまい，結果手付かず，または中途半端になっていた性教育の課題に対して，提案したいと思います。

「持続可能」をもっと具体的に表現するならば，「目の前の子どもに，性教育を積み上げていくこと」なのです。自他の体や心や関係性を通して命と向き合い，自立を目指すために，一人ひとりに性教育を提供し続ける。これが，目的です。この章の結びにその手段について簡潔に述べていきます。

1）学びたくなるネーミング……もしかしたら変更した方がいいかもしれない
・「性の学習」とネーミングを前面に出すよりも「心と体のセルフケア」とか「ヘルスケアを学ぼう」など。

2）年次計画の作成……見通しをもって取り組む
・やるべきこと，目指すこと（この学習を通してこうなってほしいという姿）を明確にします。
＊巻末の付録に，高等部年間指導計画，中学部を掲載しています。参考にしてください。

3）地域資源である他機関，外部講師との連携の重視……専門家から，最新情報を得る
・waiting mode ではなく，seeking mode 自分からリソースに対してアプローチをする。
・加害や被害の予防教育は，警察署生活安全課サポートセンターの協力を経て，ゴールデンウイークや夏休み，春休みといった長期休みの前に行うと効果的。
・専門家によるコラボレーション授業を定期的に行う。

4）指導カード・教材教具の共有……効率的に進めるリソースがあると便利
・指導カード，ワークシートのデータベース化をし，いつでも誰でも取り出せるようにする。
・「科学的な視点」で性を伝える際（生殖，その仕組み，感染症など）には，ICT を活用する。
・教材は保健室等で共有スペースを設け保管する。使用の際はカードに記入し，どの学部が使用しているか，返却はいつか分かるようにしておく。

5）担当者の情報共有……組織としての学びを確立させる
・学年の担当者が定期的に学習の進捗状況，学びの成果と課題を出し合い，次時に活かす。（担当者部会）

6）保護者との連携……一番連携したい相手に働きかける
・年次計画の提示，警察や専門家などの関係機関との連携を行う際には，保護者に通知し，参観を促したり紙面で内容を公表したりして情報や支援のあり方を共有していく。

（國分聡子）

引用参考文献

宮口幸治編著（2019）学校でできる！　性の問題行動へのケア．東洋館出版社．

リヒテルズ直子（2018）0歳から始まるオランダの性教育．日本評論社．

ユネスコ編（2020）（浅井春夫・艮香織・田代美江子・渡辺大輔訳）国際セクシュアリティ教育ガイダンス（改訂版）─科学的根拠に基づいたアプローチ．明石書店．

第Ⅳ部

LGBT

ここで取り上げることは，LGBT について，学術的に考察することではなく，支援や指導の実務家として考えると「こうなる」という実像を描き出すことですが，そこで一言申し上げておきたいことがあります。

　まず第 1 点目
　LGBT の世界には言葉の混乱が起こっています。
　それは，そもそも LGBT という言葉自体が，厳密に定義された学術用語ではないことに起因するものです。考えてもみてください。LGBT，レズビアン，ゲイ，バイセクシャル，トランスジェンダー，このそれぞれが緩やかな言葉の群れを構成し，しかもその群れが絶えず揺れ動いている。まあそれは，言葉が生きている証拠でもあるわけですが，概念規定としては真に都合が悪いのです。その様相については本文をお読みいただきたいと思います。

　続いて第 2 点目
　LGBT に詳しい方ならピンと響くと思いますが，第Ⅳ部での記述は，20 世紀末に芽生え 21 世紀になって世界へ広がっている SOGI（ソジ：Sexal Orientation & Gender Identity，性的指向と性自認）の立場を尊重するものになっています。しかし，第 1 点目として書いた言葉の混乱を本書の中で起こさせることを避けるため，LGBT と SOGI の並列表記は行わず，表記上は LGBT に統一しました。とはいえ，世界の潮流は LGBT に異性愛を加えた，より広い性概念である SOGI の視点を取り入れたものになっていくと思われます。したがって読者の皆さんには，本書を通して新しい LGBT 観への理解を深めていただければありがたく存じます。

第1章

おさらい

　今からLGBTのカテゴリーに関するおさらいをします。ただし，これは通過儀礼で，ここで提示する「LGBTの全体像（と称されるもの）」は，今後そのままの形では二度と出てきません。ちょうど夜空へ流れ星が消えていくようにです。

　なぜ，このおさらいが通過儀礼なのか，その説明は，ここでの振り返りを終えてから，第2章で「それがどうした」というお話をします。

全体像

　本章でおさらいするのは，いわゆるLGBTであるレズビアン，ゲイ，バイセクシャル，トランスジェンダーと，初期の段階でLGBTから抜け落ちていた，クエスチョニング，アセクシュアル，パンセクシュアル，さらに日本製の言葉であるXジェンダーです。

　なお，本来はLGBTではないのですが，知識として知っておく必要のあるインターセックスについても，おさらいの末尾で取り上げます。

レズビアン

　身体的には女性で，恋愛対象に女性を求め，またそうした女性を受け入れる同性愛女性の総称。

ゲイ

　身体的には男性で，恋愛対象に男性を求め，またそうした男性を受け入れる同性愛男性の総称。

バイセクシャル

　身体的には，女性の場合も，男性の場合もある。

　恋愛対象は，好い人との出会いがあれば，女性が男性を求めることも，女性が女性を求めることも，男性が女性を求めることも，男性が男性を求めることもある。またそうした女性や男性を受け入れる両性愛女性と両性愛男性の総称。

トランスジェンダー

　身体的には，女性の場合も，男性の場合もある。

　身体的に割り当てられた性別に違和感を覚え，あるいは割り当てられた性別ではない性別へ帰属しようとする女性や男性の総称（女性から男性への帰属と，男性から女性への帰属がある）。

クエスチョニング

　身体的には，女性の場合も，男性の場合もある。

　女性なのか，男性なのか，性の自己自認が決まっていない，意図的に決めていない，模索して

いる，まだ決まっていないと思う，わからないと思う，違和感があると思う，要するに自己の性別に関する自己自認や性的指向性に確信が持てない，あるいは決めることへの不安がある女性や男性の総称。

アセクシュアル

　身体的には，女性の場合も，男性の場合もある。

　同性にも異性にも恋愛感情を持たないという意味で，無性愛と表記される女性や男性の総称。ただし，無性愛の人を「愛情に対して無感覚・無感動な冷たい人」と誤解しないように注意してほしい。

　英語の綴り（Asexual）になぞらえ，エイセクシャルと表記されることもある。

パンセクシュアル

　身体的には，女性の場合も，男性の場合もある。

　女性とか男性とかの性別を越えて恋愛感情が起こる全性愛の女性や男性の総称。

　好きな人との出会いがあれば，女性にも男性にも恋愛感情が起こるバイセクシャル（両性愛）の人と混同しないように注意してほしい。

　両性愛の人は，女性としての自分が女性を好きになった，女性としての自分が男性を好きになった，あるいは男性としての自分が男性を好きになった，男性としての自分が女性を好きになった，という，同性愛と異性愛の間での揺れ動きはあるが，自分の性に対する自己自認と，恋愛対象になる人の性別は意識され，その上での恋心が恋愛となる。それに対し，全性愛の人には性別の弁別を伴わない恋心と恋愛が起こる。

Ｘジェンダー

　身体的には，女性の場合も，男性の場合もある。

　性の自己自認が女性でも男性でもない，女性と男性の間で揺れている，女性として女性を愛しているわけではない，女性として男性を愛しているわけではない，女性として女性を愛するときもある，女性として男性を愛するときもある，男性として男性を愛しているわけではない，男性として女性を愛しているわけではない，男性として女性を愛するときもある，男性として男性を愛するときもある，など，揺れ動いている女心と揺れ動いている男心のある女性と男性の総称。

　一見すると，既に述べたクエスチョニングと似ているが，Ｘジェンダーは親和するか親和しないかは別にして，女性と男性という性別二分法が迷いや不安の前提にあるのに対し，クエスチョニングは性別という変数自体が（感覚的に）わからない，だから理論的に説明されても，納得に繋がる確信が得られない，当然の帰結として「決めていない」「決められない」が起こる，この違いは大きい。

　なお，LGBTはいずれも舶来の言葉であるが，その中でＸジェンダーという言葉は国産である。吉永みち子著（2000），『性同一性障害―性転換の朝』（集英社）が始まりだとされている。

インターセックス

　これは，恋愛対象への性的指向性の反映や，性別の自己自認を背景にするものではないので，厳密には LGBT ではありません。しかし LGBT 関連の書籍や記事，あるいは講演の中で取り上げられることがあるので，本章でもその伝統に従い，簡単に触れておくことにしました。

　また，インターセックスは，一般的に定められている身体的な性別が，通常の男性，通常の女性，どちらとも一致しないので，日本では「性分化疾患」という医学用語が使われています。読んで字の如し，性分化に関する疾患なので，性腺，内性器，外性器の分化に非定型の発達が起こります。

　なお，インターセックスの人にも，恋愛の対象に同性愛を求める人がいます。性の自己自認の課題で悩む人もいます。それは，インターセックスの人の特性ではなく，通常と同じ，恋愛への多様な感性から芽生えるものだと受け止めていただければ，それが正しい理解だと思います。ぜひ後の章で述べる LGBT の人への支援を行ってください。

　ということで，ここでは代表的なインターセックスの状態像を 2 つ紹介します。

・ターナー症候群

　女性に起こる性分化疾患で，性染色体の数の異常によって発症する。発症率は女性 2,500 人に一人程度と言われいる。

　症状としては，低身長（大人になった時点で 138 センチメートル前後），卵巣機能が弱いので，二次性徴が起こらないことがあり，乳房は膨らんでも月経が来なかったりすることもある。性腺機能の不全から不妊になることが多い。

・クラインフェルター症候群

　男性に起こる性分化疾患で，性染色体の数の異常によって発症する。発症率は男性 1,000 人に一人程度と言われいる。

　症状としては，二次性徴が起こらず，声変わりがない，陰毛などの体毛が生えない，外性器の成長や発達の遅滞，精嚢の萎縮や性腺機能の不全，女性化乳房を認めることもある。したがって無精子症になることがあり，生殖行為はできても，自然妊娠は困難なことが多い。

　お疲れ様でした。以上で LGBT についてのおさらい（振り返り）は終了です。

　エッ，「それだけでは終わらないだろう」ですか。そうおっしゃったあなた!!　ぜひ握手させてください。実は私もそう思う，というより「そうなのだ」と信じて疑いません。でも，それに一歩踏み込むと，LGBT というカテゴリーが崩壊してしまいます。そして，それが LGBT の偽らざる真相なのだと思います。そもそも，なぜ今までお話ししてきたことが通過儀礼なのでしょうか。そこで第 2 章へ移りましょう。

（小栗正幸）

第2章

それがどうした

通過儀礼

まず，前章で触れた「本書でのLGBTという言葉は通過儀礼だ」としたことへの説明が必要ですね。それには3つの理由があるのです。

　①LGBT論は日々進化していて，このLGBTという略号のみでは，全体像が捉えにくくなっている。

　②しかも，略号からのLGBT理解は，支援場面における支援者の自由な発想を阻害するおそれがある。

　③それに加え，後述するクィア（Queer）の主張は，従来のLGBT観，ないしはその支援に一石を投じるものとなっている。

以上の3点ですが，これだけだとLGBTというカテゴリーを批判しているような印象を与えるかもしれません。しかし私は，従来のLBGTというカテゴリーが間違っているなどと主張するつもりはないのです。ただ，既に述べた3点に照らし，支援者の立場から考えると，まずはLGBTという枠組みを一旦横へ退けておくことが望ましい，ということを申し上げたいわけです。

たとえば，卒業することと卒業式の違いのようなものです。特定の課題を完璧に解決し，それを乗り越えることは，言うは易く行うは難きもの。それが人間性に関わる課題であるとすればなおさらでしょう。LGBTも同じことではないでしょうか。

とはいえ，人間性とか人生に関わる，終わりのない課題であったとしても，適宜の区切りは必要です。早い話が，小学校，中学校，高等学校，大学，それぞれの卒業式です。これは何かが終わったわけではありません。通過点を設けて状況を整理し，次への見通しを養う。通過儀礼とはそういうものだと思います。

ですから，小学校，中学校，高等学校，大学という区切りの儀式（卒業式）が必要なわけです。しかも，それぞれのステージでの卒業式は1回で十分。だからこそ意味があるのです。

ご安心ください。その後にも入社式，結婚式，○○式，◎◎式などなど，手を変え，品を変え，通過儀礼があなたを待っていて，あなたの人生のエポックを支えてくれる「はず」です（もし「はず」ではなかったら，そのとき考えればよろしい）。

おわかりいただけたでしょうか，LGBTという言葉は一旦横へ退け，新しいステージに立ちましょう。そこでLGBTという言葉が懐かしくなった方は，第1章をご覧になればよい。第1章は卒業写真のようなものですから。

新章開幕

ここからが第2章の本論です。

そこで，先程提示した通過儀礼に関する3つの理由，実はこれが本章の論点でもあるのです。

論点１：略号化のジレンマ
論点２：略号からの解放
論点３：クィア（Queer）の登場

論点１：略号化のジレンマ

　LGBTの枠組みに，初期の段階では抜け落ちていたカテゴリーが追加されていることは，前章でお話ししたとおりです。しかも後で紹介するクィアという考え方が登場するなど，LGBTという略号が「LGBT……」といった具合に，長々と連結された貨物列車になってしまう状況が生じかねません。たとえばLGBTIQQ2SAとか，LGBTQQIAAPとか，これでは，略号の持つ「簡便さ」という大切な役割はとても果たせません。

　たしかに，LGBT概念の拡大や細分化は，進化の過程でもあるわけですから，それはそれとして，望ましいことではあるのですが，略号加算については，いかがなものか，ということにならないでしょうか。

　ありがたいことに，人間の考えることは「何処も同じもの」のようです。略号加算に関する同じような問題意識が地球規模で起こっていて，そもそも性の多様性をすべて取り上げ，ましてやそれを略号ですべて表記することなど，不可能だろう，という真っ当な意見が主流になってきました。

　そこで使われるようになった略号に，LGBTQ＋という表記があります（この程度なら私もついていける）。

　このQという略号は，前章で紹介したクエスチョニング（Questioning）の頭文字のQと，この後紹介するクィア（Queer）の頭文字のQを重ねたもの，末尾にある＋（プラス）は，「他にもあるよ」という意味が込められた記号，どうですか，この程度なら皆さんも許せるでしょう。

　これは，LGBTという言葉自体が進化していることの反映に他なりません。ということで，最初の論点は一応の納得が得られる線に到達したと考えます。

論点２：略号からの解放

　LGBTという言葉で気を付けたいことは，レズビアンとゲイとバイセクシャルとトランスジェンダーという，４つのグループから構成されている，という誤解を生みやすいところです。

　もちろん，前項でも触れたように，このL・G・B・Tを構成するカテゴリーには意味があると思います。また，LGBTという全体を包括する呼び名も必要だと思います。しかしそれを承知の上で，当事者と接してみると，当たり前のことですが，皆さんが少しずつ違う，いえいえ前言取り消し，「違うところが少しずつ違う」のではなく，「同じところが少しずつが違う」のです。

　もっとわかりやすく言い直しましょう。

　「①身体的に女性で，②自分が女性であることを疑っておらず，③髪型，④容姿，⑤服装，⑥話し方，⑦音声，⑧すべて女性で，⑨女性にしか恋情を持たず，⑩男性との恋愛経験はなく，⑪男性に性的魅力を感じない」という，レズビアンの女性，あるいはこの①から⑪を真逆にしたゲイの男性は，いるとしても希少だと思います。これは，私が半分冗談で，半分本気で申し上げることですが，「LGBTをより厳密に略称するとしたら，女性ならばLBT，男性ならばGBTだね」ということだと思っています。

　ともかく，L〜G〜B〜Tの境界線（〜）は，一般の人が思っている以上に不明瞭で，LGBTスペクトラム（連続体）とか，LGBTグラデーション（階調体）と呼べるような，混じり合いが自然に起こっています（この点は第3章「感性」，第4章「同性愛の性差」，第5章「支援」の中で繰り返し触れていきます）。

　たとえばL（レズビアン）を中心にすると，LとBとTの三角形の中で相互が混じり合う。G（ゲイ）を中心にすれば，GとBとTの三角形の中で相互が混じり合う。B（バイセクシャル）を中心にすれば，BとLとGとTの四角形の中で相互が混じり合う。T（トランスジェンダー）を中心にすれば，TとLとGとBの四角形の中で相互が混じり合う。

　つまり2D（二次元）で，あるいは3D（三次元）で，色のグラデーションのような混交（あるいは相互の移行）が起こるのです。それにクエスチョニングやアセクシュアルやXジェンダーが混じり込みます。これは，ちょっとした4D（四次元）の世界が構成されている，ということだと思います。

　たしかに，LGBTというカテゴリーは，教養として知っておく必要があります。しかし，その知識のみでは，今後お話の中心になれない，あるいは，支援に役に立たない場面が増えてくるというわけなのです。

　いかがですか？　ここまでで既にかなりややこしいでしょう。だからこんなむずかしい区分化は，通過儀礼として，一旦おしまいにしたいと思うのです。したがって，私にはレズビアンを自認する○○さん，ゲイを自認する○○さん，バイセクシャルを自認する○○さん，トランスジェンダーを自認する○○さん，あるいはそれぞれの自認に迷いがある○○さん，ときには何を自認するのかというイメージすら浮かばない○○さんで十分。つまりLGBTという塊りの理解ではなく，○○さんその人を理解しなければ，支援という営みに到達できない。これがLGBTから私たちが解放される，そして自由な発想を持つ，その出発点だ，と私は思っています。

論点3：クィア（Queer）

　クィアは，20世紀の終盤から，主にゲイの人を介して，世界中にじわじわと広がった運動です。そして現在，クィアはLGBTを取り巻く領域全般に，大きな影響を与えるものになっています。LGBT観はもちろん，支援に対する考え方においてもです。ともかく，既にクィアは性的マイノリティの総称になっていますから，LGBTと呼んでもクィアと呼んでも問題はありません。

　さっそく，このクィア（Queer）という言葉の意味を調べてみましょう。私の手元にある『新コンサイス英和辞典』（三省堂）には，形容詞と名詞の用法としてこうあります。

　まず形容詞
① 奇妙な　変な　風変わりな
② いかがわしい
③ 目まいのする　気分の悪い
④ 「頭が」ちとおかしい
　　奇癖を持った　同性愛の
⑤ 役に立たない

　いずれも，ポジティブな形容詞とはいえないようです。本書との関連では，④に，「同性愛の」という用法が出てきます。

　次に名詞では，俗語として，「同性愛者（特に男の）」とあります。

　そしてこの言葉は，ゲイの人への差別的な表現として，「変態」の意味を込めて用いられてきました。

　これに，型通りの対応をするとしたら，「そういう差別的な発言をしてはいけません」ということになるでしょう。しかし，そうした対応で現実的な差別が解消するのであれば，性以外の事象を含め，世の中からは差別や偏見に繋がる発言はとうの昔に無くなっているはずです。

　不当な差別に業を煮やしたゲイの人の一部が，「自分たちはクィアだけど，それがどうした！」と言い始めたのです。まあ，逆手に取ったというべきか，開き直ったというべきか。しかし，そもそも差別的な発言をする側に問題があるのですから，これは正当防衛というべきか，言いえて妙というべきか。いずれにしてもそこから，クィアへの理解者が世界中に，少しずつ広がってきたこと，私たちはここに注目すべきだと思うのです。

　さあ，そこで考えてみてください。そもそもこの差別的発言の根底にあるもの，それは「生殖によって子孫を残す」という役割を含まない性行為は，快楽を貪る行為，すなわち罪悪だ，という宗教界あるいは思想界からの一方的な弾圧，それが長期間にわたって繰り返された「歴史」それ自体なのです。

　この弾圧は，虐待・虐殺を伴う徹底したもので，早い話が自慰でさえ，比較的最近まで罪悪視の対象になっていたのです。そこで冠になった言葉，それが「クィア」，すなわち「変態」でした。よろしいですか，今から半世紀ちょっと前，大阪の女子高校生が言い出したといわれる「エッチ」という言葉，今では老若男女が使う日常語になっていますが，その語源になったものは，何を隠そう「hentai」の頭文字「H」だった。これなど有名な話です。

　この差別用語である「変態」に「変態」でもって対峙したクィアは，見方によっては毒を以て毒を制するやり方で，賛否両論があったことは承知しています。しかし世界的なレベルで「理解者」を増やしている事実は否定できないと思います。

　そして大切なことはここ。

　LGBTは，元々歴史の闇の中で人類に刷り込まれた，いわれなき差別や偏見の一つです。しかもその差別は，倫理に反するという一方的な（誤った）主張によって強化されました。

　それを，LGBTへの差別や偏見は，倫理的に許されないことだと，私たちは世間に対して主張しようとしました。しかし，なかなか差別や偏見は解消されない。そうした折も折，クィアの主張を知った私には閃いたのです。「まてよ，私たちは，磁石のN極をN極に，S極をS極に近付けるようなことをやろうとしたのではないか」と。

　つまり，倫理的に（よかれと思われる）主張によってLGBT像は歪められた。それを私たちは倫理的に（よかれと思われる）主張によって正そうとした。ただし磁石のN極とS極はそのままにして。だから差別や偏見という主張（磁石）と，私たちの主張（磁石）は，相互を遠ざける方向にしか作用しなかったのではないのかと。

　それに対してクィアは，変態という言葉を，逆手を取るようなやり方で，変態という言葉にぶっつけた。しかも「それがどおした」という開き直りを基調にして，この瞬間，LGBTの磁

石には N 極と S 極の逆転が生じ，お互いを遠ざけるのではなく，引き合わせる効果が生まれた。これは物理科学の原理というより，自然の摂理でしょう。こう考えるのですがいかが？

　それに加えて，クィアにはもう一つの効果が含まれています。それは○○フェチというところまで波及領域を広げたことにあります。

　この○○フェチの「フェチ」という言葉は，元々 19 世紀ころから，精神医学の専門用語（とされてきたもの）で，フェティシズムの短縮形であり，異性の特定の身体部位とか，衣服や下着などへの偏愛があり，それが当事者の社会生活や社会適応を阻害する（障害に）なっている場合に用いられ，男性に多い「疾患」と言われてきたものです。

　それが近年，フェティシズムが社会的な知名度を高めたというべきか，先程の変態という言葉のエッチ化と同じというべきか，ちょっとした癖のようなものも含めて，○○フェチと呼ばれる機会が増えてきました。それも，今まで「フェチ」に関してはマイノリティだと言われてきた女性が（むしろ好んで），「私には匂いフェチがある……」と平気で言うようになってきています。

　この現象については，たとえば私が自宅で飼っている二頭の猫（マルとカン）の元へ，「猫の肉球フェチ」とか「猫の肉球の匂いフェチ」を明言して訪れる女性ファンの多さによって，既に臨床試験済の実証事項なのであります。

　さあ，こんな脱線をしていてはいけません。そうクィアなのです。実はクィアの主張の中には，「あなたにだってあるじゃない」というメッセージが含まれていて，性的嗜好の領域へも議論が広まっている。よろしいですか，性的指向ではなく，性的嗜好ですよ。指向という言葉は標準語活用ですが，嗜好という言葉は変態語活用じゃないですか。しかも次に続く言葉は「それがどうした」なのです。おそらくクィアには，差別や偏見を，理屈ではなく，感性から解きほぐし，結果的に誤った固執を緩和化させる作用があるのではないかと思います。

　さて，本章でお話しすることはこの辺りで十分かと思いますが，LGBT を語るとき，この最後に触れた「感性」という言葉がとても大切なものになると思っています。したがって，次章においては「感性」として捉えた LGBT についてお話しします。ヘテロ（異なる，異質）転じて異性愛という言葉，これが感性の世界で，同じ，同質，転じて同性愛という言葉と溶け合うことを願いながら。

（小栗正幸）

第3章
感性

恋愛

　LGBT の話題を耳にすると，多くの人が性愛をイメージするようです。まあ恋愛が絡む話題ですから，それは致し方ない，と私も思います。ただ恋愛ときたらすぐに性愛をイメージする，これも性急に過ぎるのではないでしょうか。仮に恋愛が，性の扉を開けるドアノックだったとしてもです。

　実を申しますと，LGBT と性愛を単純に同一視してはいけないということが，次章以降のテーマになります。そこには，まず性差の介入がありますので，それは次章の「同性愛の性差」を参照してください。次に，LGBT と性愛を同一視すると，支援らしい支援ができなくなることは，最終章の「支援」を参照していただく。そこに至る手順として，本章では LGBT の，より恋愛寄りのところを描きます。これに対し次章は，より性愛寄りのところを描きます。

　さて，老若男女，皆さんの大好きな恋愛の話ですから，少し寄り道してもいいですね。そこで，そう，あの言葉の登場です。

　エロス，フィリアそしてアガペ，えっ，全然面白くない？　まあそう言わずに，恋愛談義ですから。

　これは，高校時代の倫理社会という不思議な教科（倫理の先生ごめんなさい，あくまで私の主観的な感想です）で教わり，私のような暇人以外の人は，おそらく忘却の彼方にある言葉だと思うのですが，愛には自分を満たす悦びと，相手を満たす悦びがある。しかし，そういう捉え方のほかにも，愛にはもっと多くの意味がある。

　まずはこれ，エロスという意味。これは激しく抵抗しがたい牽引役として，男と女を肉体的な「美」へと引き寄せる。

　次はフィリアという意味。これは「友」と何かを分かち合う心地よさ，すなわち友情。それは利害を背景にした同盟者や仲間とは異なり，友と語らう純粋な喜びこそが友情（友愛）の証となる。

　そしてもう一つ，アガペという意味。アガペは人間的な愛を超越した愛であり，まさに「神」的存在としての愛。したがって，アガペでは，自己は埋没し，他者の存在に歓びを感じ，精神的な愛の光に満たされる。

　どうですか，思い出しましたか。そして大切なことはここですよ。エロス，フィリア，そしてアガペ，これは別々に存在するものではなく，愛を生きるためのスタイルとして，三位一体に存在していることです。

　つまり，精神は人間を介して肉体となり，肉体は人間を介して精神となる，といったことでしょうね。あの，プラトニックラブの原点であるプラトン先生ですら，肉体は愛の門であるとしたソクラテス先生のお考えに同意なさっているのですから。ああ浄化，ああ昇華，これはたまらないですね。

　少々シンプル化し過ぎた恋愛談義，いかがでしたでしょうか。でも，LGBTを語る以上，いえいえLGBTだからこそ，エロスとフィリアとアガペは大切な道標。これを押さえておかないと，それは単なる好奇心を満たすことにしかならない。そうした世界であればこそ，ここでは愛の装いをさらりと着こなした，ということなのです。

　そこで，性の本である本書において，恋愛という事象を最高度に（最もまともに）取り扱ったところ，それが本章になります。レズビアンの人にも，ゲイの人にも，LGBTこそが「至上の愛」だとおっしゃる方がいます。執筆者としての私も，ここで手を抜くわけにはいきません。

　そこで，本章では歌を巡る話題を通し，LGBTのイメージを上回る感性の世界を描きます。「それいいね」とか，「それは違うな」と思っていただければ，私の目論見は大成功！　感性とはそういうものなのです。まずはこの歌をどうぞ。

　その歌とは，作詞・作曲平岡精二，歌ペギー葉山，ご存じ「学生時代」です。まず歌詞の大要を示しましょう。「つたの絡まるチャペルで」に始まる学生時代の想い出が語られます。懐かしい友の顔が一人ひとりうかび，秋の日の図書館，ノートとインクの匂い。讃美歌を歌い，清い死を夢み，胸の中に秘めた恋への憧れはいつもはかなく破れ，一人書いた日記。十字架，白い指，美しい友を姉のように慕い，いつまでもかわらずにと願った幸せ。懐かしい日は帰らぬ学生時代。

　いかがでしたでしょうか。美しい情景描写のあちこちに「組写真」のような映像が見えてきませんか。

　よくこの歌詞の組み立てを見てください。この歌の主人公は，それほど強い情念をこの歌に託してはいません。情念ではなく，主人公の感性のかもし出しが美しいのです。しかも，この歌詞は明らかに主人公の思いより，次から次へと展開する情景描写，それに絡まるチャペル，讃美歌，そして十字架。それは，基督教徒でなくても，この情景描写への共感に心地良さを覚えてしまう見事な舞台設定。ここまで来れば，この場面へ自ら感情移入しない人の方がむしろおかしい。そうした作者の演出戦略は十分読めるのですが，気付いてみると，歌の主人公以上にその気になっている自分に驚かされる。名作とはこういうものなのですね。

　さて，歌詞の分析はこのくらいにしましょう。ここで私に起っていること，それはこの歌に体現されている，うら若き乙女への羨望。その一方で私は，赤毛のアンになりたいとは思わない。やはり私は男性ですから，スティーヴンスンの小説に出てくる海賊ジョン・シルヴァーと宝島の地図の方が好き。ああこれぞアンビバレントの美学。

　でも，アンビバレントであっても（であるからこそ）そういう私を突き動かしてしまう羨望がある。それは少女それ自体ではなく，少女からかもし出される感性への一目惚れなのです。

　そういう私に，あなたが求めているものは時代錯誤，現代日本から消滅した，深窓の佳人（令嬢）へのノスタルジーではないのか，とおっしゃる方も出てきそう。そこで私からの返答は，そういうあなた，ぜひ書店に並ぶ少女漫画をご覧いただきたい。この歌ほど美しいかどうかは別にして，この歌詞の感性は，綿々として現代の少女漫画にも引き継がれています。それを目にする限り，女子の心にはもちろん，少女漫画を愛する男子の奥底にも，深窓の令嬢は健在なのです。

ラ・ボエーム

*作曲：シャルル・アズナヴール，作詞：ジャック・プラントによるシャンソンの名曲中の名曲。邦題がない
ほど美しく，人生の哀歌ここに極まる。アズナヴールは，シャンソンの神といわれた人。

　私は44歳，男です。

　「なんと！」（とよく言われますが），私若いころは高校の英語科教師でした。

　そして今の職業は，これも「なんと！」シャンソン歌手なのです。

　自分でも小さなお店を持っていて，シャンソン好きのお客さんに来ていただけるので，お店でも歌わせていただき，生活には困らない程度に繁盛させていただいています。

　私のファンだと言ってくださるお客さんもいて，この仕事に幸せを感じる毎日です。そこで今日は，そんな私の人生，特に私のゲイという感性についてお話しさせていただこうと思います。

　実は，冒頭でお話しした，高校教師から今の職業への転職について，私のファンだと豪語されるお客さんには，「あんたは高校の教師を辞めて正解だよ」とおっしゃる人と，「あんたは高校の教師を辞めるべきではなかった。教師としてあんたの生き方を堂々と生徒に示し，彼らや彼女たちの生きた参考書になるべきだった」と言ってくださる人がいて，お店では楽しい論争が繰り広げられることもあります。

　そこで白状しますが，私は大学生のころから女装愛好者です。もちろん，大学の構内や街頭で，女装を披露するタイプではありません。現在のお仕事では堂々と女装をしますが，これも後でお話しするように，よくあるコスプレ風というか，たとえば萌ちゃんフィギュアや萌キャラクター風の女装をするわけでもありません。それこそホステスさん風とか，キャリアウーマン風とか，主婦風の女装でもありません。そして男なのですが，恋愛の対象は男性です。まずはその経緯からお話しした方がいいですね。

　私は自分で言うのも何ですが，子どものころから美男子でした（だと言われてきました）。親戚のおじさんなどから，「きみは歌舞伎の女形になれる」とよく言われたものです。子どもの私にはその意味は十分理解できなかったのですが，「立ち振る舞い，顔つき，しゃべるときの声，どれを取っても上品で，育ちのよい女の子だよ」と言われるたびに，悪い気はしませんでした。

　中学生になると，優男にますます磨きがかかり，女子にやたらもてました。でも，ちやほやしてくれる女子生徒とは，あまり（というよりまったく）発展した関係にはなりませんでした。そして自分でも不思議なほど，男性の女形ではなく，女性の男形，わかりやすく言えば，宝塚で男役を演じる宝ジェンヌに憧れました。

　ここから，説明がむずかしくなります。つまり，男性の私が，女性の男形の姿に憧れたのですが，自分が男であることは決して嫌ではなく，女性の男装のような姿になることで，女性に好かれようという気持ちもありませんでした。

　ここの説明わかりますか？　ここのところで，よくレズビアンの女友だちと盛り上がります。彼女らいわく，レズビアンへの指向を持った女性が，男装した宝ジェンヌに夢中になる，これはよく見かける風景だけど，あなたはそれと違う。ボーイッシュな女性のような，もっというなら

男装した女性のような装いのあなたはとても美しく，一面ではとてもコケティッシュ，そしてセクシーだけど，あなたはレズビアンではない。でもあなたは，レズビアンの私たちもついつい憧れてしまう，女性の感性を十分に持った上質の男だよ，と。

　その言葉への私からの返答はこれ。

　褒められているのか，不思議がられているのかよくわからないけど。とりあえず「ありがとう」だね。私はともかく男の人が好き。でも下品な男はダメ，これは体質的に受け付けない。不潔な人もダメ。押しが強いだけの人もダメ。やたら大声出す人もダメ。高倉健さんのように，自分のことを「自分」と呼ぶ人もダメ。そらそら「自分不器用ですから」という語り，あれを聞くと逃げ出したくなる。けっこう私は品定めが厳しいよ。

　まあ，それはそれとして，もう少し私のことをお話ししますね。自分で言うのも気が引けますが，中学生や高校生のころは，ともかく女の子にもてました。いろいろな女子から告白されて，悪い気はしなかったけど，だからといって熱くはならなかった。ツンツンしていたわけではないけど，このなかなか「なびかない」ところがかえってもてたみたいです。最近は，私のお店に来ていただく若い男性や女性から，恋人がほしいのだけど，なかなかうまくいかない，という恋愛相談を持ち掛けられることが多いけど，「まず自分は何者かという，具体的なポリシーを持ちなさい。そして誘いがあったときは，やたら『なびかない』ことだね」と答えます。

　私，恋心というものは，自分に不足するものを相手に求める熱情のようなものだと思うから，まず自分が何者かが見えていないと，不足するものも見えない。やたら不足感だけでガッガツするのは，欲望だけがまる出しで，下品だし，卑しいし，そもそも野暮だから，そんな人には単に「やるだけ」のセックスフレンドならいざしらず，お互いを大切にする恋人なんかできっこないと思うよ。ということですが，この一連の言葉，これってけっこうな名言だと思わない？　うふふ，だね。

　でも，またまた「なんと！」が出てくるけど，私の初体験は「なんと！」女性だったのです。うんと年上の30代，妖艶な女性だった。私，男だから女性の体について人並みに興味があったのでできちゃったのですが，はっきり言うと「やった」のではなく「やられちゃった」ということなのだと思います。モーションをかけてきたのは完璧に妖艶女の方だったから。

　でも長続きはしなかった。理由は2つ。やっぱり私は男が好きだったし，その妖艶女も，私の容姿と，それに対極する男の部分に引かれ，それこそガッガツしていたので，お互いに必要性がなくなったら簡単に冷めちゃった。こんなのセックスではあっても，恋とは言えない。

　さて，その後お付き合いの対象はほぼ男性ばかりです。ごく稀に女性とのセックスもありますが，それは自分から求めたというより，求めに応じたもので，その話をゲイの人やレズビアンの人にすると，「あんたバイ（バイセクシャル）だね」と言われます。たしかにそうなのかもしれませんが，女の人が相手だと，それはセックスしているというだけで，相手と求め合うという感じには浸れないのです。それならどうして女の人と関係を持つのかと聞かれそうですが，これはたとえとして不適切なのかもしれませんが，いくら好きな食べものでも，同じものばかり食べていると，たまには違うものが食べたくなるじゃない。あの感じに近いと思うね。「そんないい加減なことで」，と言われそうですが，そうなのです。要は「性的にだらしないだけだろう」，とも言われそうですが，だれかれなしにしているわけではないし，別に隠れてこそこそやっている

わけでもないので，ここで批判的になられても困ります。まあ，そういう性関係を批判する人より，多少性的な人間だということで許してください。

　ここでは，そうしたことではなく，もう少し違う話をしたいと思います。それは，女装愛好者には「ゲイ」と呼ばれるのを嫌う人もいます。でも私はそうではありません。それは，私が「男の人を好きだから」という単純な理由ではなく，私のポリシーとか感性が絡んでいること，つまり私の人生とも密接に関係することなので，そのお話をしたいと思うのです。

　さて，私は子どものころから歌が好きでした。幼いころからピアノを習い，ギターも自己流で弾いていたので，弾き語りのようなことは器用にこなせる方でした。高校生のころからバンド活動もしてきました。そうこうするうち，大学 2 年生のとき，ひょんな機会に訪れたライブハウスで，本場のシャンソンと出会ったのです。

　それは今まで歌ってきたポピュラー音楽とはまるで違うアコースティックな響き，朗々と歌う曲もありますが，しっとりとして素朴，そして穏やかな曲想，フランス語の歌い口，そのすべてに大きな衝撃を受け，一度でシャンソンの世界に一目惚れしてしまったのです。

　この体験は本当に強烈なもので，大学での専攻は英文科でしたが，一時はフランス語科への鞍替えも考えたくらいでした。でも，このころの私には，高校の英語教師になるという夢があり，相当迷った末，一旦は，その夢の実現を目指すことに決めました。それが，冒頭で述べた「若いころは高校の英語科教師でした」というところに繋がるのです。

　ところで，自分で言うのも何ですが，高校ではけっこうよい英語教師だったと思います。生徒からの人気も決して悪くはなかったのですが，高校卒業前の女子生徒から「好きです」と告白されたことがあり，私にゲイ指向がなかったら，これはけっこう危なかったかもしれません。

　その一方で，心の中ではシャンソンへの興味がくすぶり続けており，歌の勉強をするためには，やはりきちんとしたフランス語を学ぶ必要があるという気持ちも高まっていました。そして再び迷いに迷った末，28 歳のとき思い切って高校教師の職を辞し，本場フランスへ留学して，シャンソンの専門学校で学び直すことにしたのです。

　さて，フランスでの生活は 3 年に及び，その間にはいろいろ面白いことがあったのですが，それを話し始めると長くなってしまうので，いま語っているテーマに関係するところだけを，かいつまんでお伝えすることにします。

　これはおそらく，外国へ留学した人ならだれでも同じことを経験なさると思いますが，現地でいろいろな友だちができるものです。私も，同じ学校でシャンソンを学ぶ多くのフランス人と仲良くなりました。その中にはゲイの友だちもいました。彼は，私の日本でいう宝ジェンヌ風の男装姿（私からすれば女装姿）に引かれたと言っていましたが，ここで誤解してはいけません。

　私は日本での大学や高校教師時代に，興味があったからといって，それほどの女装をしていたわけではありません。もちろん，教師にありがちな，たとえばジャージ姿のような，何とも無粋な服装で授業をしていたわけではなく，教師にも，生徒にも，失礼にならない程度のお洒落に気を遣っていました。

　それがフランスの自由な空気の中で一気に花開き，学校のあったパリでは，かなり思い切った宝塚風の男装スタイルに豹変（垢抜け）しましたが，あの街でそれはぜんぜん不自然にはならず，むしろ反対に街の風景へ溶け込むといってもよい服装と容姿になったのです。そうしたセンスを

磨くことができた点でも，フランスへの留学は正解だったと思います。

　そこで話は専門学校でのゲイ友だちに戻ります。彼はパリの街中に無数にあるシャンソンを聞かせる店の一つで既に歌っていて，私を店の経営者に紹介してくれました。

　お店の経営者は女性でしたが，素敵なレズビアンの方で，女性の男装風の女装をしている私，心も体も男，でもその感性は男と女の中間という私を一目で理解され，とても可愛がってくださった上に，お店で歌う機会も与えてくださいました。そこで私は，この大切なゲイの友だち（というより恋人）も，尊敬すべきレズビアンの経営者も，同じ考えを持っていることを知ったのです。ここが本文中で最も大切なところですよ。

　この二人は私に，有言無言のうちにこんなことを教えてくれたのです。「シャンソンは男が歌っても，女が歌ってもよい。フランス人が歌っても，外国人が歌ってもよい。でもシャンソンの歌心を本当に伝えられるよう，ミューズの手に触れることができるのは，多分ゲイか，レズビアンの人。だからあなたは，シャンソンを本当に歌える自分の『性』に誇りを持ちなさいね」。

　いかがでしょうか。今ではこれが私の信条になっています。嬉しいことに，私のお店へ足を運び，私のファンだと豪語する人にも私の気持は伝わるみたい。一人のお客さんがおっしゃいます。「シャンソンを本当に歌えるのは，レズビアンの人か，ゲイの人だと思うな」それを受けて他のお客さんも，「うん，そう思ってシャンソンを聞くと，なるほどと思うよ」なのです。

　ということで私が自分のゲイについて思っていることのお話はおしまい。えっ，まだ足りませんか。そうかぁ，パリの恋人とはその後どうなったのか。愛し合うときどんなことをしたのか，ですか。

　ここまで付き合っていただいたのだから，こっそりお伝えしますね。彼とは今でもお付き合いしていますよ。ただし，遠く離れた善き同業者として，そして，お互いの新しい恋の話ができる素敵な友だちとして。

　愛し合うとき，どんなことをしたのかですか。それはここでのテーマ，ゲイとしての私の感性とは少し違う領域だけど，まあ仕方ないわね。ちょっぴり教えちゃいますね。思うに，行為の最中は私の方がむしろ男だったかも。でもこれは，レズビアンの人もゲイの人も同じで，男になったり，女になったり，行為の最中にしょっちゅう変わる。多分みなさん同じことを言うわよ。同性愛のまぐ愛は忙しいのです。うふふ。

どちらつかずの自分へ

　いかがでしたでしょうか。レズビアンの人，ゲイの人，そしてバイセクシャルの人，それぞれが持っていたり，持っていなかったりする感性を描写してみましたが，まだ書き足らないところがあります。その一つは，たとえば既述の「学生時代」のように，LGBTとはいえない，しかしその周辺にある女性の微妙な感性，もう一つは，トランスジェンダーと呼ばれる人の感性です。

　まず前者ですが，たとえば同性と手を繋いで歩きたくなる，あるいはお揃いのバッグを持ち，同じ服装をしたくなる，こうした特に女子高校生の感性。あるいはバレンタインの日に，同性へ「友チョコ」と称してチョコレートを渡す女子の感性。これは，男子の持ち合わせていない感性で，次章にある「同性愛の性差」にも繋がっていくものです。

　つまり，前述した学生時代に出てくる女子の行動は，レズビアンによるものではありません。なぜなら，これは仲の良さの相互確認，それをアピールする行動，つまり友情表示（フィリア）の感性だからです。ただ，それは男子には不思議な光景として映ります。まあ多くの男子は，「女子だから仕方がない」と，納得したようなふりをしています。手を繋ぐ，友情を確認する，こうした行動は，多くの男子にとって，謎めいたものに映っていることを，女性の読者には知っておいていただきたく思います。

　それでは，なぜ男子にとって，思春期女子の行動が謎めいて見えるのでしょうか。それは女子の友情が男子のそれに比して，格段に情緒性が高いからです。つまり一体とか一対，一緒と称されるカップルの意味合いが男子より強い。ここがまたレズビアンと誤解されるところでもありますので，しっかり押さえておいてください。

　すなわち，女子の友情は，男子のそれに比べて一対感や一緒感，つまり友愛性が高いということです。そこでもう一度名曲「学生時代」を振り返ってみましょう。

　主人公の感性，「その美しい横顔」「姉のように慕い」「いつまでもかわらずに」「と願った幸せ」といったところ，友愛性はかなり高いですが，これは女子の友情（フィリア）であり，エロスは含まれていない，つまり友愛ではあっても恋愛ではないのです。主人公自身が語っているではありませんか。「胸の中に秘めていた」「恋への憧れは」「いつもはかなく破れて」「一人書いた日記」とね。つまり「学生時代」は友愛性の強い友情の歌ではあっても，断じてレズビアンの歌ではないのです。それでは，こうした思春期女子の感性は，男子ではなく，レズビアン女子からすると，どう映るのでしょう。

　そこで「学生時代」を離れ，友情（友愛）表現全般として考えると，「いつまでもかわらずに」はフィリアとしての完結編，つまり「そのまま」がいいのです。ここがレズビアンでは違う，どこが違うかわかりますか？　そう，いま半分くらいの読者にはピンと閃いたと思います。「支え合う友愛」から「求め合う恋愛」への変換ボタンがそこにあることを。

　ここは本当に微妙なところですが，そもそもカップルとは，誰が相手でもよいというものではありません。二つの目線が一つになり共鳴しているわけです。たまたまカップルの一方がレズビアン指向のある女性で，片方にモーションを掛けた，相手にも少しその指向があってご発展。これなら「よかったねえ」なのでしょうが，ときには，カップルの片方が，片方の餌食になった。悪い言葉でごめんなさい。でもこれは，レズビアンの女性にもいろいろあって，なかには「落してやる」という指向性のある方もおみえなのです。

　まあそれはともかくとして，女子には友愛からの，レズビアン移行が起こり得ることは確かなようです。ここがゲイの場合には発展のパターンが少々（だいぶ？）違う。これは次章でお話しすることになります。

　さて，最後にトランスジェンダーの感性です。そもそも，LGBTはいろいろな誤解と偏見の中にあります。その中でトランスジェンダーである人は，そうでない人から，最もわかってもらえない，というより最も気付いてもらえない人だと思います。

　なぜなら，LGBの人には，現実的な相手への，何らかの自己主張があるのに対し，Ｔの人には，現実的な相手への（トランスジェンダーとしての）自己主張が起こりにくいからです。LGB

は恋愛対象への指向性ですが，Tは対象選択の課題ではなく，性的自認の課題ですから，当たり前といえば当たり前です。

　またトランスジェンダーについては，よく使われるのが「身体的な性別と自認する（心の）性別が一致していない」という説明ですが，トランスジェンダーの人の苦しみに寄り添った書き方をするなら，「自分が男性であることに違和感を覚えているのに，身体的には男性である」とか「自分が女性であることに違和感を覚えているのに，身体的に女性である」を出発点にした方が分かりやすくなると思います。ときには「（男性の場合）自分は男性だと思って振る舞っているのですが，周囲からは女性的だと見られてしまう」とか「（女性の場合）自分は女性だと思って振る舞っているのですが，周囲からは男性的だと見られてしまう」この状況を，心地よく感じる人であれば，「よかったねぇ」ですが，この状況を心地よく感じることのできない人がいるとすれば，それは相当苦しい性自認に関する迷いを形成してしまう可能性があります。これは一般的な意味におけるトランスジェンダーとは異なる状態ですが，そうした性自認の苦しさもあることを，私たちは知っておく必要があると思います。いずれにしても，トランスジェンダーの人は，異性愛の人の中にも，同性愛の人の中にもいるのですが，そのほとんどは隠れトランスジェンダーとして臨床像の中に埋没しています。

　いかがでしょうか。身体的な性と心の性の食い違い，それはたしかにそうした違和感を持つ人たちのことをいうのですが，本章のラ・ボエームに出てきた女装のシャンソン歌手，彼はトランスジェンダーではありませんね。彼自身がお店へくるお客さんへの恋のアドバイスではっきり言っています「まず自分は何者かという，具体的なポリシーを持ちなさい」とね。彼に迷いはありません。

（小栗正幸）

第4章

同性愛の性差

　LGBTを理解するためには，いろいろな切り口があります。そうした中で私は，「同性愛の性差」を理解すること，これは特に支援者の立場にある人にとって，とても大切な切り口になると考えてきました。

　また，この性差という視点は，たとえば第3章でお話ししたLGBTの人の感性を理解する上でも，深い意味を持っていると考えています。

　ところが，そもそも「性差」については，身体的な性機能を扱う医学の領域や，二次性徴を扱う発達の領域を除くと，意外なほど触れられる機会が少ないように思います。特に，支援対象者の内面性というか，心の課題を扱う領域での性差理解は，はなはだ不足しているように思えてなりません。そこで，第3章「感性」と第5章「支援」の間に，挟み込むような形で本章を設けました。実際問題として，皆さんはレズビアンとゲイ，両者の観念世界の違いをご存じでしょうか。

　ということで本論へ入りますが，ここで私が進めていくお話には，性行動や性的興味のやりとりが，あまりにも道徳性に欠けるという，批判に繋がる場面があるかもしれません。しかし，そうした支援者側の抵抗が，いかに支援対象者の心を閉ざしてきたか（閉ざさざるを得なくしてきたか）。私は，むしろそちらの方を憂うのです。

　次章は最終章「支援」です。それに先立つ本章で，支援対象者が，私たちを仲間として受け入れ，心と気持ちを開いてもらえるようにする，私たちに必要な態度を知っていただければ嬉しく思います。

BL

　BL，読んで字の如し，ボーイズラブという和製英語の略号，男性の同性愛を描いた小説や漫画を指す言葉です。

　BLという名称が定着するのは1990年代の初頭ですが，この名称には先達があります。「やおい」という言葉，皆さんはご存じですか？　1970年代初頭から，BLと同じように，男性の同性愛を描いた小説や漫画がこう呼ばれていました。この「やおい」という言葉，最初に耳にしたとき，浅学な私は，てっきり代表的な作者のペンネームだと勘違いしてしまいました。

　もともと，「やおい」と呼ばれる読み物に，それほどの関心はなかったのですが，とはいえ，不見識とはまさにこれ，10年近く「それ以上には何も考えず」ぼんやり過ごしていたのです。そしてある日，出典は忘れましたが，たぶん寺山修司さんの文芸評論か何かを読んでいたとき，突如この「やおい」の語源が明らかになったのです。

　何ということか！「やおい」とは，特定の文芸作品に「山場なし（や），落ちなし（お），意味なし（い）」ということ，すなわち，直接的な性描写ばかりの三流作品であると，「やおい」の作者自身が自虐的に呼ばわった言葉だったのです。

　この文芸評論を一読して，なるほどと思い，これを当時勤務していた専門機関の後輩（女性職員）に，「やおいの意味知ってる？」と聞いたところ，「先輩，そんなことすら知らずに女性の心理分析などできませんよ」と言い返されて赤っ恥をかき，猛勉強したという思い出があるのです。

　さて，遠回りをしましたが，なぜ「やおい」が女性の心理分析に繋がり，そもそも，その後のBLも含めて，それがなぜ「同性愛の性差」を紐解くものになるのか，ここからが本番中の本番です。

BLという事件

　猛勉強をし始めた私にとって，BLはまさに事件でした。なぜなら，この小説，男性の同性愛をテーマにしながら，作者，編集者，読者，そのほとんどが女性なのです。この系譜は「やおい」も同様で，そもそもこのジャンルは，手塚治虫さんの『リボンの騎士』に始まり，その後池田理代子さんの『ベルサイユのばら』へと続いていく少女漫画の王道，すなわち恋愛がテーマなのですが，それが，いわば少女物のエロ版とでも言うべき「やおい」あるいは「BL」へ，つまり男女の恋愛から，男性同士の性愛へと見事に変身するわけです。それがまた，女性の読者を惹きつけた。これが私にとっては，大事件だと思われたのです。

　事件である以上，その謎は解かねばなりません。現にこの謎に対しては，既に多くの専門家が，文芸評論等を通して答を出しておられます。ただし，その解説は異性愛の領域に入ってしまうので，LGBTを主眼とする第Ⅳ部での深入りは避けたいところです。そこでここでは，この事件に対する，私のざっくりとした私見を述べるにとどめ，本章の目的である「同性愛の性差」へと話を戻したいと思います。

BLの理由

　さて，女性でも（いや女性だからこそ）恋愛は最大の関心事の一つで，好きな人との触れ合いにも興味津々なのですが，特にBLのファン層は，まず女子高校生，次いで若い女性とくるので，恋愛への憧れは半端ではないのです。

　でも，恋愛には性が出てくる。その瞬間，恋愛に対する女子の「大変度」は，男子より圧倒的に高くなってしまいます。

　早い話が初体験，これはものすごい関門です。ときには痛みがひどいこともあります。そして，セックスには快感がある。これは，はっきり言えば，男の都市伝説。射精すれば排尿後のようにスッキリする，これも男独自の感覚です。ともかく男は，セックスの最中でも，終わった後でも，「気持ちいい？」とか「気持ちよかった？」とか「いった？」とか聞きたがる。

　世の中の男性へ，女性に代わって申し上げます。軽い愛撫ならばともかく，女性器への男性器の挿入という，セックスそれ自体に対する女性の快感は，学習性の課題，つまり女性がセックスを楽しむためには，経験の蓄積や，セックスの相性が合うお相手の出現など，学習の条件が男性より複雑で，それの習得に時間がかかるのです。

　繰り返しますが，男は「気持ちいい？」とか「いった？」と聞きたがる。したがって，女性はその演技をしなくてはならない，これも大変。そしてセックスには，妊娠という最高度の大変が

控えているのです。

　もう十分でしょう。興味津々ではあっても，実際の女性のセックスは，男性以上に生臭い。世の中の男性，ここのところ，女心の真実として理解しましょう。恋愛に興味があることと，セックスとは同列にはなり得ない。女性には，セックスに伴う手かせや足かせがあり，男性ほどストレートに性を楽しめない。ここは大切な理解点です。

　これをまとめれば，女性は性情報に関して，男性ほど自由奔放な態度は取りにくい，ということです。早い話が自慰，男性は女性の自慰を，それがAVであろうと，知人の女性であろうと，恋人であろうと，「よくぞおやりになった。その話をもっと聞きたい」と受け入れます。一方の女性はそうはいかない。そもそも男性が女性のヌードが好きなこと自体に，男ってそんなものだ，と思いながら抵抗を感じます。まして自分の恋人の男性が，女性のヌードやAVを見て自慰をする，その姿を想像したら気絶する，とは言いませんが，心境は複雑です。

　決して恋愛が嫌いではない，しかしそれの行き着く先（セックス）には，もちろん期待もありますが抵抗もある。つまり，男性がエロ本やAVを楽しむようには，官能に対して自分を解放できにくい。そこにBLが登場します。

　まずBLの主人公を見てください。ムキムキ・ガチガチ・マッチョな男は一人も登場しない。皆さんスラリとスマートで，やる側も，やられる側も，『ベルサイユのばら』に出てきそうな優男（やさおとこ逆に書けば男優さん）ばかり。「やる側」は少し冷たい印象，笑顔は作らずニヤリとする少々虚無的な男優。一方の「やられる側」は，ほとんどゲイ初体験を演じる男優。間違いなく「ダメよダメダメ」，戸惑い，抵抗，でも最後はあえなく官能のるつぼへ！　この「やられる側」の展開が非常にエロいのですが，これって，今まで私が述べてきた女性の立場と同じ，または，後で述べる男の基準を前にした「女」そのものなのです。

　そしてこれを読む（あるいは見る）女性は，自分の経験する性としてではなく，自分にはあり得ないゲイの世界の中で，つまり安全圏に身をおいてエロを堪能できる，という筋書，これがBLなのです。

　BLという事件の謎解き，ほぼ解明できたように思えます。恋愛，性愛，女性も興味津々なのだけれど，自分の身に起ることとしては，あまりにも大変な状況を，BLの世界だからこそ，男性と同じようにエロ本で楽しめる。つまりここが，BLに託した女性の奥の手だったということです。

　ここで一度まとめたいと思います。異性愛を述べるのは本書の本道ではないので，ざっくりとした私見をお伝えした後，同性愛の性差という本章のテーマへ戻ると，前の方でお断わりしました。しかし，ここでお話ししたことは，単なる回り道ではなく，実はここでのテーマを考えるための，準備性を高める作業だと思いながら申し上げてきました。したがってこの後も，何度かここを振り返っていただく場面があると思います。どうぞよろしくお願いします。

BLとゲイ

　当たり前のことでしょうが，レズビアンの人の中にも，ゲイの人の中にも，BLにそれほど関心を示さない人がいます。

　このうち，レズビアンの人は，もともと恋愛対象に同性を求めるわけですから，男性同士の性

愛をテーマにしたBLに関心を示さない人がいても，それは不思議ではない気がしますが，実はそれだけの単純な理由ではないことを後述します。

　問題はゲイの人です。BLは男性同士の性愛をテーマにした作品ですから，ゲイの人には歓迎されるかと思いきや，「BLにはのめり込めない」とおっしゃる方，ときには「あれはゲイではない」とおっしゃる方もいるのです。

　実は，この反応は私も予想していました。というのは，たしかにBLと，いわゆるゲイ物とは，かなり違うところがあるのです。たとえば，さっそく前項の振り返りですが，BLの主人公には「スラリとスマートで，やる側も，やられる側も，『ベルサイユのばら』に出てきそうな優男ばかり」と書いたところです。これはBLの作者が明確に女性読者を意識しているからですが，ここをゲイの一部の人は嫌います。

　私は，最近はゲイの人も本当に多様化したものだと感心するばかりなのですが，以前はもっとワンパターンで，「短髪・髭濃く・がっちり」，こういう男っぽいタイプを，ゲイの「イカニモ系」と言いますので覚えておきましょう。人物的にも「少し不器用，無口で，義理と人情の苦労人」，そらそら高倉健さんのようなイメージの人がモテました。今はかなり変わってきて，BLの主人公のように，女性にモテそうなイケメン風を好む人も増えていますが，やはりイカニモ系の存在は無視できません。

　それともう一つ，小説や漫画のストーリー構成にも違いを感じます。一口で言えばBLは学園物語風の展開の中で，いろいろな人間模様が出てくる，友情もどちらかといえばさわやか系のイメージです。これに対して，ゲイ小説の方は，苦労して，苦労して，我慢して，我慢して，というか，昔の有名劇画「巨人の星」風というか，男気というか，汗臭いというか，これでは女性が入り込む余地はないよなぁ，という感じなのです。もちろんゲイ物にも学園物語風の作品はありますが，BLに比べると体育会系の描き方ですね。こうしたことを，もっと知りたい方は，BL何冊かと，代表的なゲイ雑誌である「薔薇族」を読み比べていただければ，私の言いたいことをわかっていただけると思います。

レズビアンとゲイ

　本当のことですから，はっきり申し上げます。社会的に成熟し，相当達観できている人は別にして，レズビアンの人とゲイの人は，一口で言えば「仲の良くなれない組み合わせ」です。

　後述するように，レズビアンの人は，レズビアンである前に女性ですから，前項を読んでいただければおわかりのとおり，ゲイの人の感性と，女性のそれは，相容れないところが大きいのです。

　誤解を恐れずに言えば，私はレズビアンの人を，女の中の女，つまり純化した女性だと思っています（これに対してゲイの人は男の中の男だとは思っていません〜ごめんなさい）。実は前項（BLとゲイ）の中で，レズビアンの人がBLに関心を示さないのは，恋愛対象がそもそも男性ではないのだから，了解できるとした上で，それだけではない，とした部分，それがここです。要するに，レズビアンとゲイは，「女性」対「ゲイ」の対決になってくるので，少なくとも感性としての両立は困難なのです。

　さあ，ここでフェミニストとしての私が本領を発揮します。前項でゲイの人も多様化したと書

きましたが，実はレズビアンの人も多様化している，というより，そもそも女性は男性以上に多様性がある，というのが私の持論なので，BL 好きのレズビアンの人は必ずしも少なくないと思います。しかし，ここからが核心です。

　LGBT は性愛が前提ではない，というのが第IV部での基本姿勢だと主張しましたが，最低限の性愛を押さえておかないと，これもウソになりますから，今からレズビアンの性愛論議をします。これは同性愛の性差という課題における一つのお答え，それはフェミニストとしての私からの回答でもあります。

　そもそも，生殖という崇高な性の意義を別にすれば，性の基準は見事なほど，男の基準から構成されています。そこで今から，世にも稀なる悪文を提示します。身も蓋もない書き方で恐縮ですが，これは，レズビアンとは何か，を明確化させる目的以外に他意はありません。そのつもりで我慢してお読みください。要するに，男の基準から成り立っている性行為とは，こういう奇怪なものなのです（以下の「内」は 18 禁‼）。

　「それは，棒状の物をどこかの穴へ突っ込むという行為である。その行為が終わるのは，棒状の物とその持ち主が満足したときである。この行為には，する者と，される者がいる。する者とは棒状の物を持っている者であり，される者とは棒状のものを持っていない者である。そして，する者は棒状の物を，される者の穴へ突っ込むことを欲し，される者は，棒状の物を，自分の穴へ突っ込まれることを欲している」

　あぁ，書いている私の方が嫌になってきました。この世にも稀なる醜悪な文章を，我慢して最後まで読んでくださった読者の方々，本当にお疲れさまでした。でも，これが男の基準であり，従来の性行為は，大なり小なり，この基準，ないしはその伏線上で展開されるべきものだ，と考えられがちでした（ここから大逆転しますのでご安心ください）。

　もし（仮に），LGBT が，この醜悪な文章で表現した，男の基準に対する，レジスタンスだったとしたら，あなたはどう思いますか。あなたの LGBT に対する疑問も，非親和感も，一気に氷塊しませんか？「もっとドンドンいけ」というエールに替わりませんか？

　そこでたぶん，「おいおい，ちょっと待て。それなら，ゲイの場合は，どうなるのだ。ゲイは男の基準ではないのか。だとしたら，ゲイは同性愛という一点のみで LGBT になっているのか」という質問が出て来そうです。

　ありがとうございます。その問題提起はもっともです。たしかにゲイは，この醜悪な男の基準に則って展開する恋愛でもあるからです。でも，そうでないところもあることを，本章の末尾で，年配のゲイの人が解説してくださっています。それをお読みいただければ，この疑問を持たれた方も，「なるほど」と納得していただけるだろうと思います。

　さあ，そんなことよりレズビアンの性愛に戻ります。ただ，この部屋には先程の悪文の臭気が漂っています。気分を一新し，新鮮な空気のお部屋で話を続けましょう。

レズビアンの事情

　さて，ゲイにはまだ若干の補足が必要ですが，それは後述するとして，男基準の性からの解放，それを訴えているのが LGBT だ！　この珍妙な仮説は，もしかすると日本初出の可能性が

あります（先行文献当たっていないので，自信はありませんが）。

　それはともかくとして，これはレズビアンにはかなり当たっていると思われます。そこで，男の基準と対比させる形で，レズビアンの性愛を考えてみましょう。

　最初から，そもそも男性器様の代物を持っていない女性同士の性交がレズビアンの性愛ですから，出発点の段階で，この男性基準は放棄されています。もちろん愛し合うための一つのバリエーションとして，男性器様のお道具（まさに棒状のもの）を使う方もいらっしゃいます。しかし，指や舌での愛撫は，その代替物ではなく，指で愛したい，舌で愛したい，という主体的行為として表出しています。要するに，異性愛において前戯とされるプロセスはなく，そもそも膣への異物の挿入自体，レズビアンの前提条件にはありません。その行為のすべてが愛（エロス）の表現なのです。

　次に男基準では，射精が性交の終わり方になりますが，女性にはこれがありません。したがって，ここでも男性基準は前提条件にはならず，始まるときも，終わるときも，女性同士の気分によって決まるのです。

　さらに，挿入する（する側）と挿入される（される側）という，男性基準に則った役割の先行条件もありません。もちろんカップルを構成する二人の気質や性格によって，リーダーシップを取る側（タチ）と，取られる側（ネコ）の役割はあるのですが，これにも，挿入する，挿入される，という明確さがないので，ときにはその日の気分，「今日はしたい」とか「今日はされたい」で流動し，ここでも男基準は通用しません。

　もちろん，男基準でも「する側」「される側」の揺れ動きはありますが，男基準からすれば，それは「愛撫させる側」と「愛撫させられる側」の支配関係における，命令による変動に過ぎません（以上の記述は，あくまで男基準に限定しての話です。私は男女間の性行為がすべてそうだと言っているわけではありませんので，誤解されないように）。

　ほぼ，こんなところでしょうか。これを，わかりやすく言えば，レズビアンとは，男性基準に違和感を覚え，恋心の持ち方にせよ，性愛の持ち方にせよ，男基準を排除するニーズを持った女性たちの意思による行為，ということになると思います。

　ともかく，レズビアンの人のお話を聞いていると，キスにしても，愛撫にしても，「やわらかい」が信条。それで女は十分に「いく」とおっしゃる。ともかく，男性は唇も手も大きくてごつい。あれでキスされると「食べられちゃう」ような不気味感を味わう。あの手で愛撫されても，やたら力が強く，ヤスリでこすられている気分にさせられる，とおっしゃる。女同士の性愛でも，性器を「こすり合わせる」激しい動き（俗称貝合わせ）もあるが，男性に「されたとき」のような「支配された感」がない，とおっしゃるのです。

　いかが思われますか。性愛の中から男を取り除いたところで起こること，それがレズビアンだと思います。レズビアンの人に，「女の人のどこが好きですか」と聞くと，皆さんが異口同音に，「だって女の子（女の人）可愛いもん」と微笑まれる。

　恋愛だから，失恋も，嫉妬も，羨望も，蔑みも，怒りも，焦りも起こります。だけどそこに男基準がない。だから私はレズビアンの人を，純化した女性，女の中の女だ，と思うのです。

ゲイの事情

　レズビアンの事情に続き，ゲイの事情をお話しします。いずれにしても，双方の立ち位置を描くことが，同性愛の性差を浮かび上がらせることになるからです。

　さて，ゲイの人たちは，女性をどう評しているのか，その本音をご存じですか。言下に一言「女はわからん！」です。

　今この瞬間，ゲイではない男性読者の中にも，「そうだ」と受け止める方がけっこうおみえかと。一般の男性で「女はわからん」に賛同される方，それはたぶん，今ここで私がお話ししようとしているテーマから，同性愛を取り除いた，要するに女性の「ものの考え方や感じ方」と，男性の「それ」との性差を，おわかりでない方だと思います。そういう方は，ぜひ本書全体を読み直してください。男と女は違うのです。そこを理解した上での男女共同参画，私たち共同執筆者は，そうした未来世界を引き寄せたいと，この本を書いているのです。

　またもや脱線，ゲイの事情に戻りましょう。さて，ゲイの人の女性評，これは少し脱線しかけた，一般の男性の女性評とは比較にならないほど現実に根差すもので，そこに性が出てきます。

　つまり，ゲイの人の恋愛は，レズビアンの人のそれに比べ，性愛，というより，性的行為の色合いが強くなります（良くも悪くも男ですから）。そうすると，いきおい「いく」とか「いかせる」が問題になりますが，答えは簡単，男性は「いったふり」で相手をごまかすことができない。射精がすべてを証明し，それ以上もそれ以下もないからです。

　「女はここが違う」とゲイの人はおっしゃる。私が「本当にいったか，いかなかったか，恋人同士のセックスであれば，そんなのは，前後の行動観察（笑）で察しはつくだろう」などと反論しようものなら，「それは，あんたが甘いだけだ。女はそれほど軟な生き物ではない」とさらに勢い付き，周囲の仲間もそれに賛同，「そうだ，女はしょせんごまかす生き物さ」と来るので，私が「いやいや，たとえ『いったふり』があったとしても，それは悪意によるものではないし，今はまだ『学習過程』だと思って，大目に見てやれ」と女性を弁護しても，「ごまかしはゲイには許されない」と，わけのわからない男気を主張する人や，前にも取り上げた義理と人情の話が入り交じり，結果的には楽しい雑談会にもつれ込む。

　かなり話を茶化してしまいました。もちろんゲイといえども，恋愛ですから，そこには失恋も，嫉妬も，ときには三角関係も起こるのですが，上記のかなり茶化してしまって，ゲイの人への非礼を謝らねばならないお話の中で，ゲイの本音をかっちり描いていること，その点はゲイの人も許してくださると思っています。

女装の挿話

　さて，ゲイのお話をする以上，どうしても女装する人のことに触れておく必要があります。というのは，女装とトランスジェンダーを混同する人が思いのほか多いからです。

　たしかに，女装をする男性には，声色も，話し方も，立ち振る舞いも，女性的な人がいます。もちろん女性の服装を，下着から上着まで上手に着こなし，指輪からネックレス，イヤリング等，装飾品のセンスや，お化粧のセンスも女性と遜色がない，ときには本物の女性から「私たちより女っぽく美しい」と評される人もいるのです。

　ここで注意していただきたいのは，トランスジェンダーは性自認の問題，要するに身体的な性（ここで言えば男性）に心が違和を感じていること，すなわち内面的な葛藤の問題であるわけです。したがって，この内面的な葛藤を伴わず，別の理由による（ある意味納得済みの）服装倒錯が起こっている人を，トランスジェンダーと呼んではいけないのです。トランスジェンダーは外面的な課題ではありません。

　もう少しわかりやすいお話をしましょう。ゲイの人の中には，髪型，立ち振る舞い，服装などは普通の男性ですが，下着だけは女性物を愛用している人がいます（下着女装と呼ばれます）。この人たちの下着女装は，自己の身体的な性に対する違和感の反映ではなく，性的興奮を得るための自己刺激である場合が多いのです。これと同じ側面が，本格的な女装の人にもあって，女装することに性的興奮を覚えると，かなりな人がおっしゃいます。そして，下着女装の人にも，本格女装の人にも，もっと重要な場所があります。

　さて，ゲイの人たちには，性行為を目的にした，ハッテン場と称する場所が各地にあります。一部のポルノ映画館，ゲイ・バー，ニューハーフ・バー，会員制の施設やホテルやサウナ，ときには特定の公園の特定の場所（たとえば特定の公衆トイレ）などなど。これに対して，レズビアンの人には，ハッテン場と呼ばれるような場所はほとんどありません。せいぜいレズビアン・バーとか，ごくごく一部の女性専用サウナやエステくらい。性差というなら，これこそが最大の性差なのかもしれません。

　さて，ゲイの人のハッテン場に話を戻します。女装の人の中にもときどきハッテン場へ足を運ぶ人がいます（中には常連さんも）。そして，女装の人はこんなことをおっしゃいます。「ハッテン場にもいろいろあって，たとえばサウナみたいなところだと，裸にならないといけないので，そうなると女装の意味がなくなってしまうから避けます。ゲイ・バーやニューハーフ・バーはよく行きます。映画館には，談話室を設けてあるところもあって，映画を観に行くのか，出会いに行くのか，仲間と雑談をしに行くのかよくわからないけど，だいたい映画館の中でハッテンしてしまいます。気の合う人と出会えたときには，外へ出て，もっと落ち着けるところでハッテンします」とね。そして一番大切なことを一言「女装はどこへ行ってもモテモテ。ときにはいっぱい群がってきて，困ることもあるけど，皆さん意外に紳士で，お行儀はよろしいですよ」なのです。つまり，女装には性的な自己刺激があり，それによって出会いの場と，自分の欲求が満たされる，とおっしゃっているのです。

　いかがでしょうか。今まで描いてきたゲイの人，そしてここでの女装の人の生活スタイルを，道徳的ではないと批判するのは容易いと思います。また，ゲイの人のハッテン場は，社会的にも，倫理的にも，性感染症予防の立場からも，推奨できない，という意見もあります。しかし，彼らがここで展開していることは，犯罪ではありません。私は性の世界とは，突き詰めれば，道徳性の尺度では評価が困難だと思いますし，道徳的観念こそが性差別の温床になるという，極端な見解にも一理はあると思っています。

　ただ，LGBT の人たちへの支援を考えるときには，まず支援者自身が，従来の性的枠組みや，社会常識と呼ばれる，手かせ足かせから解放され，自由の身であることを，言葉ではなく，平素の態度で示さないかぎり，支援対象者の側から，私たちに心を開いてくれるはずはない，という

事実を受け入れねばなりません。

　そこで本章の最後に，同性愛の性差について，一つの答えを示し，それに併せて，本章のまとめになるようなお話を，年配のゲイの人にしていただこうと思います。

同性愛の性差

　ここまで読み進んでいただき，ほぼおわかりいただけたと思いますが，考えれば考えるほど，同性愛の性差とは，男女の性差と区別がつかなくなってきます。これはバイセクシャルにおいても同じことで，要するに異性愛と同性愛を行き来する前に，その人は男か女であるわけですから。

　ただ，見方によってはわかりやすい側面すらある男女の性差を，ややこしくした要因の一つに，歴史に刻まれた「男の基準」という亡霊が，現代においてはびこっていることを，強く主張したたわけです。そしてLGBTとは，もしかすると，この亡霊へのレジスタンスなのかもしれないと。

　そして，性差理解については，身体機能的な性差，発達的な性差，二次性徴としての性差，それも大切。しかし，どうも今まで盲点になっていたように思われるのが，感性や考え方の性差，ここを押さえることが支援には不可欠な課題となる。その最高の教師は，おそらくレズビアンとゲイの人，つまり私たちはLGBTから学ぶべき，これが結論になります。

　なお，LGBTには，本書で全く触れなかった婚姻とか同居の課題があります。しかし，私は自分の守備領域から見ても，この課題には対しては門外漢です。そもそもLGBTへの対応は，社会全体が関与せねばなりませんが，次章でも触れるとおり，支援にオールマイティはあり得ませんので，ここは他書に譲ります。

　それでは最後に，今から20年近く前，当時既に70代半ばを過ぎておられたゲイの人からうかがったお話を紹介して本章を閉じたいと思います。

　このお話では，ゲイとかレズビアンを超越した，同性愛の本質が語られていると思いますし，本書の第Ⅰ部「いっぱいあってな」第2章「百花繚乱事変」の中の「いつまでやるのか」に答えてくださっているところもあります。ぜひ拝聴してください。

　「私は，この年齢までゲイの世界にいて得をしたと思っています。もうじき80歳ですよ。この年齢になっても性を楽しめるのは，私がゲイの世界にいるからだと思うのです。それは，ゲイの世界は紋切り型の性愛のパターン，前戯，挿入，射精，後戯，という儀式から解放されているからです。一方，この儀式に従ってはいけないというわけでもありません。要は自由なのです。また，相手を満足させることに喜びを感じる人（タチ），自分が満足させてもらうことに喜びを感じる人（ウケ），一回の行為の中で役割交代を望む人，これもお互いの気分で自由なのです。若い人を好む人，年配者を好む人，いろいろです。私のような年配者でも，けっこう若い人から誘われます。そういう若者を『老け専』と呼びますが，こんなことはゲイでしか起こりません。

　そうそう，ゲイだからといってエッチなことばかりしているわけではありません。私の仲間には，ゲイだけで野球のチームを作っている人がいます。もちろん草野球で，対戦相手は普通の社会人チームです。ゲイのチームだなどと公表はしていませんが，将来は日本各地にゲイの草野球

チームができて，遠征試合をしたら楽しいなと，皆さんが話しています。

　私は温泉好きで，仲間との温泉旅行が楽しみです。若い人も年配の人もいて，数名で行くのですが，若い人が温泉旅館を予約してくれます。皆が私のことを『社長』とか『常務』とか呼ぶので，旅館の人は社員旅行だと思っています。和室での宴会も温泉も楽しいですが，夜は雑魚寝になるので皆さん『うふふ』です。この他にもゴルフの人，テニスの人，写真の人，俳句の人，けっこうエンジョイしています。

　そうした旅行の機会などで，よく話が出るのですが，性の世界に卒業式などなく，実はなかなか卒業できないものだと思います。しかし，多くの人は年配になると，奥さんから相手をしてもらえなくなり，自分も年甲斐もないと思い，自然に遠のいてしまうのかもしれません。その点，私たちは普通の人より多少『性的』な人間なのかもしれないな，というところで意見は一致します。でもある程度の年齢になると，ゲイ仲間は同好会のようなものになってきて，元々浮気という捉え方をしている人などいません。家族にカミングアウトする必要もないし，皆さんが自分だけの秘密を墓場の中へ持って行くのもいいものだ，と言っています。もし私が先に死んで，友だちが葬儀に来てくれたとき，友だちが心の中で，人の知らない世界を知って，お互い得したな，と，冥福を祈ってくれたら，私は清々しく成仏できるよ，というのが，いつも話の落ちになりますね（合掌）」

（小栗正幸）

第5章

支援

最早なし

　LGBT の締め括りは支援です。

　そして，その冒頭に提示するこの妙なタイトル，まずここをわかってもらわないと，LGBT への支援は成り立ちません。

　なぜなら，今からお伝えすることは，おそらく従来の支援という考え方と，全く異なったものになるからです。そこでまずこの段階で，従来使われてきた，支援の「ならわし」というか，「しきたり」のようなものをまとめておきましょう。

　子育ても含め，あなたが何らかの支援に携わっている人だとして，あなたは今まで，どのような人を支援してきましたか？

　おそらく，あなたが支援の対象にしてきたのは，学力や，生活や，就労などの課題を前にして，何らかの力不足があるような人。年齢に期待される発達段階に到達していないような人。衝動や感情を制御する力の弱いような人。感じ方や考え方に偏りのあるような人ではなかったでしょうか？

　そして，支援として行うことは，不足する力を育てるための働き掛け。発達を促すための働き掛け。自己制御力を高めるための働き掛け。歪みを正すための働き掛けなどではなかったでしょうか？

　ところが，今からお話ししようと思っていることは，ここまでに列挙してきたような支援対象者とは，全く異なる人になります。もちろん，力不足，発達不全，自己制御力の不調，歪みの存在など，従来の支援対象者と同じような課題を抱えている人が，今からお話しする人たちの中に含まれていたとしても，それは不思議なことではないと思います。しかしながら，支援の中核に，不足，不全，歪み，そうしたこととは異なるニーズを持っている人たち。つまり，支援に対する考え方，働き掛け方，それらが従来の支援の「しきたり」とは異なる人たち，しかも，その人たちは，自分が抱えている課題への，自力での対応が困難になっているのに，理解者も支援者もいない，たとえ理解者や支援者がいたとしても，その理解者や支援者は，今からここでお話しするような支援の仕方を見聞きする機会が，あまりにも少なかった，八方塞がり，まさに最早なし，そういう人たちがここからの主役になるということです。

勇気ある撤退

　前項でいくつかの「？」を付しました。ここでの主役，いったい従来の支援課題とどこが違うのでしょう。どうして従来の支援が通用しないのでしょう。

　それは，LGBT という，当事者の人間性に根差すニーズがそこにあり，その自己実現を支援するということ。繰り返しになりますが，不足や不全や歪みを補い，あるいは修正する働き掛けで

はないということです。

　もう少し具体的にお話ししましょう。今から皆さんが支援しようとしている，LGBTがある人の苦しみとは，ご本人が求めていながら，隠さねばならないもの，それも過去の出来事ではなく，日々ご本人を突き動かし，ことあるごとに頭をもたげてくる衝動，しかもそれは，トラウマのような邪悪な衝動ではなく，ご本人が自分のために求めている衝動なのです。LGBTのある人を支援しようとする支援者は，まずここを十分理解する必要があります。

　いかがですか，LGBTのある人への支援と，不登校やいじめ，発達障害のある人への支援の違い，わかっていただけましたか。ご本人たちが，最も心強く思う支援者とは，寄り添ってくれる特別な人ではなく，信頼できる理解者として，気楽に話し合える「仲間」なのです。そこで，本項で申し上げたい私の本音をお伝えします。

　それは，支援へのオールマイティはあり得ないということです。これはLGBTに限らないことですが，特にLGBTでは，支援対象者と一緒になって考え（私は作戦会議と呼んでいます），ご本人の自己実現を観念的にではなく，現実的に応援することが重要な意味を持ってきます。したがって，通常の支援以上に，支援者と支援対象者の一体感の維持が必要になります。

　そこで，今この段階でLGBTの指向性や感性に対して，違和や抵抗を感じてしまう人，そうした支援者は，支援場面からの勇気ある撤退を。これは，通常のカウンセリング等でも同じことだと思います。クライエントに対する自分の適否，これを度外視し，どのようなクライエントであっても，どんな相談であっても受理するような態度，これはクライエントに対して無責任であり，後々クライエントに嫌な思いを強いることにもなりかねないものなのです。

　自分の適否を考え，相談を受理する前に，支援対象者に適した支援者と交代してもらうこと，これも立派な支援だと私は思っています。ここでのテーマに不向きな人は，ぜひ勇気ある撤退を。とはいえ，LGBTの人への支援の方法，これはすべての支援者に知っておいてほしいことなので，本章はぜひとも最後まで目を通してください。

　何だか厳しいことを申し上げましたが，ここで一点ご注意を。この考え方からすると，自分にLGBTのある人は，優秀な支援者になれる可能性があるから，推奨しますと言っているように聞こえるかもしれません。もちろん私も，自らにLGBTのある優秀な支援者を知っています。でもお仲間であることと，支援者であることは意味が違います。実は，これは通常の支援でも起こることで，自分と同じような特性を持った支援対象者が出てくると，ついつい感情移入が過剰になり，安易な同調が起こったりもするものです。「ダメだ」などと申し上げるつもりはありませんが，よい意味での中立性を保ちながら，特性の一致を支援に活かせるよう，スーパーバイザーのもとで洗練されることをお勧めします。

出会い

　さて，われわれの立場で，仕事としてLGBTの人と出会う場面，通常それは依頼を受けての面接でしょう。実際問題として，私の経験に照らして考えると，LGBTの人が，それを主訴として，自発的に私の前へ現れたことはただの一度もありません。

　考えてもみてください。そんなこと，つまりLGBTの人が，自らの意思で，特定の相談機関を訪れるとすれば，それは一部の医療機関くらいのものだろうと思われるのです。もっとも最近

では，LGBT の人への自助グループが各地に開設されるようになりました。しかし，それにしても LGBT の人が，最初から特定の自助グループのドアをノックすることは，通常はまず起こらないと思います。

　それくらい，ご本人にとって，それは敷居の高いことなのです。それどころか，「そのこと」が暴露しないよう，いかに神経を擦り減らしてみえることか，そうしたご本人の気持ちを，私たちは十分知っておく必要があるのです。

　少なくとも私の経験として，LGBT の相談は，周囲の人，最も多いのは学校の教師や施設の職員から，ときには保護者から，「一度会ってもらえませんか」という形でもたらされるものなのです。たぶんこの点については，相談者の立場にある読者であれば，皆さん大同小異だと思われます。

　そこで，面談に際しての，最初の配慮が必要になるのですが，その配慮は，たとえば依頼を受けて面接する場合と，学校の教師や施設の職員が，自ら必要を感じて面接する場合とで，配慮の仕方に違いがあります。今からその違いを順次お話ししますので，面接に至る読者の立場の違いに応じて，使いわけるようにしてください。

初回面接時の配慮（1）

　依頼されての面接の場合，私の方から LGBT を話題にすることは，まずありません。また，面接中にご本人の方から，LGBT の相談が自発的に出てくるようなこともほぼないと思いますが，もし出てきたときには，以下に示すようなやりとりを参考に面接を進めてください。

　ただ，稀にご本人の方から，「今日先生に会ってもらうことについて，依頼者（教師や保護者）から何か聞いていますか」と質問されることがあります。そうしたときには，「（依頼者は）いろいろおっしゃっていましたが，あなたは私が，特にどんなことを頼まれたと思いますか」と応じます。

　そこでご本人から，「たとえば LGBT のこと」というような返答があれば，「あなたはその話をしたいと思っていますか」と尋ねます。これに対してご本人から，「話したい」というリクエストがあれば，「私でお役に立つことでしたら遠慮なくどうぞ」と応じるのですが，実際は「別に」とおっしゃるか，「話たくない」とおっしゃることの方が多いのです。

　その場合であれば，「私は，人間関係の相談をお受けするのを職業としています。それでは LGBT のこと以外でお役に立てそうなことでもあれば，遠慮なくおしゃってください」と面接を続けます。そして，それが一回性の面談である場合には，面接を終えるときに，「依頼者（教師や保護者）からの相談には，LGBT への質問もあったのですが，あなたが LGBT のことは話題にしたくないようでした，とお伝えしてもよろしいですか」と，一言念を押すようにしています。

　LGBT に触れたくない人であれば，私からは触れない，というのが私の基本姿勢です。

初回面接時の配慮（2）

　学校の教師や施設の職員など，日常的に支援対象者と接している支援者が，支援対象者に面接の必要性を感じて行う面談，その場合の初回面接時の配慮は，前項で述べた学校の教師や施設の職員などから，私たちが依頼を受けて行う面接とは，出発点の条件が全く異なると思います。

　つまり，私がLGBTに関する面接を依頼される場合は，「この人には，LGBTがあるのではないかと思われますが，一度その辺りの事情を面接で確かめてもらえないでしょうか」というものがほとんどです。したがって私としては，「もしLGBTがあったとしたら，どうされたいのですか」という確認をした上で，依頼受理の可否を考えることになりますが，仮に許諾した場合，私が配慮するのは前項のような対応です。

　そこが，支援対象者が日常的に接している人と面接したいと思うときには，その思いのなかに，「LGBTがあるのかどうか本人に会って確認したい」という思いなど，通常含まれているものでしょうか。たとえば「前から心配していたのだけれど，あなたにはもしかしてLGBTがあるのではないですか」これはないでしょう。

　そんなとんでもない前提は通常あり得ないので，先程，面接の条件が全く異なると申し上げたわけです。というより，支援対象者の人柄や，実際場面での対人関係のあり様は，その支援者が一番よくご存知なことだと思われるので，支援者が気にかけ，心配しておられる支援対象者の対人関係上の課題について，わかりやすい言葉で面談されれば十分ではないかと思います。たとえば「対人関係で嫌な思いをしているようで心配しているのだけれど」とか，「友だち関係に疲れやすいところがあるのではないかと心配しているのですが」といった具合にどうぞ，ということです。

　ただ，以下の数行が最も大切なところだと思うのですが，私はどんな人と面接する場合でも，頭の片隅に「もしかして，この人にはLGBTがあるのでは」という余地を，少しは残すように心がけています。不登校の相談でも，発達障害の相談でもです（このことは後にもう一度触れます）。

恋愛されど恋愛

　何だかんだとお話ししてきているのですが，たしかにLGBTには恋愛が絡みます。だからといって，LGBTを恋愛のみで組み立てることなどできるものでしょうか。

　極めて当たり前のことを申し上げます。そもそも，異性愛であろうと，同性愛であろうと，皆が皆，恋人を持っているわけではありません。世の中の人には，恋人を持っている人と，持っていない人の割合はどの程度なのでしょう。まあ，そうした興味を持つのは，悪いことではありません。でもその一方で，私はこの比率を知ることに，何の意味があるのかとも思うのです。

　考えてもみてください，人の生態学を研究されている方，人の性行動を調べている方にとっては，恋人保有率は，それなりの研究的な意味があると思います。でも，そうした研究的な意図を持たない恋人保有率のデータ，「う～ん，それは高校生の好奇心を満たすには意味ありなのでしょうが……」というところなのです。

　私はここで何を言いたいのか。はっきりした数字は忘れましたが，現代人（日本人）の恋人保有率は，恋人を持っていない人の方が多いようです。特に現代人は恋愛を面倒臭く感じる人の方が増えたとか。そもそも恋人をほしいと思うのと，実際に恋人がいるというのは，次元の異なる数字です。そしてそれは，LGBTにおいてもしかりだと思います。

　つまりこういうこと。LGBTを恋愛と捉えるのではなく，私たちはその前段階である人間関係に着目すべきだと思うのです。これは性愛についても同じこと。たしかに恋愛を前提にすれば，

性愛が出てくる方が自然でしょう。でも性を考えるときに，たとえば同性愛の人は自慰をするとき同性をイメージすることが多い。そんなことを論じても，前出のクィアではありませんが，「それがどうした」というところにしか落ちつかない。つまり性を論じているだけでは，LGBTのある人への支援には結びつかないということです。

　もちろん，LGBTの人が恋愛に悩んでいるときには，恋愛相談は立派な支援になります。またLGBTには，自助グループのような対人環境があって，後述するように，そこへの溶け込みをサポートするのも立派な支援です。

　ただですねぇ，「私には恋人がいます」とか，「夕べセックスをしました」とか，そんな話は，他人にするような話でしょうか。それを，LGBTのある人だからといって，特別な友だちでもないのに，明るい部屋の中で，支援対象者がその話をしてくれることに期待する，そんなのは完璧なルール違反だと思いませんか。

　もしご本人が相談したいとおっしゃるのなら，それはやぶさかではないのですが，隠したいことをとやかく言うよりも，隠さなくてもよいところから支援しましょう。そうでなくとも，恋愛という強烈な話題は，真実を隠しやすいものです。となると，われわれは恋愛を支援するのではなく，その前提になる対人関係の「話題」をこそ，支援の対象にすべきではないでしょうか。

　たとえば不登校のこと，いじめのこと，友だち関係のこと，こういう書き方をすると，今までの面接とどこが違うのかと思われそうですね。でも，面談で使う言葉への配慮が，従来のそれに比べて意味深長になりますので，それはもう少し後ろの方でまとめてお伝えします。

違和感

　ここで取り上げていくLGBTの人に特徴的な違和感とは，多くの人であれば問題にしないようなことに違和感を持つ，ということではありません。多くの人にも違和感の対象になるような事項に，より強度な，あるいは変則的な，違和感を抱くということです。要するに，LGBTの人たちは，私たちと同じような人生の課題の中で，独特な躓き方をする人ではありますが，断じて別の人ではありません。

　たとえば体の部位で，出っ張っているところ，穴の開いているところ，ここは乳児の段階から万人に共通するワンダーランドです。鼻とか，耳たぶ，鼻の穴とか，耳の穴，しかも触ると，微妙なくすぐったさのあるところ。

　幼児になれば，特に外性器は神秘な場所になります。それはそうです，片方にはあるものが，片方にはないのですから。しかも，出っ張りと穴，微妙なくすぐったさ，ここは男の子，女の子，という既成概念の大本営のような場所でもあります。それがそのまま全身へと広がるのが思春期の二次性徴，身体的に不思議な場所には，休む暇がないのです。

　そして，「男」とか「女」という二分法に馴染めない人には，そこが確実に「男らしく」「女らしく」なっていく，これは違和感を通り越して不安へ，そして不安を通り越して恐怖へ，異質への違和，さあどうしたものでしょう。

　また，人を好きになるということ，これも万人に共通する感覚ですが，好きになる対象が違う，あるいは揺れ動く，あるいはそういう感情を自覚できない。ここで，どうも自分は多くの人と，違うらしいという気付きが起こると，それもまた，違和感となり，不安へと繋がります。

防衛機制

　そうしたとき，人間にはこの不安を和らげる防衛機制という，心の危機管理機能が備わっているので，自分の違和感を否定する，あるいは逆に自分の意とは異なる周囲の反応に（過剰に）同調する，という行動が目立ってしまうことがあります。

　つまり，「引かれているのに，それを隠し，引かれていないように振る舞う」とか，「引かれていないのに，それを隠し，引かれているかのように振る舞う」とか。

　これは，自分の本当の姿を隠して攻撃的になる，あるいは同調的になる，そうすることで，自分の本当の姿を悟られる不安を回避するという，非常に巧妙なやりとりなのですが，自分の胸に手を当てて考えると，私たちもけっこういろいろな場面で使っています。

　たとえば，あるお店へ美味しいと評判のケーキを食べに行ったのに満席。そんなとき，「行列を作ってまで食べるものではない」と自分を慰めませんか？

　たしかに，こうした対応で私たちの不安（この場合は不満）は一時的に軽くなると思いますし，時間が解決してくれる課題であれば，そうしている間に事態が好転することもあると思います。

　しかし，LGBTのように，時間が解決してくれる課題ではないとき，そこでは何が起こるのでしょう。つまり，一向に問題は解決しないまま，状況だけが複雑化することだって起こりかねません。LGBTの人の苦しみは，本当に底なし沼なのです。

　さて，私のような仕事に従事していると，LGBTに限らず，いろいろな人の心の機微（表面上はわかりにくい，心の微妙な動き）のお相手をせねばならないことがよく起こります。そういうときには，支援対象者の言葉を真に受けて鵜呑みにしない，あるいは真に受けて無闇に否定しない，それこそ機微な対応を迫られることも多いのです。そしてそれは，LGBTの人への配慮にも繋がっていきます。

言葉遣い

　少し前にもお話ししたとおり，私は支援対象者と面談するとき，必ず頭の片隅に「この人にはLGBTがあるかもしれない」という余地を残しています。でもそれは，それほど難しいことをしているわけではありません。異性愛を前提にした，あるいは特定の性自認を前提にした言葉遣いを避ける，という配慮をしているだけですから。

　たとえば，彼とか，彼女，という言葉を用いなくても対人関係の話はできます。また，面接の中では，基本的に支援対象者の言葉遣いに合わせますから，「僕の彼女」とか「私の彼氏」という言葉が自然に出ているときは，「きみの彼女は」あるいは「きみの彼氏は」と相手に合わせてもよいと思いますが，それは対象が異性愛であることが明白な場合であり，そこが明確でないときには，彼女とか彼氏という表現はほとんど使いません。「そうか彼氏がいるのか」とか「そうか彼女がいるのか」という言い方もしません。まず，「それはきみが好きになった人のことですか？」と聞きます。支援対象者がそれを肯定すれば。「そうかぁ，好きな人がいるのはいいことだね」と応じます。一度騙されたと思って，面接の中で使ってみてください。「彼氏」や「彼女」より，「好きな人」の方を支援対象者は喜びます。あなたでもそうではありませんか？

　また，ときには面接の中で「あいつは男のくせになよなよしているからいじめられるんだ」と

いう，不適切な発言をする支援対象者もいます。こうした差別的な発言を放置してはいけません。ただ，「そういう言い方は止めましょう」と否定的に伝えるのではなく，まず「なよなよしているとは，どういうことですか」と言語化を促します。そうすると「別に」とか答えるだけで，実は言語化できない人が多いものです。そういうときは，「それはこういうことですか」とわかりやすい言葉で例示します。たとえば「自分の意見をはっきり言わない人のことですか」とか。それを支援対象者が肯定したときは，「そのことがどうして気に入らないのですか」と尋ねます。そしてたとえば「あなたが気に入らない人というのは，あなたが思っているように行動してくれない人のことですね」というところへ持って行きます。そして最終的には，「『あなたもよくわかっているように』，人にはいろいろなタイプがありますから，あなたの思うように行動してくれない人にも，たとえば，はっきりものを言わないことが，実はその人らしい姿なのだと思いますよ。あなたも，あなたらしくするのが，一番あなたらしいのと同じようにね」というところへ落せるような対話の工夫を凝らします。

　こうした対話を，回りくどく感じてしまう支援者もおられると思いますが，このやりとりの中に出てくる「あなたもよくわかっているように」という言い回し，ここが支援になっています。

　つまり本当は，「あなたは自分の不適切な言葉の意味がわかっていないから助言するのですが」と伝えるべきなのでしょうが，そうした助言には反発してしまう人が多いので，助言の意図が伝わりやすくなるよう，アサーション（相手に伝わる対話への配慮）に心がけているということです。

　こうしたやり方は，必ずしも LGBT の人を前提にするものではありません。しかし，言葉のやりとりの中で働き掛けるという点は共通しています。つまり，支援者の言葉遣いは，支援を構成するとても大切な要素になっているということです。

　というところで，LGBT の人への直接的な支援についてのお話に入りますが，以下の記載は，基本的に 18 歳以上の青年を前提にしていることをお断りしておきます。ただし，支援対象者が中学生や高校生の場合でも，支援者は以下に提示するような地域情報を収集しておかれることをお勧めします。LGBT への対応は，支援者と支援対象者との対話も必要不可欠な要素ですが，実際的な行動を伴うものでないと，支援としての意味は半減してしまうからです。

支援（1）──支援団体の探し方

　それでは，LGBT のある人への直接的な支援を紹介します。まず，既に述べたように，支援者と支援対象者の関係は，大切な仲間であることが最も望ましいと思います。何の仲間かといえば，一つには LGBT 支援に関する情報（特に地域情報）を交換できる仲間だということです。

　LGBT の支援団体は増えてきました。地域で活動している自助グループもあります。これらの情報は，インターネットで検索すれば容易に入手できますが，とても大切なことが一つあります。検索はぜひ，支援者であるあなたと，支援対象者であるご本人の二人で行ってください。

　もちろん，支援対象者が帰宅後，一人でなさってもいいのですが，ネットを開けば一目瞭然，公的情報に近いものから風俗情報まで，順不同でどっさり出てきます。ご本人が興味に任せて検索されることを止めはしませんが，やはり基本的なところは取捨選択を，そこがあなた（支援者）の出番です。

　迷われる場合は，「認定 NPO 法人・虹色ダイバージョン」で検索すると，LGBTQ 支援団体リ

ストが出てきます。ただ，これは東京，大阪，名古屋，福岡など，大都市圏で活動しておられるものがほとんどなので，地方都市の場合は，支援情報も風俗情報に埋没する，またはカオス状態で出てくるのが実情だと思います。

したがって，支援対象者任せは危なっかしい。そこで社会的に成熟した目を持っている，あなたという支援者が横について検察することの意味が出てきます。

さて，ここまでは教科書的な進め方の紹介です。実際は地域で活動しておられる自助グループも多種多様で，なかには，年配の男性が，コスプレ風の女装をして参加されているようなところもあるのです。それがいけないなどと言うつもりは毛頭ありません。ただ，支援対象者によっては，あまりのハードさ（思い切りの良さ？）にショックを受けることもあると思います。

各団体に寄せられているコメントを読み込めば，だいたいの雰囲気は予想できると思いますが，実際のところは，支援者があらかじめ足を運んで確認されるくらいの慎重さが望まれます。

研修会や各種行事などの情報も出ていますので，支援者自身が参加してみることも大切なことです。支援グループでリーダーシップを発揮しておられる方など，あなたの心強い味方になっていただける可能性もあると思います。

支援（2）──カミングアウト

カミングアウトに関しては，ご本人の希望とか，保護者も賛成しておられるとか，いろいろなレベルがあります。また，実際に行うとしても，いつ，どこで，誰が，誰に対して行うのか，という大きな課題があります。そして私は，現在のように，まだまだこの領域への差別や偏見が渦巻いている日本でのカミングアウトには，かなり慎重な立場を貫いてきました。

たとえば，LGBTへの支援団体によっては，当事者が集まって悩みを語り合う情報交換会を企画されているところもあると思います。こうした，いわば「勝手知ったる」仲間が集う場所で，参加者限定のカミングアウトを行うことは，一番推奨できるものの一つでしょう。

そして，これ以外のカミングアウトは，そうそう簡単には推奨できない，というのが私の立場です。

たとえば，職場や学級内でのカミングアウト，新しい人が入ってきたり，進級したり，その度に何度もなさるおつもりでしょうか。それに加え，基本的にこれは，不特定多数へのカミングアウトになります。まだまだ日本の現状では，このカミングアウトには危険が大きすぎると思います。

許容範囲になるものは，職場でいえば，管理職やご本人の直属の上司（課長や係長，それも人を見て）。学校であれば，一番緩めた場合で，教職員での共有というところではないかと思います。

ともかく，そのカミングアウトで起こるメリットとデメリットを，支援者と十分話し合って決めるようにするのが正解でしょう。どうぞよろしくお願いします。

アライという言葉

みなさんは「アライ（Ally）」という言葉をご存知でしょうか。同盟や提携を意味する英語（Alliance）を日本語で「アライ」と表記します。21世紀になって少しずつ世界へ広がっている運動で，人権の平等化，男女同権，LGBTの社会的運動の支援や差別の是正を投げ掛ける，異性愛者の人を指す言葉として誕生しました。

　特別な資格はなく，特別な宣言の必要もありません。LGBTの当事者である必要もありません。大切な人が自分のセクシャリティで悩んでいるとき，打ち明けてくれたとき，まずそれを受け止めて，ゆっくり話を聞いてあげるだけでも，それはアライとして立派なアクションになります。

　「本当は，このアライという言葉が必要でなくなる世の中になることが望ましい」。この「アライ」という言葉の説明に私は賛同しています。

　＊このアライに関する文章は，Job Rainbow MAGAZINE からの抜粋に若干加筆したものです。

　以上第Ⅳ部においては，第１章の「おさらい」に始まり，第５章の「支援」まで，LGBTについて述べてきましたが，いかがでしたでしょうか。そこで最後に，異性愛とか同性愛という言葉を越えたところに見えてくる，人のセクシャリティを紹介して，第Ⅳ部を閉じたいと思います。

　異性愛：異性に対して恋情や性を求めるセクシャリティ
　同性愛：同性に対して恋情や性を求めるセクシャリティ
　両性愛：異性にも同性にも恋情や性を求めるセクシャリティ（第１章バイセクシャル参照）
　全性愛：性別を越えて人に恋情や性を求めるセクシャリティ（第１章パンセクシャル参照）
　無性愛：異性にも同性にも恋情や性を求めないセクシャリティ（第１章アセクシャル参照）

　私は世の中の人が，自分のセクシャリティを自己実現の有り様として受け入れ，他者のセクシャリティを，共有せずとも尊重できる社会の姿を目指したいと思っています。賛同される方々との情報交換を希望しています。

　どうぞよろしく。

（小栗正幸）

付録

付録（デジタル・データ）の活用に際して

　このデータは，本書の「付録」の付録（213 頁〜 220 頁）のデジタル・データ（本付録データと呼ぶ）についての覚書きです。

　以下の条件に同意される方のみ，使用可能になっております。

　なお，本付録はのデジタル・データは金剛出版のホームページ（https://www.kongoshuppan.co.jp/files/1808.zip）に，アップされています。

本付録データ使用時の覚書き

　１）本付録データは，性の本制作委員会の著作物です。

　２）本付録データを使うことができるのは，本書『性のユニバーサルデザイン――配慮を必要とする人への支援と対応』の読者に限ります。

　以下の条項をお守りください。

　・本付録データは，それぞれの指導に応じて改変して使用してください。

　・配布する場合，出典を明記してください。

　・本付録データを印刷物等として販売することは，許可しておりません。

性の指導メソッド

＜就学前から小学生までに身に付けたい力とその学習内容＞

健全な生活の基礎を育てることを目的に、日常生活の基本的生活習慣を身につけ、集団参加に必要な態度や技能を養う。
「日常生活の基本的な生活習慣」とは、健康で安全な生活をするために、必要な身辺の処理に関する知識、技能、及び態度を確実に身に付け習慣化できるようにすることが大切。

指導内容	指導のポイント
食事	★生命維持のために欠かせないこと。明るく楽しい雰囲気づくりの工夫も必要
○手洗い	・食事の前の手洗い　消毒
○配膳	・食事の流れと基本的な食事の行動を理解する
○食事	・食器の扱い、こぼれたらその場所を拭く
○食事のマナー	・場に応じた声の大きさで挨拶ができる　よく噛んで食べる　適量を口に入れる　こぼさず食べる
○後片付け	・食事中に立ち歩かないなどの食事のマナーを身に付ける
	・食器を丁寧に扱う　適切な場所に片づける　食器の洗い方
用便の自立	★社会生活を送るうえで極めて重要、本人の自信にもつながる事例
○尿意を保つ	・尿意を知らせる　一定時間我慢できる　自分からトイレに行ける
○用便の手順	・男女の便所の区別　個室の入り方・トイレでの適切な一連の動作
○技能　後始末	・適切なトイレットペーパーの長さ　・性器の汚れを意識して拭く　汚れがなくなるまで拭く（女子：膣から肛門に向かって拭く）
○トイレのマナー	・いろいろな場所のいろいろなトイレを知る
	・いろいろな鍵の使用法
寝起き	★一日の生活リズムを整え、健康な生活を送るうえで欠かせない重要な指導内容
○就寝準備　片付け	・就寝に必要なものがわかり、自分で準備できる。（布団、枕、シーツ）　自分で寝巻に着替えることができる（寝巻から通学服の着替え）
○一人寝	・特別に寝かしつけではなく、自分で安定して寝ることができる（コーピンググッズ）
○就寝、起床のあいさつ	・定時に起きて、朝の洗面に向かうことができる
○衣服の着脱	・適切な場所での衣服の着脱（「恥じらい」を意識した着脱）
清潔	★健康の維持だけでなく人とのかかわりを円滑にする上からも必要。
○衣服	・汚れた衣服の着替え
○洗面　歯磨き	・顔を認識して、お湯や水で洗い、タオルで隅々まで拭く
○手洗い	・食後に歯ブラシを使用して歯磨き　適量の歯磨き粉を使用する
○鼻かみ	・適量のペーパーで鼻をかむ
○洗髪	・頭を洗う（適量のシャンプー剤で頭皮、髪をあらう、しっかりすすぐ）
○髪の手入れ	・タオルで頭を乾かす
身なり	★継続した指導が必要、場合によっては長期にわたる　人との関わりを円滑にすることからも大切な内容

© 性の本制作委員会，2021

○着替え	・うら　おもて　みぎ　ひだり　そで　すその理解
○身だしなみ	・鏡を見て確認する、直す　・適切な場所の着替え
○気候に応じた服の調整	・寒暖合わせた服の調節
健康管理	★健康管理については、日頃から児童の健康状態について十分把握し、その状態に応じて対応する。「清潔」の内容とリンクする
○手洗い	・正しい手順で手を洗も、周囲をぬらさずに手を拭くことができる→手洗いの前にあごやわきを出し、拭くことができる
○うがい	・がらがらうがい」と「ぶくぶくうがい」のちがいがわかってできる。
○体重の変化	・体重の増えた、減ったがわかる
○不調時にどうするか	・不調の表現ができる　不調時、誰に伝える　どこに行く（保健室）がわかる
○髪の手入れ（とかす）	・鏡を見て髪を整える（ブラシの使用）
○つめの手入れ	・つめの長い、短い、適切な長さがわかる
身近な人との交際	★自分の周りの人との適切なかかわり方を理解することは、性被害や加害を防止することにつながる
○自分の周りの人がわかる	・身近な人　そうでない人は　それぞれ誰なのか　その人たちとの適切なかかわり方（してよいこと　だめなこと）
○適切な距離	・人とかかわる際の具体的な距離感がわかる
○いいタッチ、いやなタッチ	・嫌なタッチをされたときに「やめて」「ＮＯ」が言葉や態度で表したり、先生や家の人に言える
私の体のきまり	★早期からプライベートゾーンを覚えて、自分で守ることができると性被害、性加害の防止につながる
○プライベートゾーンの理解	・プライベートゾーンの部位（3か所　口　胸　性器）がわかる
	・人に見せない　人のも見ない　触らない　触らせない
	・清潔に保つ（正しい性器の拭き方　洗い方）

＜思春期前後で身に付けたいからとその学習＞

自分の発育や変化に関心を持ったり　健康・安全に関する初歩的な事柄を理解したりする。
発育に関心を持つ…身体各器の働きを知る、病気の予防や健康な生活に必要な生活習慣や態度、進んで清潔に気を付ける、寒暖に応じて衣服の調節をする、体調を整える
性に関心を持つ…ホルモンの作用による女子の初経、月経の手当て　男子の精通への対応、心の変化（不安や緊張が強くなる、怒りっぽくなるなど）に対処するためのリラクセーション法を身に付ける。
家庭との密接な連携・協力の下に行い、生涯にわたって活用できる能力や態度を育てること

指導内容	指導のポイント
食事	★生命維持のために欠かせないこと。明るく楽しい雰囲気づくりの工夫も必要
○手洗い	★思春期の体と心が健康に生活できる食事の大切さについて伝えることが大切
○配膳	・進んで食事の前の手洗い　消毒
○食事	・食事の流れと基本的な食事の行動を理解し、周囲の状況に配慮し進んで配膳する
	・一日3回、適量の食事の大切さ

© 性の本制作委員会，2021

○食事のマナー	・丁寧に食器を扱い、こぼれたらその場所を水気がなくなるまで拭く
○後片付け	・場に応じた声の大きさで挨拶ができる　よく噛んで食べる　適量を口に入れる　こぼさず食べる　時間内に食べ終わる
	・食事中に立ち歩かない、食事中の会話の内容に気を付けて食べるなどの食事のマナーを身に付ける
	・食器を丁寧に扱う　適切な場所に片づける　食器の洗い方
用便の自立	★社会生活を送るうえで極めて重要、本人の自信にもつながる事例
○尿意を保つ	・尿意を知らせる　一定時間我慢できる　自分からトイレに行ける
○用便の手順	・男女の便所の区別　個室の入り方　・トイレでの適切な一連の動作
○技能　後始末	・適切なトイレットペーパーの長さ　・汚れを意識して性器を拭く（女子：膣から肛門に向かって拭く　月経血を拭く）
○トイレのマナー	・いろいろな場所のいろいろなトイレを知る
○安全なトイレ	・いろいろな鍵の使用法　・トイレの中にあるものとその用途を知る
	・登下校時使用する安全なトイレや、トイレで気を付けておきたいことを知る
寝起き	★一日の生活リズムを整え、健康な生活を送るうえで欠かせない重要な指導内容
○就寝準備　片付け	★思春期の体と心が健康に生活するために大切な睡眠時間（入眠時間、睡眠時間）について伝えることも大切
○一人寝	・就寝に必要なものがわかり、自分で準備できる。（布団、枕、シーツ）　自分で寝巻に着替えることができる（寝巻から通学服の着替え）
○就寝、起床のあいさつ	・特別に寝かしつけではなく、自分で安定して寝ることができる（コーピンググッズ）
○衣服の着脱	・定時に起きて、朝の洗面に向かうことができる
	・適切な場所での衣服の着脱（「恥じらい」を意識した着脱）
○適切な睡眠時間	・健康に生活するための入眠時間や睡眠の長さ、睡眠がもたらす効果について知る。
清潔	★健康の維持だけでなく人とのかかわりを円滑にする上からも必要。
	★思春期に変化する体のにおいや皮脂について、その処理について自分で意識できるようにすることが必要
○衣服	・汚れた衣服の着替え
○皮脂	・顔や体の皮脂をみえる形で実感し、その処理について知る
○洗面	・顔を認識して、適量の洗顔フォームやお湯や水で洗い、タオルで隅々まで拭く
○体	・体のにおいを意識して進んで汗を拭く、着替えする
○歯磨き	・自分に合ったボディシートや制汗剤を使用して匂いに気をつける
○口臭	・食後に歯ブラシを使用して歯磨き　適量の歯磨き粉を使用する
○手洗い	・汚れを意識して進んで手洗
○鼻かみ	・適量のペーパーで鼻をかむ
	・毎日入浴する必要性がわかる
	・一人で体を正しく洗う　適量のボディシャンプーの使用

© 性の本制作委員会，2021

○入浴　洗髪	・頭を洗う（適量のシャンプー剤で頭皮、髪をあらう、しっかりすすぐ）
	・タオルで頭を乾かす　ドライヤーの使用
身なり	★継続した指導が必要、場合によっては長期にわたる　人との関わりを円滑にすることからも大切な内容
	★自分で気づいて直すことができるスキルを身に付けることができる
○髪の手入れ	・寝ぐせの手入れができる
	・自分で髪を縛ったり、ピンでとめたりする
○着替え	・うら　おもて　みぎ　ひだり　そで　すその理解
○身だしなみ	・鏡を見て確認する、直す　・適切な場所の着替え
○気候に応じた服の調整	・寒暖合わせた服の調節
○服装に応じた所作	・（女子）スカートでの振る舞い方（立ち方　座り方など）
健康管理（体調管理）	★健康管理については、日頃から児童の健康状態について十分把握し、その状態に応じて対応する。「清潔」の内容とリンクする
	★思春期に伴う体調の変化を具体的に伝え、不安感を持たないようにする
○手洗い	・正しい手順で手を洗も、周囲をぬらさずに手を拭くことができる→手洗いの前にハンカチを出し、あごやわきを使って拭く準備ができる
○うがい	・がらがらうがい」　のど　せき　の理解
○体重の変化	・体重の増えた、減ったがわかる
○不調時にどうするか	・不調の表現ができる　不調時、誰に伝える　どこに行く（保健室）がわかる
○血液型や体のサイズ	・体のサイズとそれに伴う服のサイズがわかる（トップス　ボトムス　帽子や靴、ベルトの位置など）
○つめの手入れ	・つめの長い、短い、適切な長さがわかる
○いろいろな用便	・自分でつめを切る
	・用便の回数や種類から健康状態がわかる
身近な人との交際	★自分の周りの人との適切なかかわり方を理解することは、性被害や加害を防止することにつながる
	★危険回避の力、相談する力を育てることが重要であり「自分で自分を守る」具体的をわかりやすく身に付けようにする。
○自分の周りの人がわかる	・身近な人　そうでない人は　それぞれ誰なのか　その人たちとの適切なかかわり方（してよいこと　だめなこと）
○適切な距離	・人とかかわる際の具体的な距離感がわかる
○いいタッチ、いやなタッチ	・自分で自分のプライベートゾーンを守る
	・危険な場所や時間帯の理解
	・登下校中何かあったら駆け込むところの理解（コンビニ、ガソリンスタンドなど）
私の体のきまり	★早期からプライベートゾーンを覚えて、自分で守ることができると性被害、性加害の防止につながる
○プライベートゾーンの理解	・プライベートゾーンの部位（3か所　口　胸　性器）がわかる

© 性の本制作委員会，2021

表1

	・人に見せない　人のも見ない　触らない　触らせない
	・清潔に保つ（正しい性器の拭き方　洗い方）
成長するからだとその対応	★現在起こっている、または近い将来起こる体の変化について「体のすばらしさ」を感じることができるように科学的に伝えることが大切である。
○体の変化	・年齢とともに体が変化することがわかる　一生を通じた体の変化の理解（髭や毛、体毛、体型、匂いなど）
○二次性徴	・男子特有の体の変化（身長、体重、骨格、筋肉、体毛、声変わり、勃起現象）・勃起現象とその対応
公共でのルール	★なぜ、ルールがあるのか、エチケットと合わせて他者への配慮を中心に伝えるとともに「社会」を意識するようにする
○バス、電車の中で	・異性を意識した公共での適切なふるまい（バスや電車のシートでの距離感　座り方　立ち方）
	・場に応じた声の大きさ、話の内容など
○性加害	・プライベートゾーンのルールの徹底、言ってはダメなこと、してはダメなことの理解
私について	★思春期は自分について考えたり他者と比べたりして思い悩む時期。自分の強み弱み、自分について知り、良さを強みに自信が持てるようにする
○好きなこと　できたこと	・私の好きな人、モノ、こと　夢中になっていることを振り返り見える形で示し、友達と分かち合う
私の心のこと	★思春期の伴う感情の変化を知り、自分なりの対応法（特に怒りへの対応法）を身に付けることは、生涯にわたって重要なことである。まずは、知り、それが習慣化できるように日常生活の中で指導していくことが大切。
○思春期の心	・ホルモンの作用により体だけでなく心も変化することを知る
	・いろいろな「感情」の理解　感情の意味理解　感情の温度計
	・年間を通じた自分の感情の変化（得意な季節　苦手な季節）
	・発散方法はやってみる、直すに見つける（　適切な破壊行動：こわす、つぶす、たたく、切る、破るなど）
○発散方法とリラクセーション法	・リラックス方法を知る、やってみる、お気に入りを見つける（深呼吸　タッピング　プレジャーブック作り　匂い　お守り　マッサージ）

＜思春期後期で身に付けておきたい力とその学習＞

日常生活における基本的生活習慣の「健康・安全」に関する指導を基礎に、身体の発達、身体の諸機能の働き、健康と安全、情緒の安定、性に関する指導について他教科、自立活動等の内容と関連させて指導することが大切である。

心も体と同様に変化が現れること、身体各部位の働きの理解、けがや病気の予防　心の発達に伴う不安や悩みへの適切な対応法や発散法を知り、自分でできることを身につけていくこと。

一人一人の知的障害の状態等を踏まえ、身体的成熟や心理的発達に合わせて、人との関係作り、自分も相手も大切にした交際のあり方、身だしなみや服装、態度など社会人としてふさわしい適応を図るための指導を行う必要がある。

表2

指導内容	指導のポイント
食事	★生命維持のために欠かせないこと。明るく楽しい雰囲気づくりの工夫も必要
○手洗い	★思春期の体と心が健康に生活できる食事の大切さについて伝えることが大切
○配膳	・進んで食事の前の手洗い　消毒　衛生面を意識して洗う。
○食事	・食事の流れと基本的な食事の行動を理解し、周囲の状況に配慮し安全に確実に配膳する
○食事のマナー	・一日３回、適量の食事の大切さの理解をし、バランスよく作ったり食べたりする
○後片付け	・こぼれたらその場所を水気がなくなるまで拭く
	・場に応じた人の大きさで挨拶ができる　よく噛んで食べる　適量を口に入れる　こぼさず食べる　時間内に食べ終わる
	・食事中に立ち歩かない、食事中の会話の内容に気を付けて食べるなどの食事のマナーを身に付ける
	・汚れを意識して食器を丁寧に扱う　適切な場所に片付ける　食器の洗い方
用便の自立	★社会生活を送るうえで極めて重要、本人の自信にもつながる事例
○尿意を保つ	・尿意を知らせる　一定時間我慢できる　自分からトイレに行ける
○用便の手順	・男女の便所の区別　・個室の入り方・トイレでの適切な一連の動作・適切なトイレットペーパーの長さを取り汚れを意識して性器を拭く
○技能　後始末	・いろいろな鍵の使用法　トイレの利用有無
○トイレのマナー	・いろいろな鍵の使用法　トイレの中にあるものとその用途がわかる
	・登下校時使用する安全なトイレや、トイレで気を付けておきたいことがわかる
○安全なトイレ	・トイレが汚れたり、汚れを見たりしたらきれいに始末ができる
寝起き	★一日の生活リズムを整え、健康な生活を送るうえで欠かせない重要な指導内容
○就寝準備　片付け	★思春期の体と心が健康に生活するために大切な睡眠時間（入眠時間、睡眠時間）について伝えることも大切
○一人寝	・就寝に必要なものがわかり、自分で準備できる。（布団、枕、シーツ）　自分で寝巻に着替えることができる（寝巻から通学服の着替え）
○就寝、起床のあいさつ	・特別な寝かしつけではなく、自分で安定して寝ることができる（コーピンググッズ）
○衣服の着脱	・定時に起きて、朝の洗面に向かうことができる
	・適切な場所での衣服の着脱（「恥じらい」を意識した着脱）
○適切な睡眠時間	・健康に生活するための入眠時の睡眠時間、睡眠がもたらす効果について知る。
	・睡眠の質について知り、効果的な睡眠法を知る
清潔	★健康の維持だけでなく人とのかかわりを円滑にする上からも必要。
	★思春期に変化する体のにおいや皮脂について、その処理について自分で意識できるようにすることが必要
○衣服	・汚れた衣服の着替え

表3

○皮脂	・顔や体の皮脂をみえる形で実感し、その処理について知る
○洗面	・顔を認識して、適量の洗顔フォームでお湯や水で洗い、タオルで隅々まで拭く
○体	・体のにおいを意識して進んで汗を拭く、着替えをする
	・自分に合ったボディシートや制汗剤を使用して匂いに気をつける
○歯磨き	・食後に歯ブラシを使用して歯磨き　適量の歯磨き粉を使用する
○口臭	・マウスウォッシュの使用法
○手洗い	・汚れを意識して手洗いができる
○鼻かみ	・適量のペーパーで鼻をかむ
	・毎日入浴する必要性がわかる
○入浴　洗髪	・いて体を正しく洗う　適量のボディシャンプーの使用
	・頭を洗う（適量のシャンプー剤で頭皮、髪をあらう、しっかりすすぐ）
	・タオルで頭を乾かす　ドライヤーの使用（自分でできる　他者のもできる）
身なり	★継続した指導が必要、場合によっては長期にわたる　人との関わりを円滑にすることからも大切な内容
	★自分で気づいて直すことができるスキルを身に付けることができる
○髪の手入れ	・寝ぐせの手入れがわかる
	・自分で髪を縛ったり、ピンでとめたりする
○着替え	・うら　おもて　みぎ　ひだり　そで　すその理解
○身だしなみ	・鏡を見て確認する、直す　適切な場所の着替え
○気候に応じた服の調整	・寒暖に合わせた服の調節
○服装に応じた所作	・（女子）スカートでの振る舞い方（立ち方　座り方など）
○ひげの手入れ	・（自分で）ひげの処理ができる
○ムダ毛のお手入れ	・脇の手入れの意味とやり方がわかる
健康管理（体調管理）	★継続した指導が必要、日頃から児童の健康状態について十分把握し、その状態に応じて対応する。「清潔」の内容とリンクする
	★思春期に伴う体調の変化を具体的に伝え、不安感を持たないようにする
○手洗い	・正しい手順で手洗いをし、過量の汚れをぬらさずに手を拭くことができる→手洗いの前にハンカチを出し、あごやわき手を使って拭く準備ができる
○うがい	・がらがらがら、ごしゅ　の理解
○体重の変化	・体重の増えた、減ったがわかる
○不調時にどうするか	・不調の表現ができる　不調時、誰に伝える　どこに行く（保健室）がわかる
○病気について	・かかりやすい病気（結膜炎　かぜ、インフルエンザ　胃腸炎など）の症状とその予防がわかる　鼻血の対応がわかる
○けがの予防	・活動に応じた服装や、場所によって起こりやすいけがが、わかる
	・けがに応じた治療法（集→消毒、絆創膏　打撲やけど→冷却　シップ）
○血液型や体のサイズ	・体のサイズとそれに伴う服のサイズがわかる（トップス　ボトムス　帽子や靴、ベルトの位置など）
○つめの手入れ	・私の血液型や血圧（血圧測定）・つめの長い、短い、適切な長さ
○いろいろな用便	・自分でつめを切る

表4

○月経	・用便の回数や種類から健康状態
○月経痛とその対応	・女性ホルモン　男性ホルモンの種類とその効能
病気に関すること	・基礎体温と記録の仕方
○性感染（性　に　関　す　る　病気）	・月経血への対応（ピルの効能）　月経期間の過ごし方
健康な生活を送るために	・ＳＴＩ（性感染症）の感染経路と感染の仕方
○飲酒	・ＳＴＩの症状と重篤症・予防法・ＡＩＤＳについて
○喫煙	・飲酒が及ぼす影響について
	・喫煙が及ぼす影響について・喫煙　禁煙に関わる社会情勢
安全な生活を送るために	★社会の性犯罪の状態を伝えることも必要になってくる。優しい勧誘、楽しくてお金儲けができるなどの甘い誘いに騙されないこと、被害にあいそうだと思ったらすぐに相談することを大切にする。
○トラブル回避（ネット　ビデオ）	・リベンジポルノ・アダルトビデオ・ネット上でのバイト
○刺激的な性情報への対応（ビデオ　雑誌　ネット）	・激しい性描写、刺激的な性描写の嘘・生産者の考え　消費者の購買意欲
身近な人との交際	★自分の周りの人との適切なかかわりを理解することは、性被害や加害を防止することにつながる
	★危険回避の力、相談する力を育てることが重要であり「自分で自分を守る」具体的な力をかけりやすく身に付けようにする。
○自分の周りの人がわかる	・身近な人　そうでない人は　それぞれ誰なのか　その人たちとの適切なかかわり方（してよいこと　だめなこと）
○適切な距離	・人とかかわる際の具体的な距離感
○いいタッチ、いやなタッチ	・自分で自分のプライベートゾーンを守る（守り方が分かる）
	・危険な場所や時間帯の理解
	・登下校何かあったら駆け込むところの理解（コンビニ、ガソリンスタンドなど）
交際（異性、異性とのかかわり）	★人との関わりには段階があること、思春期の異性間では気持ちの食い違いがあること、エチケットやマナーについて日常生活を振り返りながら伝えることが大切。
○思春期の異性の気持ち	・思春期の男女の気持ちの違いの理解
○デートDV	・ふれあいの段階
○デートプラン	・お互いが対等である関係性の理解（支配されない　支配しない関係性）
	・デートプラン　場所、費用、時間、相手と自分の好みを考慮したプランを考える
○気持ちの伝え方	・好きになった人への気持ちの伝え方
	・効果的な対応法は（相手に伝えるやり方＜YES　NO＞
私の体とそのきまり	★早期からプライベートゾーンを覚えて、自分で守ることができると性被害、性加害等の防止につながる
○プライベートゾーンの理解	・プライベートゾーンの部位（３か所　口　胸　性器）がわかる
	・人に見せない　人のも見ない　触らない　触らせない
	・清潔に保つ（正しい性器の拭き方　洗い方）

左上の表

	・性器の名称　粘膜と皮膚の違い
成長するからだとその対応	★現在起こっている、または近い将来起こる体の変化について「体の不思議すばらしさ」を感じることができるように科学的に伝えることが大切である。
○体の変化	・年齢とともに体が変化することがわかる　一生涯を通じた体の変化の理解（髪の毛、体毛、体型、匂いなど）
□二次性徴	・男子の体の変化（身長、体重、骨格、筋肉、体毛、声変わり、勃起現象） ・勃起現象とその対応 ・射精のしくみとその種類（精通　夢精　遺精　マスターベーション） ・男子の性器の仕組み（内性器　外性器） ・女子の体の変化（身長、体重、体毛、体型、月経のしくみ） ・女子の性器の仕組み（内性器　外性器）
○マスターベーション	・安全なマスターベーション
いのちのなりたち	
○受精	・生殖の仕組みの理解（男女のいのちのもと）
○妊娠	・妊娠の成立　妊娠中の女性の心身と胎児の成長
○出産	・出産のメカニズム　命の誕生
○自立について考える	・「もしかして親になるかも」必要な4つの自立（経済的自立　生活的自立　精神的自立　性的自立）について現在の自分と照らし合わせて考える
望まない妊娠を避けるために	
○避妊	・望まない妊娠を避けるための大人のやり方について知る （性交しない　ピル　緊急避妊　コンドーム　IUD）
○中絶手術	・手術と女性の心身の負担
公共でのルール	★なぜ、ルールがあるのか、エチケットと合わせて他者への配慮を中心に伝えるとともに「社会」を意識できるようにする
○バス、電車の中で	★性犯罪についての理解を深め、被害者にも加害者にもならないようにその知識と正しい行動について学ぶ ・異性を意識した公共での適切なふるまい（バスや電車のシートでの距離感　座り方　立ち方
○性加害　セクハラ　性暴力	・場に応じた声の大きさ、話の内容など ・プライベートゾーンのルールの徹底、言ってはダメなこと、してはダメなことの理解 ・セクハラとは？性暴力とは？　どのようなことなのか？
私について（自己理解　他者理解）	★思春期は自分について考えたり他者と比べたりし思い悩む時期。自分の強み弱み、自分について知り、良さを強みと自信が持てるようにしたい。
○好きなこと　できたこと	・私の好きな人、モノ、こと　夢中になっていることを振り返り見える形で示し、友達と分かち合う
○私の性（LGBTを考える）	・体の性（性別）心の性　好きになる性のバリエーション豊かな性や生活を知り、自己の性を見つめる

© 性の本制作委員会, 2021

右上の表

○感情理解	★思春期の伴う感情の変化を知り、自分なりの対応法（特に怒りへの対応法）を身に付けることは、生涯にわたって重要。まずは、知り、それが習慣化できるように日常生活の中で指導していくことが大切。
○発散方法とリラクセーション法	・ホルモンの作用により体だけでなく心も変化することを知る ・いろいろな「感情」の理解　感情の意味理解　感情の温度計 ・1年間を通じた自分の感情の変化（得意な季節　苦手な季節）
○違った考えをする	・発散方法やってみる、お気に入りを見つける（適切な破壊行動：こわす、つぶす、たたく、切る、破るなど）リラックス方法を知る、やってみる、お気に入りを見つける（深呼吸　タッピング　プレジャーブック作り　匂い　お守り　マッサージなど）
相談先　困ったときの相談先（連絡先）	★卒業後も考慮し、困ったときの連絡先や相談できるところを知っておくことは大切。 ・緊急先　警察　・県保健センター・18歳以下対象のチャイルドライン ・人心取引被害者サポートセンター

© 性の本制作委員会, 2021

下の表

1年学（1年の学び　1年の初めの学び）

なぜ学ぶか？　何を学ぶか？

○ 高等部1年生は、心も身体も成長している時期であり、中学校（中学部）を卒業し高等部に通学する中で、急激に人やものとかかわる機会も増える。大人に向かうこの時期に適切な人間関係を築いていく基礎作りをし、生徒の自立につなげたい。そのためには、「落ち着いて」「はじめから」「正しく」「具体的に」学ぶことが必要であると考えた。以下に自立に必要な人とのかかわりの基礎をあげた。（学年開き　クラスHRなどでGWまでには伝え、さらにタイムリーに指導していく）

テーマ	目的	学習内容
入学の目的	・特別支援学校高等部の入学の意義を確認し、自分の夢の実現のための高等部の学びが分かる。	・働く大人への道（職場見学　職場実習） ・どんな自分になりたいか ・その為に必要な力は何か？ ・学んでみたいこと　関心のあること
適切な所作	・場に応じた適切な所作を学び、さわやかで気持ちの良い人とのかかわりができるようにする。	・働く大人の歩き方（活カテンポ） （6秒11歩　目的を持って歩くこと） ・場に応じた声の大きさ（外、廊下　教室など） ・距離感（友達との距離感、大人としてのかかわり方　感染予防ディスタンス） ・身だしなみ（制服の着こなし　ヘアスタイル含む） ・ネクタイ着用の意義と着用の日
適切な言葉遣い	・場に応じた丁寧で相手を大切にした言葉遣いができるようにする。	・場に応じた声の大きさ　・入退室の所作 ・友達や先生の呼び方・丁寧語　・お礼 ・謝罪
感情コントロール	・落ち着いて一日をスタートできる、落ち着いた生活ができるための方略を身に着ける。	・深呼吸 ・アンガーマネージメント（イラっとしたら6秒数え） ・タッピングなど
各教室の使用にあたり	・目的を持った行動を取ることができる。	・更衣室の使い方（静かに素早い着替え） ・保健室利用に当たってのきまり（担任に伝えてから行く） ・他クラスへの入室
訪問時のマナー	・訪問時の一般常識、マナーが分かり守ることができる。	・保護者の同意によるもの　・訪問時間　滞在時間

★2、3年生でも、」必要事項については、1年のはじめに繰り返し学ぶことが望ましい。

© 性の本制作委員会, 2021

「すてきな中学生になろう　〜中学校期に学んでおきたい性の学習プログラム〜」

★年度当初、ほとんどの学校で学年開き（学年集会）をします。その際に生活単元学習の時間で、この学びが展開できると思います。学年で行ったことをクラスでも、個別でも指導して学習の積み上げをしていくことが効果的です。そして、次年度4月になったとき、もう1回学年の集団で押さえましょう。← でもその前に！「自校の中学部で『どんな姿がすてき？かっこいい？』を再確認しておくことが大切です。

学校の教育目標、学部の教育目標につながるものでもありますが、どんな中学生を目指すのか？それを具体的に紙面に起こしておきましょう。

子どもたちにとっては、どのような姿が「すてき」「かっこいい」のかを学び、その姿に近づいていく3年間になります。

「すてき」「かっこいい」のフレーズで、中学生のプライドをくすぐりましょう。

個）主として「わたし」に関すること　関）主として人とのかかわりに関すること　しかしこの2つは、区別するものではなくスペクトラムとして捉えてください。個の確立なくしては、集団の充実、より良い人との関わりは難しいでしょう。

	1年生 →	2年生 →	3年生

内容
- 個）「思春期（中学生）の生活」（成長するうえで毎日3回の食事、睡眠時間、運動が大切）
- 個）「清潔な私」（手洗い　ハンカチ、ティッシュの携帯　汗をかいたら拭く→シート使用→着替え　髪型　身だしなみ）
- 個）「ふるまい」（歩き方　座り方　立ち方　ドアの開閉　靴の脱ぎ方　椅子の姿勢など）
- 関）パーソナルスペース（個〜二本分の距離感　簡単に人に触れないこと）
- 関）「言葉遣い」（丁寧な言葉遣い　さん づけ　声の大きさ）

★2年生、3年生になる生徒には「先輩になる」という意識で、「年下にやさしくすること」「正しいふるまいを教えること」「まず、自分が正しいふるまいができる　かっこいい先輩になろう」という年長者としての使命を具体的に伝えていくことが効果的。

学習内容	指導のおさえ	支援ツール等
思春期の生活	・「思春期」のワードが難しいようならば「中学生にふさわしい生活」「カッコいい中学生になる生活」と。中学生、高校生の時間割をしっかり食べること、眠ることで体が作られる（身長が伸びたり、心が落ち着く）翌日、元気な中学生ライフを送ることができる 「好ましい生活のサイクル」について伝える。	・人生スケール（年齢軸）・1日のスケジュール表（時間軸）
清潔な私	・清潔、身だしなみは、人とのかかわりの第一歩。印象が違ってくる。またきちんとすることが「心地よい」と思えるように。・清潔でいることは、健康と命の安全にもつながる。	・手順カード・実物提示（汗拭き拭きシート等）
ふるまい	・立ち、座り、座位から立位（特に女子の場合スカートの中が見えないふるまい）・目的を持って歩く歩き方（活力テンポ）は、被害の予防につながる	・所作○×カード
パーソナルスペース	・個一本分の距離感（お互いが安心して話せできる　話が聞ける距離）・関2本分の距離感（初めて会う人　合った人→ なぜか？すぐに逃げることができるように）	・写真、絵カード
言葉遣い	・場に応じた声の大きさ、言葉遣い。愛称や呼び捨てではなく正しい呼び名を使うことは「相手」を大切にすることにつながる。	・関係性のサークル・声の大きさスケール

© 性の本制作委員会. 2021

★伝えのポイント　＜清潔・ふるまい＞　正しい手本を示す　②やってみる（手添え→指さし→声掛け→見守り）
＜パーソナルスペース＞
○自分でスペースを取るのが難しい生徒に対しては、支援者が距離を取って示したり、簡単に人に触れない環境を設定したりする。

↑上記をおさえた上で、グループ別（または男女別）で学習を進めていきましょう。
学習の枠組みは、「保健」になるでしょう。
もちろん、学習を担当する指導者は同性の教員が望ましいです。
性の学習の内容は、「からだ　こころ　関係性」を
生徒が「自分ごと」としてとらえ、学べるように。
家庭と連携していく内容が多いので、お便り等で学習内容を事前に知らせる、
家庭での指導や見届けを共通理解していきましょう。

からだ	こころ	関係性
○からだの居場所を知ろう（体育とリンク：ラジオ体操やダンスの指導の際に体の部位と名称の一致を行う）・大まかな体の名称（外から見えている部位）（成長する体のプロローグで行うとよい）・体の変化が始まるよ（始まっているよ）・体の大きさ　身長　体重　足　頭の大きさなど　**男子**・性器の大きさ（名称の理解）・性毛が生えてきた・すね毛、わき毛、ひげ・声変わり（喉仏）・勃起・精通（夢精、遺精）・マスターベーション（やくそく）　**女子**・胸のしこり　いたみ→ 下着のはなし・月経（生理）が始まる（始まった）・正しく手当てをしよう（ナプキンの保管、当て方、捨て方、種類　記録のつけ方など）・月経中の過ごし方（服装、入浴、プール）	心には、いろいろな気持ちがあるね、どんな「気持ち」があるかな？出合ってみよう。・たのしい・うれしい・かなしい・いらいら ぷんぷん めそめそ など？気持ちはいろいろあるよ。その気持ちもとっても大切だよ。　○安心ここにリラックス　リラクセーションを試してみよう（タッピング、ストレッチ、ヨガ、アロマ）ほっこりできる「わたし」のリラクセーションを先生と一緒に探してみよう。見つけられたら、みんなの前で試してみよう。　○スッキリ気分になれるかな？（適切な発散方法を見つけてみよう）パンチングボール、ペットボトル 空き缶つぶし、いらない紙を破く、プチプチつぶし「緩衝材」などを用いて、「わたしのスッキリ方法」を先生と一緒に見つけてみよう。	○わたしのからだは、わたしのもの「いやなタッチには、いや！って、いう」どんな顔で？ どのくらいの声で？・体の向きはどっち？・危険な人ってどんな人？（知った人が優しく、知らない人だけではなくて、身近な人でももちろん危険な人はいる。プライベートゾーンのやくそくを、「大人」を理由に破る人がいる！こんな人は危険！身近なタッチやプライベートゾーンの約束を「秘密だよ」と迫ってくる人など）　○こんなときどうする？色々な状況で取るべき適切な行動とは・女子や性の足元に自分の荷物が落ちてしまったとき・バスや電車での座席選び・道を歩いていたら声をかけられた！（いろいろな誘い・文句に対応）・急にトイレに行きたくなったよ！

© 性の本制作委員会. 2021

男子	女子
①体の大きさが変わってきていることに気づく・赤ちゃん→幼児→小学生→「いま」身長、体重、足の大きさ（洋服のサイズでも実感できる）	①体の大きさが変わってきていることに気づく・赤ちゃん→幼児→小学生→「いま」身長、体重、足の大きさ（洋服のサイズでも実感できる）
②プライベートゾーンを覚えよう・体は、ぜんぶ大切。わたしのもの、だから自分で守らなくちゃならない。約束があって、自分で守る場所を教えるよ。これを守れる「わたし」は、すてきな中学生だよ。・くち、むね、ペニス（この3か所をおぼえよう）　**やくそく**人前で、プライベートゾーンの名前は言わない（なぜか？周りの人が嫌な気持ちになる）人のを見ない、見せない。人のをさわらせない、さわらせない。「いや」っていう。約束を破る人がいたら先生や親に話す　＜絵本「私のからだはわたしのもの」読み聞かせもよいかも＞	②プライベートゾーンを覚えよう・体は、ぜんぶ大切。わたしのもの、だから自分で守らなくちゃならない。約束があって、自分で守る場所を教えるよ。これを守れる「わたし」は、すてきな中学生だよ。・くち、むね、ペニス（この3か所をおぼえよう）　**やくそく**人前で、プライベートゾーンの名前は言わない（なぜか？周りの人が嫌な気持ちになる）人のを見ない、見せない。人のをさわらせない、さわらせない。「いや！」っていう。約束を破る人がいたら先生や親に話す　＜絵本「私のからだはわたしのもの」読み聞かせもよいかも＞
③これから大きな変化があるよ（もうしているかも）　＜絵本「スペシャルボーイズビジネス」今の自分はどれかな？＞でも、ひとりひとり、違っていいからね（個人差）そして、これは、病気ではないから心配しなくて大丈夫○ひげが、生えてきた○毛が濃くなってきた（いっぱい生えてきた）わき すね ペニス（正しい名称を教える）○声変わり（声が低くなった）○体つきが、がっちりしてきた、がっちりしてくる	③これから大きな変化があるよ（もう、変化しているかな？）　＜絵本「スペシャルガールズビジネス」今の自分はどれかな？＞でも、ひとりひとり、違っていいからね（個人差）胸が大きくなってきた〜最近、胸痛くないかな？大きくなっている証拠だから病気ではないから大丈夫よ。胸のある「胸ブラ」をつけるようにしましょう。（お母さんと相談）○わき毛も生えてきた〜本当の生え方があるよ。もしゃもしゃするのは恥ずかしい。これも、お母さんと相談。お手入れは、こういう物（T字かみそり　電動かみそり）を使ってやりなさい。（かみそりの使用は、医療行為になってしまっている学校ではできません。無理しない、やり方を見せるだけ）●性器に毛が生えてきた　→　これは、そらなくていい。毛が生えてくるときに、チクチクしたりもしれませんが、病気じゃありません。大丈夫です。
③男女のそれぞれの体の変化③	③男女のそれぞれの体の変化③

© 性の本制作委員会. 2021

男子	女子
●一番大きな変化は、ペニス朝起きてから、ペニスが勃起（固く膨らんで立ったままになるかもしれない）→ どうしたらいい？ おしっこしたい時間が過ぎたりすると元に戻るから大丈夫・何もしなくても、ペニスが勃起するかもしれない→ どうしたらいい？ 病気じゃないから大丈夫 そんなときは、こうするとすてき！（持ち物で、さりげなく隠す　手ぶらげない姿勢？）脱いだり、声に出して教えたりしなくていいよ。実際にやってみよう、ほかにもいいアイデアがある？賢い中学生は人前で触ったり、勃起を見せたりしないのです。　●精通・ペニスから、おしっこではなくて白いネバネバが出てくるかも。寝ている時に出てきたら「おねしょ」と勘違いしそう。でも、「おねしょ」じゃないから大丈夫。朝起きたら、パンツを変えよう。洗って、しぼって洗濯機へ入れることができたら素敵な中学生だ！・これはなに？　→　体の中で作られている「精液」・いつ出てくるのは「大人の体に向かっている証拠だから安心していいよ」●マスターベーション（この言葉を使用しなくてもよい）・ペニスを触ると、安心したり気持ちがよかったりすることを発見するかもしれない。それを発見したとき、自分の体の探検隊「専門家」と出会うかもしれない。おめでとう、専門家は　次の事に心掛けていることを忘れないように！①手指は、きれいに洗います。爪も短くね！②ペニスを触るのは、自分の部屋です。③自分の手でペニスに触れましょう。④精液がでてきたら、ティッシュで拭こう。だからティッシュは、忘れずに。⑤パンツが濡れたら、自分で洗って洗濯機へ入れる。・体のことで、気になったり心配なことがあったりしたら、おとうさんやおかあさん、先生にお話ししてもいいのです。**気をつけて！**・尿や壁は使わないで。→ ペニスが傷つきます。・すごく強い力は使わないで。→ ペニスが傷つきます。・宿題や、家の手伝い、学校の準備は、いつものように自分でやりましょう。→ ほかの事もきちんとやりましょう。	●性器のしくみ（出口が、それぞれ違うこと）・おしっこの出るところ（尿道口）・月経の血が出るところ（膣口）・うんちの出るところ（肛門）**＜すてきな中学生＞**・トイレで丁寧にふく・毎日お風呂に入って、自分できれいに洗う・毎日下着を取り換える！●月経（生理）のこと・性器から血が出る　でも大丈夫、病気じゃないよ。体が大人の証拠だよ。・月経の手当の仕方は？　→　月経が来ていない人は「おりものシートを使ってみよう」・ナプキンの種類・どう使うの？・どうやって使う？●月経中の生活・どんな生活？・お風呂やプールはどうしたらいい？・おなかが痛い、頭が痛い、腰が痛い　どうしよう？（月経痛のやわらげ方いろいろ：温浴　服薬　ストレッチなど）●マスターベーション（この言葉を使用しなくてもよい）私の体は、わたしのもの、自分では、体のどこを触ってもいいの？特別な性感や性器って、気づくかもしれないたり、気持ちがよかったりしたことがありますか？そう、自分の体を探検したことがある人は、も、自分の体の専門家です！専門家は　次のことができます。①手指はきれいに洗います。爪も短くね！②胸や性器を触るのは、自分の部屋、おふろ、トイレです。③性器に物を入れるのは、やめましょう。キズになります。

© 性の本制作委員会. 2021

障害の程度が重度、理解力の面で、座学が難しい生徒の学び

★ 1時間の授業に、必然性とストーリー性を持たせ、実際に自分で動く、体験、体感することで身に着けていく内容にする

学習内容と流れ			
①健康管理　→ ここからスタート	②コグトレ（COGOT）＊ 体を動かそう	③清潔な体　→ 動いた後は、汗の処理など	④リラクセーション 最後は、呼吸を整えて
・脈拍　・血圧測定	①自分の体を知る ②物と自分の体（操作、指先） ③模倣（見て真似る、記憶して動くなど）	・汗を拭く ・ボディーシート、スプレー使用 ・着替え ・洗顔（肌の手入れ）	・ストレッチ ・マッサージ ・タッピング ・アロマ 自分のお気に入りをみつけよう

＊ コグトレ（COGOT）の詳細は、『不器用な子どもたちへの認知作業トレーニング』（宮口幸治・宮口英樹編著、2014　三輪書店）を参照してください。

保健　高等部１年次に学んでおきたい性の学習

学期	1学期				2学期				3学期		
月	4月	5月	6月	7月	9月	10月	11月	12月	1月	2月	3月
行事	入学式						職場実習			職場実習	

学習内容

【1学期】思春期を健康に生きるⅠ
- 思春期に適した生活
- 二次性徴、体の変化を知る
- プライベートゾーンの各部位と名称
- ホルモンの作用による体と心の変化

＜自分の性を学ぶ＞

女子
- 体つきの変化（個人差あり）
- 内外性器の名称　洗い方　拭き方
- 月経の仕組み（排卵　卵子）　月経周期　記
- 録の仕方　手当の仕方　月経痛への対応
- 基礎体温　性的関心（マスターベーション）
- （同性　異性）他者への関心

男子
- 体つきの変化（個人差あり）
- 内外性器の名称　仕組み　洗い方
- 勃起とその対応　射精　夢精　遺精（精液　精子）マスターベーション　性的関心
- （同性　異性）他者への関心

【2学期】思春期を健康に生きるⅡ
- 互いの性を学ぶ　異性の性

男子（女子の性を学ぶ）
- 体つきの変化（個人差あり）
- 内外性器の名称と仕組み
- 月経の仕組み（排卵　卵子）　月経痛（同性　異性）他者への関心

女子（男子の性を学ぶ）
- 体つきの変化（個人差あり）
- 内外性器の名称　しくみ　勃起　射精　夢精　遺精（精液　精子）
- マスターベーション　性的関心
- （同性　異性）他者への関心

生命誕生
- 命の成り立ち
- 互いの命のもとを合体

人との関係の深まり方
- 思春期にふさわしいカップルの関係性
- ふれあいの段階
- 脳の三段構造（生殖　感情　理性）

【3学期】相手を尊重する関係を作るⅠ
- デートDVを理解する
- DVは力と支配　セルフチェック
- 相手を理解する聞き方、話し方を学ぶ
- ロールプレイを通してそれぞれの感じ方をディスカッションする

感情のセルフケア
- いろいろな感情を見つけ感情の意味を知る
- 気持ちの温度計
- ネガティブなときに「違った考え方」をする方法
- 不安やイライラ、緊張のほぐし方

年齢に応じた健康で安全な生活とつきあい
○外部講師を迎えてコラボレーション授業
- 若者の性の現状
- お互いが健康で安心、安全でいられる付き合い方
- 付き合いの深まりや段階
- 時事問題から考える性のトラブル

目指す姿

・自分の体と心の変化について科学的に理解し、思春期を健康に過ごすための具体的な生活がわかる

・異性の二次性徴の学びを通して、体や心、感じ方の違いがわかる。
・命の成り立ちを科学的に理解する。
・思春期にふさわしいカップルの関係性がわかり、自身の日常のかかわりをふりかえる。
・相手とより良い関係を築いくために、「理性」（心のブレーキ）が必要であることがわかる。

・相手を理解する聞き方、話し方の具体がわかり、表現することができる。
・人との付き合いには、段階があることや嫌なことは嫌、NOと伝えあえる関係性が安心できる関係であることがわかる。

保健　高等部２年次に学んでおきたい性の学習

学期	1学期				2学期				3学期		
月	4月	5月	6月	7月	9月	10月	11月	12月	1月	2月	3月
行事			職場実習			職場実習					

学習内容

【1学期】思春期を健康に生きるⅡ

＜１年次の振り返り・学びの確認＞
- 自分の二次性徴・異性の二次性徴
- プライベートゾーン部位、約束
- 内外性器の名称、仕組み・生命誕生

生命誕生Ⅱ
- 命の重さ（妊婦体験　赤ちゃんとの触れ合い）
- 命への責任ある行動、自立について考える。
- 4つの自立（生活、経済、精神、性的）

性の健康Ⅰ可能性
- 妊娠の兆候と妊娠後の選択肢とその具体
- 性感染症の具体（感染経路、広がり方、種類、予防）
- 予期せぬ妊娠の予防法

【2学期】性被害　性加害
- セクハラ　性暴力の具体
- 性被害の予防のための行動と被害を受けた際の行動（相談機関、警察、病院など）
- 性加害を起こさない、誤解を生まない行動
- 同意の定義　様々な状況を考えて場に応じた効果的な対応法を考えて表現する

性とメディア
- 日常に溢れている性的なメディアからの発信を読み解く（場所、男女の感じ方、アダルト雑誌やビデオの虚構）

家族計画と避妊（外部講師を迎えて）
- 青年期の現状（平均初婚年齢や初産年齢）
- 予期せぬ妊娠によって起こるトラブル
- 予期せぬ妊娠を防ぐ　避妊法の具体
- 中絶　・性感染症とその予防
- 相談機関

【3学期】相手を尊重する関係を作るⅡ
- 男らしさ、女らしさをディスカッションする
- 性の多様性（LGBTQ）を具体的に知る
- 差別や偏見を生み出す要因についてディスカッションをする
- 相手を尊重する態度と行動を考え、表現する

目指す姿

・命への責任「自立」について具体的に考えることができる。(4つの自立が必要であることがわかる)
・性交後に起こるいくつかの可能性（妊娠、性感染症、相手との関係性の変化など）が具体的に分かる。
・命に関わる行為を人任せにせず、性交後の可能性について知り、どのような選択においても女性に

・日常に溢れている性情報を疑問視したり、立ち止まって考えたりする「気づき」（これって本当？）が持てる。
・日本の多様な家族のスタイル、健康で安全な性生活について学び、自分の未来に自分なりの思いを持つことができる。（いつ、どこで、どんな人と、どのような関係性を築きたいか）

・らしさの刷り込み（男らしさ、女らしさ）に気づく。
・性の多様性（体の性、心の性、好きになる性）について学び、自他の理解につなげる。（自分のことがわかる、LGBTQのことがわかる）

保健　高等部３年次に学んでおきたい性の学習

学期	1学期				2学期				3学期		
月	4月	5月	6月	7月	9月	10月	11月	12月	1月	2月	3月
行事			職場実習			職場実習					卒業式

学習内容

1学期：

学びのふりかえり
＜２年次の振り返り・学びの確認＞
・生命誕生　・性被害　性加害
・家族計画と避妊
・相手を尊重する関係づくり

青年期、老年期を知る
・加齢や生活の変化による体や心の変化
・体調管理について
・ストレスと体

2学期：

成人病とケガ　その予防と対応
・成人病とその予防
・自分でできるけが、病気の手当てを知る

適切なふるまい　所作
・周囲に不快感を与えない振る舞いを考える
・デートプラン　デートでの振る舞い
・マナーカードを作り後輩に伝える

3学期：

高等部の学びのまとめ
○外部講師から学ぶ性の健康と安全
・性の健康と安全、人との関係性でわからないこと、疑問に思っていること、知りたいことなどをまとめ、専門家から学ぶ

目指す姿

1学期：
・正しい性の知識、自立や同意について理解し、自分の心にブレーキをかけることの大切さと相手の気持ちを第一に考えることができる。
・加齢や生活の変化から体形や体調の変化があることがわかる。
・ストレスが及ぼす心身のメカニズムやその適切な対応法を知り、自分なりの方略を一つは見つけておく。

2学期：
・成人病のその予防、体調管理 BMI の理解を通して健康な生活のために自分でできそうなことを見つける。
・日常生活で起こりがちなケガの手当てのやり方がわかって自分でできる。（鼻血、切り傷、虫刺され、やけど、捻挫や打撲など）
・「素敵な大人になりたい」「素敵な大人であり続けよう」という気持ちを持って、周囲や場に応じたふるまいができる日常を送る。
・学んだことを正しく後輩に伝えていくという使命感を持って伝える。

3学期：
・困ったときの相談機関、相談する人の連絡先が分かっている。

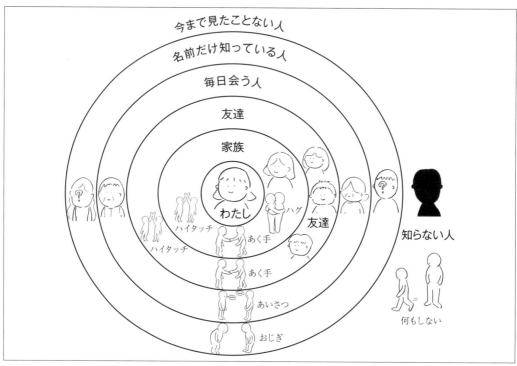

性の本制作委員会：イラスト他／大石裕美・作川勇気

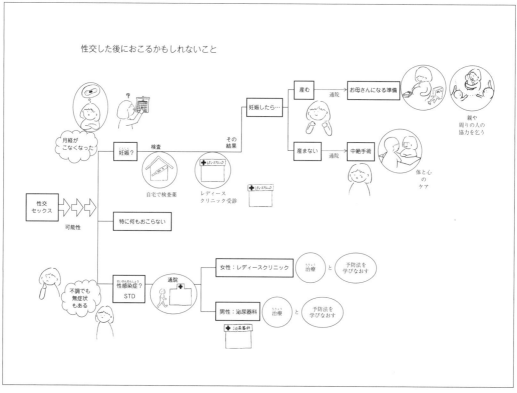

性の本制作委員会：イラスト他／大石裕美・作川勇気

エピローグ

いつの頃だったか，研修会終了後に「先生，本を書いてください。われわれも指導したいので，話してくださったことを形あるものにしてください」そんな声を聞くようになりました。その時，大好きな歌の一節が浮かびました。「なけなしの命が一つ　だうせならつかひ果たそうぜ　悲しみが覆いかぶさろうと抱きかかえていくまでさ」という，椎名林檎の作詞による「獣行く細道」です。

今の私は性の学習を広めるために残りの人生命を使い果たそう，たいへんでも，困難でもやりとげよう，そんな気持ちでいます。おっと，こんなふうにいっていると小栗先生から「そんなこと言いなさんな，楽しいからやる，命なんてかけちゃダメです」という声が聞こえてきそうです。

ああ，そうです。性を伝えることはやっぱり楽しいのです。だから今までこうして続けてこられたのです。

性の学習を伝え始めて四半世紀以上が過ぎました。私立の高校教師時代に当たり前のように行ってきたことが，特別支援学校の領域にきてからは「あなたの自己満足に過ぎない」「どうせ教えても身に付かないのだから，やっても仕方がない」。

「目の前の子どもに必要なことをやっていこうよ」と言っても「マニュアルがないからできない」と一蹴され続けました。「そんなこと言ってっから1年間，手洗いと歯磨きで終わっちゃうんだよ！」遅々として進まない性の学習に，感情的になったこともありました。いつの間にか異端児が「過激な人」と言われるようになりました。それでも進んでこられたのは，性を伝えることを通じて関わってきた子どもたちの「知りたい」「わかりたい」から，「そうだったんだ，わかって嬉しい」「もっと知りたい」「先生，もっと教えて」そんな声が，私を突き動かし，のめり込ませたのだと思います。

その道すがら「なぜ，性教育をしているんですか？」「どうしてこの分野を追求しているのですか？」とよく聞かれましたし，「性教育やっているのに，子どもを産まないのはなぜ？」「命大事の教育しているんじゃないの？　なぜ，自分の子どもを作らないの？」とも言われました。「大きなお世話だよ」いろいろな人のセクシュアリティに触れ，傷ついたり怒ったり泣いたり，そのたびいちいち声をあげてきました。かなり面倒臭い奴だったに違いありません。

子どもに性を伝え続けるということは，自らの性とむきあうことであり，互いのセクシュアリティを声に出し合うことでもあり，そうであり続ける覚悟を持っているか，これを問われると思います。

離婚した時に，自閉スペクトラム症の男の子がパニックになりました。「なにやってんだ！なんで名前がいきなり変わってんだ！」と。その頃は，こんなことでもパニックになってしまうのだ……と圧倒されながらも，何とかわかるように説明しようと必死でした。

「ああ，ごめんよ。先生，ヤマザキの家にお嫁に行ったんだけど，やっぱりコクブの家に戻っ

てきたんだよ。これを離婚って言うだよ。でも，こればっかりは，予測して伝えられんかった。ちなみに，これが離婚届っていうもの。これを役所に届けるだよ」。2つの家と人物の写真カードやペープサートを操作したり，役所から理由を言ってもらってきた緑の罫線の書類（離婚届）を見せたりしながら話をしたら「なんだ，あ，そう。わかった。先生ありがとう」そう言ってくれました。

　私は，この子の「なんだ，あ，そう」にちょっぴり拍子抜けしながらも，クスッと笑いがこみ上げ，すごく救われたことを今でも思い出します。疲弊していた私に，「世間」は容赦なくストレスを与え，飲み込もうとすらしていたのですから。それをいとも簡単に「あ，そう」と受け止めてくれた。世の中からは「バツ1」というなんとも不名誉な称号を与えられた私に。（当時はそんなふうに思っていた）そんな私でも「離婚」を，自身の人生の一部を伝え，大まかにでも理解してもらった。しかも，アスペルガーの子に。若かった私は少なからず，興奮したのでした。

　「そこまでやらんでもいいのに」「よくやるよ」同僚の声を横目に，私の気持ちは満足でした。彼が，その先の掛け値なし！　の本音で思春期の子どもたちと向き合う私の基礎を作ってくれたのだと思います。

　それからこれまで向き合ってきた子どもたちの多くは，本音で自分のことを語り，悩みを口に出し，時には一人では抱え切れない悲しみを爆発させてくれました。そんな彼らに本気で答えたいと思いました。

　「いつも低く見られてきた」「最初からできないと思われて悔しかった」「『きちがいの子』だっていわれてきた」「捨てるんなら，生まなきゃよかったじゃん」「虐待されるんなら，生まれてこなければよかった」。子どもの慟哭に遭遇してしまった教師は，寄り添って一緒に泣くことだけで終わってはいけない。悲しみや悔しさだけでは終わらせずに本当のことをしっかり伝え，大人に向かわせてあげなければならない。教師は逃げるわけにはいかないのです。

　だから，セックスのことも，その先どうなるかも教える，生まれてきた意味すら見出せない子には，「あなたが，子宮にくっついたんだよ」「あなたが自分の意思で生まれてきたんだよ」とはっきり言うし，「もしかして親になるかもしれない。そのときに，一人の親として体のこと，心のことを知って対応できなければ虐待の連鎖になってしまう」ことも言う。一人ひとりが，性を学ぶということは，自分とその周りが幸福に生きていくことに繋がっており，自分の幸せにまず，責任を持つことが大切なんだよ，と。

　小栗先生に出会い，もう10年以上になります。「あなたはね，私の相棒です。イケイケどんどん！」いつでもそう励ましてくださいました。先生のメッセージにはいつも温度（音頭も）があります（パーカッションのプロならではの，両方の「おんど」をお持ちなのです）。私はそれが，とても心地良くて大好きなのです。「いつか書こう！」とお声をかけていただいてから，新型コロナウイルスの騒動がありました。予測不可能な時代の中で，この本を完成させるという揺るぎない思いは，同じでした。尊敬する小栗先生と執筆させていただいたことは望外の喜びです。心より感謝を申し上げます。そして，出会ってから6年。「大好き」という枕詞が絶対に取り外せない金剛出版編集部の梅田光恵さん。出版という「ハレ」に向けたケの往来に，立ち止まることも度々ありましたが，こうしてこれまで蓄積してきたものを炸裂できる喜びを得られてい

るのは，梅田さんのおかげです。そして，「第1章百花繚乱事変」において，ご協力いただいた皆様に心より感謝申し上げます。

　最後に幼少期より，私の特性と相まった早熟さをいち早く見抜き，そのいく末を忌の際まで案じた祖母と，育んでくれた両親とパートナーの愛とサポートこそが，私のセクシュアリティを作り上げてきたことに他ならず，この場をかりて心より感謝を申し上げます。

　「この学校に来てよかったことは，性の学習を学べたことです」。卒業を前に校長先生に手紙を書いてくれた子がいました。そんなふうに思える子が，これからも一人でも増えることを願って。

せっちゃんへ

國分聡子

●著者略歴：

小栗正幸（おぐり・まさゆき）──プロローグ／第Ⅰ部 第1章／第Ⅲ部 第1章・第2章・第3章・第4章／第Ⅳ部

法務省所属の心理学の専門家（法務技官）として各地の矯正施設に勤務。宮川医療少年院長を経て退官。

現在，宇部フロンティア大学臨床教授，特別支援教育ネット代表，三重県教育委員会事務局特別支援教育課発達障がい支援員スーパーバイザー，

三重県四日市市教育委員会教育支援課スーパーバイザーを務める。

一般社団法人日本 LD 学会名誉会員・代議員・編集委員・特別支援教育士スーパーバイザー。

専門領域は，思春期から青年期の逸脱行動への対応。

『発達障害児の思春期と二次障害予防のシナリオ』（ぎょうせい），『ファンタジーマネジメント』（ぎょうせい），『続・ファンタジーマネジメント』（ぎょうせい），『支援・指導のむずかしい子を支える魔法の言葉』（講談社），『思春期・青年期トラブル対応ワークブック』（金剛出版）など，著書多数。

國分聡子（こくぶ・さとこ）──第Ⅱ部／第Ⅲ部 第5章・第6章／エピローグ

静岡県立清水特別支援学校教諭。児童福祉司，上級思春期保健相談士。

日本体育大学体育学部体育学科卒業後，私立高校教員を経て特別支援学校勤務。

平成 20 年度静岡県中央児童相談所に出向し，ケースワーカーとして虐待，不登校，非行対応。

平成 20 ～ 30 年度，国立特別支援教育総合研究所「障害のある児童生徒の性教育」講師。

静岡県優秀教職員賞（平成 28 年度），文部科学大臣優秀教職員賞（平成 29 年度），第 51 回（2020 年度）博報賞奨励賞受賞。

『学校でできる！ 性の問題行動へのケア（共著）』（東洋館出版社）。

性の教育ユニバーサルデザイン
配慮を必要とする人への支援と対応

2021 年 2 月 20 日　発行
2023 年 1 月 10 日　2 刷

著　者　小栗正幸・國分聡子

発行者　立石　正信

装丁　臼井新太郎

装画　unpis

印刷・製本　太平印刷社

株式会社　金剛出版
〒 112-0005　東京都文京区水道 1-5-16
　　　　　　　電話 03（3815）6661（代）
　　　　　　　振替 00120-6-34848

ISBN978-4-7724-1808-9　C3037　　　　　　　　Printed in Japan ©2021

思春期・青年期
トラブル対応ワークブック

小栗正幸
特別支援教育ネット（制作委員会）[著]

●B5判 ●並製 ●200頁 ●定価 2,640 円（10% 税込）

発達障害・愛着障害・被虐待経験──。
配慮が必要な人へのさまざまな
トラブルに対処する " 虎の巻 "